上海文化发展系列蓝皮书
THE BLUE BOOK SERIES ON
SHANGHAI CULTURAL DEVELOPMENT

上海公共文化服务发展报告
（2019）

SHANGHAI PUBLIC CULTURE SERVICE REPORT

(2019)

公共文化服务的提质增效

主编／荣跃明

执行主编／徐清泉　郑崇选

上海人民出版社

上海书店出版社

摘　要

　　近年来,上海市公共文化服务体系建设以率先构建现代公共文化服务体系为目标,以基层公共文化服务建设为重点,加强政府职能转变,形成了各部门共同推进公共文化工作的全新格局,基本建成了功能比较完备的公共文化服务体系,为推动社会建设、促进社会和谐和国际文化大都市建设提供了强大的精神动力和文化支撑。在新时代新的发展环境下,公共文化服务体系建设开始面临更为深层的问题,需要不断探索与创新,从而不断满足人民群众对于美好生活的需求。本年度公共文化服务发展报告以"公共文化服务的提质增效"为主题,聚焦深化上海公共文化服务体系建设的关键问题和制约因素,在系统梳理和深入分析的基础上,为上海率先构建现代公共文化服务体系提供及时的智力支持。全书分为总报告、宏观分析、城区实践、横向借鉴四个大的板块。"总报告"聚焦今年的政府实事工程,在全面总结居村综合文化活动室发展现状的基础上,提出保障居村综合文化活动室实现可持续发展的有效路径。"宏观分析"关注制约上海现代公共文化服务体系建设的体制机制问题,从大城市公益性服务机制的主要特征、城市微更新、公共图书馆建设、非营利性艺术空间构建、美术馆功能的拓展、公共文化服务机构文化产品的生产消费、上海农民工文化消费的主要特征等多方面,探讨了如何完善公共文化体系建设的宏观思考。"城市实践"以具体的公共文化服务个案为重点,在个案的分析中提供了解决公共文化服务建设重点问题的探索与实践,包括群文团队与基层社会治理、淮海中路公共文化服务效能提升的创新、明复图书馆的机制探索、文化企业如何参与公共文化服务建设、民营美术馆的儿童教育实践、浦东新区文采会等丰富的个案。横向借鉴选取德国的公共文化政策和苏州文庙德善书院的传统文化推广两篇报告,在比较和借鉴中为上海公共文化服务发展提供有益的启示。

Abstract

In recent years, the construction of Shanghai's public cultural service system has taken the lead in building a modern public cultural service system, focusing on the construction of grass-roots public cultural services. It has strengthened the transformation of government functions, formed a new pattern of all departments jointly promoting public cultural work, and basically established a relatively complete public cultural service system to provide strong spiritual power and cultural support for promotingsocialharmonious and international cultural metropolis construction. In the new era and new development environment, the construction of public cultural service system is facing deeper problems, which needs continuing exploration and innovationto meetpeople's needs for a better life. Themed on improving quality and increasing efficiency of public culture, this year's report on the development of public cultural services focuses on the key issues and constraints of deepening the construction of Shanghai's public cultural service system, and provides timely intellectual support for Shanghai to take the lead in building a modern public cultural service system on the basis of systematic sorting and in-depth analysis. The book is divided into four sections: general report, macro analysis, urban practice and horizontal reference. The "General Report" focuses on this year's government practical projects. Based on a comprehensive summary of the development status of the comprehensive cultural activity room, it puts forward effective ways to ensure the sustainable development of the comprehensive cultural activity room in housing estates and villages. "Macro-analysis" pays attention to the system and mechanism that restricts the construction of Shanghai's modern public cultural service system. It discusses the micro-thinking on how to improve the construction of public culture system from the perspective ofthe main characteristics of the public welfare service mechanism in big cities, urban micro-renewal, public libraries construction, non-profit art space construction, function expansion of art galleries, the production and consumption of cultural products of public cultural service institutions, the main characteristics of cultural consumption of migrant workers in Shanghai and etc. "Urban Practice" provides exploration and practices to solve key problems in the construction of public cultural services though specific cases study. This section includesmass culture team and grass-roots social governance, innovation in improving the efficiency of public cultural services along Middle Huaihai Road, exploration of the mechanism of Mingfu Library, cultural enterprises' participating in the construction of public cultural services, children education in private art museums, and PPCSPC in Pudong New Area. "Horizontal reference" sellects two reports on public cultural policiesin Germany and the promotion of traditional culture inDeshan Academy, which provide useful enlightenment for the development of public culture services in Shanghai.

目　录

一、总　报　告

二、宏　观　分　析

三、城 区 实 践

四、横 向 借 鉴

CONTENTS

BI   General Report

BII   Macroanalysis

BIII　Urban Practice

BIV   Horizontal Reference

一、总报告

保障居（村）综合文化
活动室的可持续发展
——上海居(村)综合文化活动室建设可借鉴的经验

陈起众*

摘　要　本文根据具体案例,详尽阐述了通过政府政策制度的引领,保障居(村)综合文化活动室有序发展。发挥群众文化团队的作用,整合街镇优秀群众文化团队资源,按需配送到居(村);培育与发展居(村)群众文化团队,自我参与、自我服务,提升居(村)自身的文化服务能力。鼓动社会力量的积极参与,引入各类社会机构,共同打造公共文化服务项目,提升公共文化服务的水准与效能;委托社会主体,实施专业化管理。应用数字化技术,建立民主管理机制保障发展的关键举措。提出了诸如居(村)综合文化活动室建成后谁来管? 如何管?

---

*　陈起众:上海图书馆协会高级专家咨询委员会副主任委员,长期从事图书馆读者服务工作理论教育培训和公共文化政策法规教育培训,发表《上海农村文化调研报告》《文化大都市建设的基础工程》等论文四十余万字,曾获"全国群众文化三十年"征文二等奖、"第二届长三角公共文化论坛"论文一等奖。

能否发展好等问题并给予了意见和建议。着重说明了居（村）综合文化活动室不仅要建设好，更要用好、管好。保障居（村）综合文化活动室可持续发展，需要政府政策制度的引领，发挥群众文化团队的作用，争取社会力量的积极支持，应用现代信息化技术，建立良好的民主管理机制，提升服务效能。

关键词　居（村）委　政策　制度　社会机构　公共文化

加强居（村）综合文化活动室建设，是落实《公共文化服务保障法》，切实做好公共文化服务"最后一公里"建设，满足人民群众对美好生活需要的重要举措。今年，上海市政府决定将"提升 4 500 个标准化居（村）综合文化活动室服务功能"，作为与人民生活密切相关的实事大力推进。在各级政府的高度重视下，至今年 11 月已完成标准化居（村）综合文化活动室 5 129 个，约占总量的 90%，超额完成实事项目目标。

笔者记得，上海居（村）文化建设，早在上世纪九十年代就已开始，在基本建成市、区（县）、街道（乡镇）公共文化三级设施网络的基础上，于 1998 年就着力推进居（村）图书阅览室建设。通过树立典型、广泛动员、交流经验，掀起了第一次建设高潮，但经过二三年后渐渐冷落了，能保持下来的居（村）图书阅览室的寥寥。2008 年，结合"农家书屋"建设，全市又掀起居（村）文化活动室建设高潮，市文化广播影视管理局与市农委合力倡导"资源共建共享"，将居（村）的"农家书屋""科技书屋""图书阅览室""文化信息共享工程服务点"等整合在一起，打造多功能、综合性的居（村）文化活动室，有的村甚至将卫生、农科、民政等服务功能也综合在一起，有的称"农家会所"，有的叫"为农服务站"等。但高潮过去后，有的文化活动室名存实亡，综合服务站的文化功能有的也一点点地弱化。在这两次高潮中间还有过几次的推动，但都高一阵低一阵，应了那句"创业难，守业更难"的老话。当下市政府大力推进居（村）综合文化活动室建设，可谓是第三次高潮了。诚然，今日的形势，与十年、二十年前大不同,文化自觉意识大大提高,各级政府对文化建设予以高度重视,放在突出位置,所需的经济条件也大大改善。但还是要看到居(村)文化建设存在的问题与矛盾并没有完全消失,建起来相对容易,要真正管好用好难度更高更大。如何吸取"守业更难"的历史经验,提升保障居(村)综合文化活动室服务效能,保障它可持续发展,仍是个值得研究探讨的课题。笔者有幸参加了相关的调研活动,听到了一些来自基层的呼声,也学到了一些有益的经验,在此与大家分享。

一、政府政策制度的引领,是保障发展的必要条件

公共文化服务的责任主体是政府,政府有责任与义务保障居(村)的文化建设,发挥主导作用。政府的主导作用不仅是出资建设,更要使它沿着正确的方向发展,保障建好、用好和管好,彻底改变过去"重建轻用""重规模形象忽视质量效能"的弊病,使人民群众在家门口切切实实地享受到优质的、基本的公共文化服务。因此,首先要树立正确的发展理念,政府要制定有效的政策制度来引领,这是保障发展的必要条件,也是最根本的保障。在调研中听到的共同呼声,就是希望居(村)综合文化活动室建设有具体可操作的政策制度,尤其关于人、财、物的保障。在过去,公共文化建设都制定有相关保障的政策条款,诸如要"落实经费保障""纳入财政预算统筹安排",要"配备相应的工作人员""建立专兼结合的人才队伍"等等。但大家觉得这些文件里的条款,虽然写得明明白白,但落到基层实际工作中难以操作,因为没有具体的可行的标准,仍然落不了地,仍然会存在主观随意性,也无法切实的监督检查,结果往往保障不了。

本市近年来在推进居(村)综合文化活动室建设方面,已经注意从顶层设计着手,在市级层面上建立相应的规章制度,出台了不少政策措施。2016年4月11日,上海市人民政府办公厅下发《关于本市贯彻推进基层综合文化服务中心建设的指导意见的实施意见》,除明确居(村)综合文化活动室的功能定位、服务内容方式等以外,还对经费投入做出制度安排,明确"要按照建设规模、服务项目、服务人口等"条件,由区县、乡镇政府保障投入;工作人员"可通过区县、乡镇(街道)统筹和购买服务方式配备"等。2017年9月,市文化广播

影视管理局颁布了《关于切实加强本市基层(居村)公共文化服务工作的通知》,要求"健全居村综合文化活动室(中心)网络","完善基层(居村)公共文化服务内容建设""加强组织保障,确保基层(居村)公共文化服务提级增效",并具体指出:"各居村综合文化活动室(中心)需配备1名以上公共财政补贴的专兼职工作人员,或可通过区、街镇统筹和购买服务等方式配备"。今年又制定了《上海市提升居(村)委综合文化活动室服务功能创建标准》。市级层面的政策制度,不仅有原则要求,也有了具体内容。从全市的角度看,它不可能更细化,而须要各区、各街镇,根据辖区的实际情况,做出可行、可操作的、能落实的制度安排。

在调研中,我们看到有一些区,根据市的总体要求,按照本地区的实际情况,制定了各种保障政策措施。如松江区修订完善了《松江区居村委综合文化活动中心管理办法》《松江区居村委综合文化活动中心服务规范》《松江区居村委综合文化活动中心考核评估标准》等制度规范,还制定了《松江区居村委综合文化活动中心"星级"管理实施办法》,在经修订的制度规范中,特别强调居(村)委综合文化活动室的"人、财、物"保障问题,要求每个居(村),必须落实至少1名文化工作专管员,每年街镇必须确保每个居(村)不少于2万元的公共文化专项经费。同时,对居(村)综合文化活动室实行"星级"管理,对获得相应"星级"的居(村)综合文化活动室给予3—5万元经费补贴,还规定为每个居(村)配送至少1名文艺指导员。徐汇区制定《徐汇区提升居委综合文化活动室服务功能创建标准》,在内容供给、数字化服务、社会力量参与、运营机制等方面都高于市里标准。从今年对社区文化活动中心考评中得悉,该区的徐家汇街道办事处,规定从财政收入中提取1.8%,用于社区公共文化,并规定每年按10%的比例增长。这些政策制度的落实,将有效地保障居(村)综合文化活动室的基本需要,有力地推动发展。

二、群众文化团队的作用,是保障
发展的主要力量

居(村)综合文化活动室建成后,为群众提供公共文化服务、开展群众文化活动,具备了基本的物质条件,但如果没有足够的公共文化产品供给与优质的服务,最好的设施条件也只是个空壳子。中央"两办"关于《公共文化服务体系建设的指导意见》,将"公共文化产品的生产与供给"放在"体系"建设的首位,它的重要性是为公共文化建设的历史经验所证实。上海自 2004 年推进社区文化活动中心建设时,就着力打造"文化资源配送系统",集聚全市优质的可调配的文化资源,包括人才资源与内容资源,按需向街镇的社区文化活动中心配送。经过十几年的实践证明,实施文化资源向基层配送是提升基层公共文化设施服务效能的有效办法。现在资源配送还要向居(村)综合文化活动室延伸。面对点广量大的居(村)综合文化活动室,单靠市、区配送资源,就显得不足,也难以持久。调研中发现,许多街镇正在积极探索,通过增强自身活力,提升服务效能的办法,其中,发挥好团队作用就是一条重要经验。

(一)整合街镇优秀群众文化团队资源,按需配送到居(村)。

嘉定区从全区 500 多支群文团队中遴选出 80 多支优秀团队,组成文化轻骑兵,以小分队的形式,将舞蹈、戏剧、音乐、曲艺等资源,送到村(居),让居民在家门口享受优质精彩的节目;还组织优秀群众文化团队,积极开展文化走亲活动。例如,菊园新区街道,已分别与外冈镇、徐行镇、嘉定镇街道、华亭镇、新成路街道等开展了"文化走亲"活动。除了横向走亲外,今年 5 月,菊园新区街道还开展了面向辖区内各个村(居)的纵向文化走亲,举办流动音乐汇、流动美术馆、有戏影院、漫话古诗、沪语童谣汇、童乐美工坊、周五有戏等 10 个项目200 多场活动,以"点单配送"的模式送到居民家门口。目前,嘉定区街镇之间,居(村)之间开展的演出、展览、讲座等活动,使居(村)综合文化活动室的活动内容丰富了。嘉定区还组织优秀团队巡演活动。2017 年评为一级团队的安亭镇故事团、徐行镇乡音戏曲沙龙、工业区百姓文艺队、马陆镇"乡音美"戏曲沙龙等优秀团队,在居(村)综合文化活动室、通过"客堂汇"和"客堂戏"等平台,将不同特色的演出资源展演给居民。此外,嘉定区还将"百姓系列"的歌手大赛和才艺大赛的海选和部分初赛现场,设在居(村),不仅让本地的老百姓看到有趣的演出,还吸引他们亲身参与活动,增加了互动性。又如奉贤青村镇文化活动中心,招募了 4 名 50 岁以上、长在农村、生活在农村的本地方言故事员,推出贴合农村特色的"阿傅故事会",每月一次深入到青村镇各村的宅基睦邻点讲故事。这些故事员从群众中来,了解村民的所思所想,写出的故事贴近群众、通俗易懂、更接地气,传递了社会正能量。

(二)培育与发展居(村)群众文化团队,自我参与、自我服务,提升居(村)自身的文化服务能力。

在调研中我们发现,凡群众文化团队培育得好的居(村),那里的群众文化活动丰富,活动室的利用率也高。例如浦东新区川沙新镇界龙村,建造有 3000 平方米的文化体育中心,设有介绍村发展史的展示厅,可容纳 800 多人的多功能厅,还有电脑教室、图书馆、室内健身房、计生服务站、心理咨询室、乒乓室、医疗卫生室及篮球场、足球场、露天灯光舞池、科普画廊等,为村民提供了门类齐全的综合性学习与文体娱乐场所。村里成立了银燕二胡队、龙之韵合唱队、中老年晨操队、腰鼓队、沪剧队、民乐队、乒乓球俱乐部、舞蹈队等多支文体团队,团队成员既是活动室活动的主要成员,又是文化服务员。如"界龙沪剧队",每月一次,在活动室为村民演出大戏或折子戏。每逢节日庆典之际,界龙村的文艺团队纷纷上台表演,大大丰富了村民群众的业余文化生活。近两年,界龙村还"建设老来客会馆",创新了老年教育模式,吸引了黄楼社区其他 12 个村(居)的群众前来参与各项活动。又如虹口区嘉兴街道虹叶居委会,有两所活动室,创建了虹叶舞蹈队、朝阳晨操队、百姓大讲堂、虹叶书画室、"与爱童行"亲子俱乐部、巧手妈妈女红坊、美食达人分享会、绿色生活圈、社区小主人训练营、魅力女性课堂等 12 支团队,吸引 700 余人参与活动,并依托这些团队举办书画展、"翻天覆地"摄影展、纳凉晚会等,用自身力量使居民的文化生活丰富起来。又如浦东新区书院镇洋溢村,以前大家白天忙于农活,到了晚上一般也就是到邻家串门聊天,业余生活枯燥单调。可现在不一样了,村委会采用筑巢引凤的办法,在村委办公室的入口处,搭建了"百姓舞台",虽然只有百余平方米,但舞台的框架结构、灯光、背景及音响等一应俱全,为村民提供了参与活动的良好条件。每到晚上,舞台灯光亮起,悦耳的音乐声响起,人们三五成群来到村委会门口,自发地跳起欢快的广场舞、交谊舞、七健身舞等。渐渐地人越聚越多,村里成立了广场舞队、交谊舞队、健身操队等,村里许多爱好舞蹈的阿姨们成为了队员,在领队的带领下,大家排练起自己的舞蹈,还借助网络,领队自学了许多新舞蹈,然后再传递给大家。百姓舞台搭建以来,改善了村里之前"文化贫瘠"的现象,村民们的才艺也被挖掘了出来。在大家的相互学习交流下,文艺队伍也变得越来越壮大。文化活动室人气也旺了,村民们的心态也变得积极乐观起来,洋溢村洋溢出和谐欢乐的景象。

上述经验告诉我们,群众文化团队既是参与群众文化活动的基本队伍,又是传播文化、服务基层民众的一支骨干力量。保障居(村)综合文化活动室的持续发展,最重要的是要增强居(村)自身的力量。组织好、培育好群众文化团队,形成一支来自群众的浩浩荡荡的文化大军,它的示范与引领作用,对于保障居(村)综合文化活动室的可持续发展有其独特的重要意义。

三、社会力量的积极参与,是
保障发展的强力支撑

居(村)综合文化活动室建设不仅要由政府主导,还须要社会力量的有力支撑。社会文化市场,有丰富的高质量的文化资源;社会文化机构参与公共文化,既可提高公共文化资源供给水平,又能培育市民的文化消费。近年来政府通过购买服务等方式,引入社会主体参与公共文化,有效地补充了公共文化资源的不足,也调动了社会文化机构参与公共文化的积极性。充分利用社会文化资源,是对居(村)综合文化活动室建设的有力支撑,目前主要有下列两种形式。

(一)引入各类社会机构,共同打造公共文化服务项目,提升公共文化服务的水准与效能。

例如闵行莘庄镇康城社区,建立了面积约 1 400 平方米的邻里中心,内设健康之家、乐活之家、青春之家,以及可供文体团队活动、兴趣教育培训为主的

睦邻之家。该中心在理事会领导下,充分依靠社会力量来运作。他们与"莘乐园""帮达""益心"等社会组织合作,引入"绘本乐园""机器人俱乐部""公益晚托班"等公益课程,满足康城各类群体需求;邀"家庭医生工作室"入驻健康之家,除提供基本医疗服务外,推出"三分钟读懂体检报告""名医在线课堂""健康自管小组"等特色服务;吸纳"悦管家"家政服务、"显保"小家电修理、无障碍器具租赁等项目,帮助老年群体解决家政难题;依托文化志愿者,为老年群体提供合唱、戏曲、舞蹈、书画、摄影等活动,吸引了 4 350 余人参加各类团队活动。邻里中心还与镇政府职能部门合作,开设了"老舅妈工作室""法律宣传站""邻里管家团"等,以多种形式共同助老。目前,有来自 16 个职能部门、公益机构、社会组织的 25 项服务项目入驻中心,以月表、周表、日表等形式告知居民。康城邻里中心初步形成了政府主导、多方参与、群众自治的管理模式,尤其得到社会力量的参与,为广大居民提供了便捷有效的文体、教育、卫生、助老等于一体的"一站式"服务。又如打浦桥街道,设立了社区文化活动中心汇龙分中心、大同分中心、局后分中心、田子坊分中心和建中分站点、丽二分站点等。这些分中心和站点,充分利用社会力量提升服务能力,先后引入上海交大医学院、音画梦想、上海洪福文化创意发展有限公司、合众公益机构、全爱工匠工作室、海燕博客社会公益组织等参与服务。如"社区课堂"项目,引进音画梦想公益组织,开设主题课程"公益体验营",通过经典解读、艺术创作、游戏互动等形式,提升儿童自主学习能力和创造力。聚焦青年发展,与上海洪福文化创意发展有限公司合作,2017 年举办"春到人间、上元齐乐"元宵系列活动,传承文化精髓。拓展养老内涵,邀请上海交大医学院的研究生志愿者,在老年人群较密集的分中心,开展测量血压、医疗咨询、保健讲座等健康志愿服务,同时加入社区"康乐访"服务项目,定期探访孤老、重病长者。又如奉贤区庄行镇西校村,成立了"西校村红帽子志愿者团队",与"贤缘哈哈乐公益服务社"合作,每月的 11 日和 21 日定期开展"夕笑乐——越说越快活"本土话脱口秀等活动,以通俗易懂的方言土话,用说唱形式,宣传群众身边的新事物,破除旧观念。

(二)委托社会主体,实施专业化管理。

如黄浦区半淞园路街道保屯居委综合文化活动室,面积约 360 m²,街道把保屯居委综合文化活动室取名为"乐荟苑",寓意为快乐汇集,是实实惠惠的公共客厅,委托社区社会组织——"上海海涛社工服务社",对保屯居委综合文化活动室进行日常运营管理。接受托管运营的海涛社工服务社,在走访周边居民、听取居民的需求后,针对不同的人群设计了个性化的公益活动。在"海涛服务社"运作下,开设有越剧、法律、生活手创、学习"微信"、家庭亲子、美食厨房等课程,周一至周六,平均每天有 2~3 场公益活动,有专业老师授课,让每次活动有主题、有内容、有成效。活动的参与人员,从刚开始要依靠居委发动宣传,到现在居民自发报名参加。如合唱队,青少年科创体验等活动,出现了供不应求的情况。保屯居委文化团队,也如雨后春笋般涌现,短短三个月,成立了梦之乐健身气功队,乐荟合唱队,乐荟编织组,乐荟朗读班。现在"乐荟苑"这个平台,群众文体活动丰富了,人气聚集了,整个社区也"活"了起来。黄浦区委托第三方管理的还有南京东路街道长江居委、贵州居委综合文化活动室,以及半淞园路街道高雄居委综合文化活动室等。这些活动室都建立了"居委、团队、居民"三方反馈机制,对委托机构的工作绩效进行测评,反馈结果与委托部门的运作绩效挂钩,优化和改善委托管理质量。杨浦区五角场街道"文化花园"综合文化活动室,面积有 1 034 平方,引进社会组织"屋里厢"运营管理,设立了老年茶室、乒乓室、阅读区、科技体验区、童真园、多功能厅等各类活动室,满足不同年龄层次居民的需求。活动室定时定点开展文体活动,每月活动开展多达 15 项。每个周末,活动室邀请"上海阖欢青少年家庭服务交流中心"开展亲子安全教育课程;请社区卫生中心和二军大"海医系"师生,为社区居民提供医疗服务(测量血压、测量血糖、保健讲座等);还组织开展"互换书籍、文化共享""萌宝大赛""义彩缤纷志愿者沙龙""迎端午包香袋"等一系列活动,使活动室发挥最大化的服务功能与作用。据统计,自 2016 年成立至今,文化花园综合文化活动室每月开展各类活动近 100 场,每年服务居民上万余人次。嘉定区安亭新镇邻里文化中心,是由万科集团打造和管理的公共文化艺术空间。安亭新镇邻里文化中心空间包括600平米的方亭图书馆、1 100平米的万花筒剧场、4 000平米的万创坊、showroom展厅及5 000平米的中心广场等。邻里文化中心采取以政府部门主导投入+ 高端物业专业管理+志愿者及社区义工辅助参与的"三位一体"管理模色。万科集团对公共文化的大力投入，提升了社区文化活力。邻里文化中心的大量活动则依托社会力量。如方亭图书馆为上海万科与方亭书店联合打造的社区公益图书馆；"蒲公英"亲子绘本馆由全职妈妈团提供志愿服务，每天开展公益性亲子阅读推广活动；"收纳沙龙"讲座，由万科集团主办，邀请专业形象管理团队，围绕"家居收纳"主题，展开文化主题沙龙活动；"海洋月系列活动"则与PADI国际专业潜水教练协会合作，包括海洋环保沙龙、海洋电影放映、海洋主题绘画等，符合各个年龄段群众的参与兴趣；"亲子剧场"与开心麻花、上海民乐团等院团合作，经常举办亲子剧、木偶剧、卡通音乐会等演出，深受家庭好评。安亭新镇邻里文化中心为居住人群提供文化服务，其中有大量的"新上海人"，他们通过参与各类文化活动融入上海，社区的文化影响力也在稳步提升。

社会力量的参与，让居（村）综合文化活动室获得人、财、物等多方面支持，他们的专业能力以及管理水平，为居（村）综合文化活动室增添了新的活力，这是保障发展的一股强大的支撑力量。

四、数字化技术的应用，是保障发展的有效手段

中央《关于加快构建现代公共文化服务体系的意见》，强调公共文化服务与科技融合发展，要求创新公共文化服务手段，推进公共文化服务数字化建设，提升公共文化服务现代传播能力，增强公共文化服务效能。上海积极贯彻落实《意见》，着力推进"文化上海云"公共文化服务数字化平台建设。各区、各文化场馆，在统一标准指导下，整合本区、本单位公共文化资源，建设和运营本区、本单位子平台。"文化上海云"可提供文化导览、公共文化设施展示、在线阅读、在线活动、在线欣赏、在线文化辅导培训等数字文化服务项目。居（村）综合文化活动室如能与"文化上海云"对接，就能为市民提供不受时空限

制的公共文化服务,可大大提升服务能效。

闵行区将"闵行文化云"和镇级各子云平台互相联动,将闵行的特色品牌活动与市政府居(村)实事项目的落地相结合。依托"文化上海云""市民文化节"和闵行文化云,将文艺演出活动在云上直播。上半年,闵行区"居(村)文化大走亲"、"325文化服务日闵行区群文创作演出专场"、"印象40"——2018闵行市民合唱大赛启动仪式等活动,都开展了线上直播活动。其中,合唱大赛启动仪式的单场云上观看量超过24万人次。7月,云上连播3场第三届"阿尔达米拉"上海吉他艺术节暨第九届吉他邀请赛现场音乐会,云上观看总量突破33万人次。莘庄灯会期间,线下活动有声有色,云上也如火如荼地开展"元宵乐闹花灯""元宵佳节十二问"和线上摄影征集等活动。长达32天的云上活动,参与总量突破百万。浦江端午主题活动期间,云上开展的"召楼粽情"知识小问答,"说说你的端午记忆"等活动,让广大市民在家门口享受"云上"服务的快乐。截至9月底,闵行区各类云上活动参与人数总量达300万人次。又如徐汇区,在去年年底尝试对接"文化上海云"平台,嵌入"网上居委综合文化活动室"的运营管理模块,打造"徐汇微社区",搭建了交流展示、开放互动、共建共享的平台。截至今年6月底,已实现全区304家居委全覆盖,建成"纵向到底"的四级数字化文化平台。"徐汇微社区"平台已初步实现了社区文化活动的"一站式"服务:居委活动室可在平台上发布活动信息和资源;居民可根据兴趣和需求预约社区文化活动,实现"线上预定、线下参与",并对项目内容进行点赞、评论、建议。平台建立后,文化项目预告更加透明公开,也方便居民监督,数字电影室的放映率由原来的70%提升到90%,平均观影人次增加了50%。他们还将在"文化上海云"下徐汇微社区平台上推出"文化慕课"(网络课程),涵盖器乐、戏曲、美术、书法等多个艺术门类,由专业院校、艺术机构邀请艺术名家和业内人士录制成"文化慕课",打造家门口的"百姓艺堂"。今后,"微社区"将在数量上实现更多活动信息的"一键可达",在内容上区域的优质文化资源可"一目了然",在功能上力求社区文化活动组织"一呼百应"。松江区建成"文化松江云",为全区337个居(村)建成了独立网页页面,并形成手机APP与"文化上海云"直通链接。在网络平台上,有"文化活动""文化场馆""我的团队""我的空间"四大功能模块,汇集了100%区、街(镇)级以及所有居(村)级公共文化活动,较好整合了区、镇、村居三级公共文化设施400余间文化活动室,全部实现线上预订、线下终端机取票、凭票入场和场地预约等模式。平均每年提供81 056场文化活动、11 800次文化场所的预约,有效实现了文化资源配送的公开公正透明。如"百姓戏台"演出的上座率,由人工分发票务模式下的60%提升至95%,将文化资源的效用发挥到最大化,让市民通过手机就能随时了解到市、区、街镇和居(村)的文化活动信息,还可随时点单、预约自己喜欢的文化活动。

"文化上海云"与街镇、居村的公共文化设施对接,提升了公共文化服务信息的公众知晓率与设施的利用率。

五、民主管理机制的建立,是
保障发展的关键举措

居(村)综合文化活动室建成后谁来管? 如何管? 成为能否发展好的关键。党的十八届三中全会指出,要加快推进社会领域的制度创新,推进公共服务均等化,加快形成科学有效的社会治理体制,确保社会既充满活力又和谐有序。治理体制最根本的一点,就是要发挥群众自主精神,建立民主管理制度,由群众当家作主。公共文化是群众自己的事业,理应由群众自我参与、自我服务、自我教育、自我管理。在调研过程中看到有以下几种实践案例。

(一)建立由群众代表参与的理事会管理制度。

例如闵行区虹桥镇"四季源邻里中心",面积2 600 m²,成立了邻里中心理事会,理事会成员,由来自上虹区域内的村居委会、两新党组织、驻区单位、社会组织、群众性团队以及社区志愿者和专家代表等组成。理事会制定章程,规定邻里中心的重大事项决策、服务资源下沉、服务质量的评议与监督等工作均由理事会负责。理事会要征求各方对邻里中心服务项目与资源配置等工作的意见建议,并进行指导管理,确保邻里中心有效平稳运作。按照群众需求,整

个"四季源"邻里中心设有影视厅、图书室等十多项服务设施。考虑到年轻人的需求,设有烘焙教室、面塑体验馆、电子阅览室、亲子早教乐园等服务设施;组织沪剧沙龙、排舞、太极、合唱团这些百姓喜闻乐见的各类群众文化团队;每周开展医疗健康类、生活服务类、文体教育类、公益互助类等活动近 30 场,平均日接待社区居民 250 人次;还引进了"凡人明星"刘显保的"显保维修站"、党群一体化的"心驿虹桥工作室"。"四季源"邻里中心打造成了居民之间互动、互通、互助的公共空间,营造了健康快乐、向上向善的邻里文化。又如嘉定区南翔镇丰翔社区综合文化活动室,经居民集思广益、不断探索商讨后,成立了"爱·分享"自治理事会。理事会下设 6 个专业委员会,共有 30 余支自治团队。理事会成立至今,为居民提供了"国学启蒙课堂""故事阅读""DIY 手工""爱心衣舍""温馨年夜饭"等丰富多彩的活动,吸引了许多居民走出家门、走进社区,由小众带动大众,丰翔社区打造成了共享自治成果的新家园。理事会制度提供了政府、社会、群众合力共建文化活动室模式。

(二)由群众文化团队组成的自治管理模式。

例如嘉定区江桥镇嘉川居委会,通过对 11 支文体团队的有效整合,建立了名为"缘来一家人"的自治组织。"缘来一家人"制定了各项管理制度,有自治管理制度、文化艺术团队管理制度、文化学习团队管理制度、文化服务团队管理制度、党群联谊团队管理制度,由居民们自发、自主、自律开展各类人文活动,实现资源共享和居民自治。随着五大类管理制度的形成,"以制度促活动,以活动鉴制度",使地区文化活动丰富起来。如"今朝礼拜三"脱口秀活动,以江桥居民新气象等为主题,开展脱口秀表演;由读书小组中 3 名退休医师组成的志愿者队伍,每周定期在社区图书室设置免费医疗咨询,开展"便民医疗进家门"的义诊活动。团队管理,接近群众,也是一种群众自治管理模式。

(三)以群众志愿服务为主的管理形式。

例如浦江镇浦航邻里中心,是浦航新城社区层面搭建的综合性公共空间。邻里中心组建了居民志愿者、党员志愿者团队,共计 100 多人。在群众志愿服务的广泛参与下，邻里中心365天全年开放，周一至周五开设以中老年人活动为主，周六、日以年轻人和小朋友的活动为主。有制作手工皂、零钱包、数字油画、刺绣等的DIY手工活动，有每两周开展一次的亲子活动，还有适合各类青年活动的瑜伽班、化妆礼仪班等，吸引越来越多的年轻人。邻里中心活动满足了居民有医看、有书读、有话聊、有歌唱、有舞跳、有戏看、有身健、有乐处的需求。又如彭浦镇翔前社区文化服务点，建立"志愿者管理小组"，实行项目自治管理。由志愿者承担日常管理工作，负责基层文化服务点的具体运作，免费向社区居民开放。成立了以业余骨干为主、专业人员为辅的自我教育、自我管理、自我服务的文化团队，负责组织、指导社区文化活动，承接社区各种文体活动。还逐步吸纳社区内皓馨养老院、田家炳小学、彭浦物业、社会公益组织等相关单位的文化骨干，融入社区文化队伍，提升社区文化队伍的整体水平。服务点结合国家时事热点问题，不定期开展各类主题学习活动；围绕中国传统节假日、重大节庆活动，组织开展纳凉晚会、元旦文艺演出、"忠诚·品质"微党课征文、"法润万家"书画摄影展、"凯司令"DIY蛋糕裱花工艺、"好韵手编"结艺编织等社区文化主题活动；还不定期开展保健养生讲座、举办健康义诊、科普绿色生活知识培训、组织趣味运动会等各类公益活动。翔前社区文化服务点，努力满足不同层次社区居民的文化需求，营造了文明、和谐的社区氛围。

无论是哪一种形式，其核心是要体现以群众为主体的民主管理精神。居（村）综合文化活动室如何运行，由群众作主；运行得好坏，由群众来评价。建立起吸纳群众意见的反馈机制，以群众需求为导向的决策机制，以群众满意度为准则的评价机制，群众有了话语权、决策权、监督权，才能调动起广大群众的主动性和积极性，共同办好活动室。

保障居（村）综合文化活动室的可持续发展，须要政府、社会、群众，形成合力。政府主导，社会支持，群众自主，共同营造人人参与，人人建设，人人享有公共文化的生态环境，使居（村）综合文化活动室成为百姓共享的、美丽幸福的精神家园。

二、宏 观 分 析

大城市公共文化服务体系
公益性服务机制研究

葛红兵　陈鸣等[*]

摘　要　近些年来,我国大都市公共文化服务公益性机制建设出现了长足的进步,取得了一系列的成就,然而在城市公共文化服务公益制度上还需进一步改进,应将传统的政府"管文化"模式转变为国家"治文化"的理念,将传统"公共文化事业"向现代公共文化服务体系公益性服务机制转型,加大政府投入的"引导化"力度,促进公益性资金投入的"多源化",以及建构现代公益性服务机制的制度框架。同时,我国在大都市公共文化服务公益性机制建设中也存在着供给侧的应对能力不足、需求群体的差异化、区域性需求失衡、供需矛盾等问题。因此,本文针对我国大都市公共文化服务公益性机制创建中存在的具体问

---

[*]　本文作者:葛红兵、陈鸣 、高尔雅、郑安格、王铭。葛红兵,上海大学中国创意写作中心教授;陈鸣,上海大学中国创意写作中心副教授;高尔雅,上海大学中国创意写作中心博士研究生;郑安格,上海大学创意写作硕士研究生,现于上海格物文化发展研究院就职;王铭,上海大学创意写作硕士研究生,现于集美大学诚毅学院任教。

题，从促进低收费、非营利"公益性服务机制"的形成、加大"社会服务机构"的扶持力度、鼓励民资创建各类公益性基金和社区公益服务企业、低营利企业、转变政府职能，建立公益性文化服务绩效考评机制，建好线上公益性文化服务平台、从需求侧那里寻找和挖掘供给侧的公共文化服务资源和动力等这六方面，提出了具体的建议措施，以期实现中国现代公共文化服务体系的领先发展。

关键词　公共文化　公益性服务机制　大都市　发展

一、西方发达国家现代化进程中公益性服务机制的创生与转型

（一）"国家文化福利"：文化公益机制的创生

西方国家传统公共文化服务主要是由慈善机构、私人基金会和志愿者团体等自发形成的民间非营利组织承担的。二战以后，随着福利国家的现代治国理念的确立，西方发达国家的公共文化服务相继进入了国家福利时期，并以国家艺术理事会的方式构建国家公共文化服务制度。因此，国家艺术理事会及其资助之下的各类民间非营利组织构成了 20 世纪中叶西方发达国家公共文化服务公益性主体的基本格局。

（二）公私合作与社会企业：文化公益机制的转型

1970 年代以后，西方发达国家公共文化服务主体由非营利组织转向社会企业，而公私合作伙伴模式则是这一转向的中介形态。一是中央政府公共文化部门与私人基金会的合作制度；二是各级政府与私人、私人企业的公私合作制度。于是，公共文化服务机构的资金来源不再像传统的慈善机构那样，完全依赖于志愿者的捐赠或企业的赞助，也不再像之前传统的非营利组织那样，主要依赖于国家政府的项目资助，而是来自于政府资本与社会资本的合作伙伴

关系中建立起来的公私合作"资金池"。

社会企业是继公私合作伙伴模式之后的又一种文化公益机构,大致可分为两大类型:慈善型社会企业与商业型社会企业。社会企业制度突破了非营利组织的传统公益性制度框架,既可以是私人的商业机构,也可以采用有限责任公司和股份有限公司的慈善机构,只要其服务宗旨致力于社会公益(教育、环境、文化、艺术、旅游等),但是,社会企业的利润主要用于再生产投资和社会公益服务,而不得以企业的股份红利等方式分配给企业的股东和员工。

因此,公私合作和社会企业制度实际上是将传统的非营利组织与私人的营利机构的某些要素混合重组而产生的新型公共文化服务制度形式,在公益性服务的制度框架内,不仅在服务产品的类型上提供免费供给的"纯公共文化产品"与有偿供给的"公益型文化产品",而且在服务机构的性质上从传统的非营利组织转变为公益性服务机构。

(三) 社会公益企业:文化公益的当代制度样式

2005 年 7 月,英国中央政府创设了社区公益公司,其创立机制在于:一是中央政府创立社区公益公司管制办公室的前置审批机制,要求申请社区公益公司的机构必须通过社区公益公司管制办公室的"社区公益测试";二是法律上设立"资产锁定"的机制,规定社区公益公司解散时,确保其偿还债务和投资者的投资本金之后,所有剩余的资产必须转移至另一个社区公益公司或慈善机构;三是机构运营上设立非营利分配的明确保证机制,要求社区公益公司在利润分配上履行非营利组织的分配约束规则,即公司的利润收入主要用于其再生产投资。

2008 年 4 月,美国的佛蒙特州创立了"低利润有限责任公司"。同其他有限责任公司一样,业主对其企业的投资负责,并可以发行股票筹集资金,但与营利性有限责任公司不同的是,它可以获得"相关投资项目"的资助。而私人基金机构"相关项目投资"的收入不视作营利性收入,享有免税待遇。

因此,社区公益公司和低利润有限责任公司是新世纪以来西方现代公共文化服务公益性机制的制度基石,催生了社区公共文化服务机构的创生,促进了私人基金机构对公共文化服务机构的"相关项目投资",进而使公共文化服务的价值理念由国家文化福利向社会公益的现代化转型。

二、中国公共文化服务的制度设计
及公益机制改革进程

（一）文化事业单位体制改革

建国以来,我国公共文化服务主要是由国家文化事业单位和部门承担的,文化系统内形成了以群艺馆、文化馆、文化站、文化室等为序列的各级群众文化服务机构。改革开放以后,公益性服务机制的中国化创生进程便是以文化事业单位体制改革为主线而展开的。

以文补文政策。1987 年,文化部、财政部、国家工商总局颁发《文化事业单位开展有偿服务和经营活动的暂行办法》,是改革开放后第一个国家文化政策。这一政策将有偿服务引入文化公益机制,是对文化公益机制的一次创新探索。然而承包制带来的弊端是,部分地区出现政府甩包袱,承包人只管挣钱,公共文化服务质量、数量出现双降局面。

1. 混合制政策

1989 年,财政部颁发《关于事业单位财务管理的若干规定》,一部分文化事业单位开始实施事业性质单位企业化管理,所以称为混合制政策。这一政策使文化服务的公益性机制通过全额拨款、差额拨款及自收自支三种形式得到创新。但是,混合制带来了双重法人的问题,即,不少公共文化服务机构同时拥有事业法人与企业法人的身份。

2. 文化市场政策

1988 年,文化部、国家工商总局颁发《关于加强文化市场管理工作的通知》规定,凡以商品形式进入流通领域的精神产品与文化娱乐服务,都属于文化市场管理范围。1992 年起国务院出台 6 个以管理条例命名的国家文化市场行政法规:音像制品、电影、营业性演出、出版、广播电视、娱乐场所管理法规。这一政策确立了文化事业单位在内的文化经营机构的市场准入制度,即前置

审批与工商登记。

3. 文化产业政策

2001年,全国人大出台的《"十五"规划纲要》提出推动文化产业发展,标志文化产业国家政策正式出台。这一政策鼓励一部分经营性文化事业单位实行转企改制,推进出版和影视等文化企业规模化和集团化发展。

4. 公共文化服务体系政策

2006年,全国人大颁发《"十一五"规划纲要》,明确提出,逐步建设形成覆盖全社会的比较完备的公共文化服务体系的目标,标志国家公共文化服务体系政策的正式出台。这一政策促进非营利性文化事业在文化市场化和产业化语境下建构现代公共文化服务体系,鼓励各种社会力量进入公共文化服务系统。

(二)新世纪以来,我国公共文化服务政策的发展态势

2006年,全国人大制定公共文化服务体系政策以后,我国的公共文化服务政策在国家和地方两个层面上得以发展。

首先,在国家层面上,国务院及其文化部等中央政府机构相继出台了一系列有关国家公共文化服务政策、规章和文件,推动公共文化服务的示范、试点,努力建设标准化、规范化的现代公共文化服务体系。一是公共文化服务机构或项目的国家示范,2010年12月,文化部、财政部颁发的《关于开展国家公共文化服务体系示范区(项目)创建工作的通知》;二是公共文化服务的标准化,2014年7月,文化部办公厅颁发的《关于开展公共文化服务标准化等试点工作的通知》;三是,现代公共文化服务体系建设,2015年1月,中共中央办公厅、国务院办公厅颁发的《关于加快构建现代公共文化服务体系的意见》;四是,政府购买公共文化服务的规范化,2015年5月,国务院办公厅转发文化部等部门的《关于做好政府向社会力量购买公共文化服务工作意见的通知》;五是,国家基本公共文化服务的内容指导,2015年10月,国务院办公厅颁发《关于推进基层综合性文化服务中心建设的指导意见》,制定2015—2020年国家基本公共文化服务正面清单。

其次,在地方层面上,各省市政府部门及其文化主管部门在执行国家公共文化服务政策过程中,因地制宜地出台和实施地方性公共文化服务的法规、政策和规章。其中上海是走在前列的,从组织领导、政策保障、资金投入、人才队伍等方面提供了较为充分的保障。在政策法规方面,2008 年,上海市文广局出台了两个公共文化服务标准:一是《上海市公共文化设施资质认证标准》;二是《上海市社区文化中心资格认定标准(草案)》。2011 年 3 月,上海市公共文化服务工作协调小组成立,统筹协调全市公共文化服务体系建设重大事项。2011 年 11 月,上海市委办公厅、市政府办公厅出台《上海市关于加强社区文化活动中心建设与管理的指导意见》,2012 年 11 月,上海市人大审议通过《上海市社区公共文化服务规定》,是全国首部社区公共文化服务的地方性法规。2013 年,上海市公共文化服务工作协调小组颁发《上海市社区文化活动中心服务标准》、《上海市社区文化活动中心考核标准》、《上海市村(居)委综合文化活动室服务标准》。2014 年,上海市政府颁发《上海市基本公共服务体系暨2013—2015 年建设规划》提出,到 2015 年,初步建立与上海经济社会发展水平相适应,与社会主义现代化国际大都市建设相匹配,城乡一体、较为完备的基本公共服务体系。2015 年 3 月,上海市文广局发布《博物馆、美术馆服务规范上海标准》,填补了该行业服务标准的国内空白。2015 年 8 月,上海市委办公厅、市政府办公厅出台《上海市贯彻〈关于加快构建现代公共文化服务体系的意见〉的实施意见》。2016 年 5 月,上海市政府办公厅出台《关于本市贯彻推进基层综合性文化服务中心建设指导意见的实施意见》。在运营管理模式上,上海市文广局正在大力推进各街镇社区文化活动中心社会化、专业化管理工作。从 2013 年开始,上海启动"文化上海云"建设项目,并纳入上海智慧城市建设三年行动计划。

近十年来,我国的公共文化服务政策在国家和地方两个层面上展开。国家层面逐步确立了产业与事业分开,行政与事业分开的现代公共文化服务体系建设路径,地方层面改革、试点过程中出现了一系列具有地方特色的公益性制度形式。我国公共文化服务体系的公益性服务机制正向现代制度转型。

三、我国城市公共文化服务公益制度
存在的问题及改进思路

（一）政府管理机制的"治理化"拓展

从基本脉络看,建国以来我国公共文化服务领域经历了由政府"大包大揽"的"文化事业"发展模式,到改革开放初期,不加区分地把包括公益性文化单位在内的所有文化机构推向市场,在市场化压力下通过"以文补文"、"多业助文"等途径被动地开展"生产自救",再到新世纪之初,把公益性文化事业和经营性文化产业区分开来实行分类指导、分类发展的过程。然而有一种误解以为,在市场经济大背景下,文化产业的发展任务应由企业和市场承担,而计划经济的方式会在某些文化领域保留下来,公益性文化产品和服务仍然应当一如既往地由政府公共财政"大包大揽",直接由政府生产并供给。这其实是一种政府包揽的"管文化"模式。

新型公共文化服务体系的重构,离不开各级党委和政府在宏观文化管理模式上的重构,其重要的任务之一是,如何改变政府包揽的"管文化"模式,从制度和机制上解决因"条条、块块"的文化行政管理体制而造成多头管理、职能交叉、政出多门,以及"越位","缺位""错位"等现象,引入一种由协调和参与机制构成的治理理念。

因此,现代公共文化服务体系需要将传统的政府"管文化"模式转变为国家"治文化"的理念。也就是说,现代公共文化服务体系的机制、结构和秩序,需要依靠国家和地方层面的多元资源和多种力量的影响和协调过程中形成良性的互动,因而"参与"、"谈判"、"协商"、"合作"、"伙伴"等便成为公共文化服务"治理化"拓展的关键词。

（二）公共文化服务主体及主体关系的现代转型

传统的"公共文化事业"实施主体仅仅是以政府为代表的官方组织和公共部门,政府包揽公共文化领域的一切事务,政府既是出资人,又是运作者和监管者,官方组织和公共部门依靠行政指令,采用计划分配的方式提供公共文化产品和服务。而现代"公共文化服务体系"的公益性制度,既注重实现公共文化产品和服务在生产和供给方面的效率与效能,强调通过与市场机制的结合来整合和优化公共文化服务资源,以促进公共文化服务供给侧的资源投入和管理效率的提高和改善;同时也重视贯彻公平正义、满足人民群众对公共文化服务的不同偏好,强调社会主义价值观在公共文化服务的供给侧与需求侧的社会交换过程中得以弘扬和发展,强调管理者和服务者的责任,强调公众导向、服务导向、绩效导向和结果导向等核心理念,强调通过体制内与体制外的双重监督来实现管理者和服务者的责任履行,强调以公共文化发展的公共性议题和公益性服务为引导,构建"多中心、多层次、协同合作"的"公共文化服务公益机制",通过社会沟通和协作以解决各类公共文化问题。

因此,传统"公共文化事业"向现代公共文化服务体系公益性服务机制的转型,就是要在公共文化服务领域内实现服务主体的"多样化"和服务主体关系的"伙伴化",政府通过协作、协商、伙伴关系等方式,借助市场交易机制和社会交换机制,引入社会力量,实现政府与市场、社会的互动互补。

（三）政府投入的"引导化"及公益性资金投入的多源化

改革开放以来,经过不断改革,公共文化服务领域内的政府投入模式已经出现重大变化,通过"政府采购"、"项目补贴"等方式,提高政府在引导和扶持重要公共文化产品、重大公共文化服务项目和公益性文化活动上的精准度。显然,"政府采购""、"项目补贴",是公共财政投入方式的重大转变,有助于实现从"以钱养人"、"以钱养单位"向"以钱养事"、"以钱养项目"转化,然而在这一转化过程中,政府投入的"引导化"力度还不够,进而导致公益性资金投入渠道的不畅和狭窄。

因此,应该在政府主导下,吸引社会资金参与,在公共文化服务领域内建立公私合营的公司、基金和项目,让政府的投入能够通过社会化手段放大杠杆作用,成为吸引社会资金的"金核",吸引民间资金参与公益性服务,实现公益性投入的"多源化"。

（四）建构现代公益性服务机制的制度框架

改革开放以来,我国一线城市在公共文化服务的现代公益性服务机制方面进行了许多建设性的探索,也取得了不少成功的经验和成果,应该在总结基础上加以推进。

我国已经制定了构建现代公共文化服务体系的国家政策,上海等一线城市也相继制定了相关的地方性实施纲要,而现代公共文化服务体系公益性服务机制的政策设计,需要研究现代公共文化服务的特征,既要在公共文化服务的"保基本"、标准化和规范化等方面下功夫,同时也要注重公共文化服务的多样性、差异性方面,特别是一线城市和国际大都市的特点。概括地讲,现代公益性服务机制的制度框架设计应满足三个方面的要求:公益性文化服务的保障机制安排、公益性文化服务的管理机制安排和公益性文化服务的评价机制安排。

四、我国大都市现代公共文化服务体系公益性 服务机制建设中的特殊性问题

近年来,我国大都市公共文化服务公益性机制建设出现了长足的进步,取得了一系列的成就,然而也存在诸多问题,这些问题制约了我国大都市现代公共文化服务体系公益性服务机制的改革发展。

（一）供给侧问题

城市市民日益提高、日益多样化的公共文化需求,使我国大都市公共文化产品和服务出现供给方式滞后、供给内容失调、供给渠道不畅等问题。我国现阶段的国家公共文化服务的主要任务是,向广大人民群众提供基本的公共文化产品和服务,这就无法满足人民群众日益多样化的公共文化需求,尤其是一线城市居民的诉求和期待。一些政府部门在计划经济年代形成的自上而下的文化行政管理传习,也使公共文化产品和服务的配送计划缺乏可操作性和贴

切性,局部造成供给过剩和供给失效,进而加重了公共文化服务供给侧的应对能力不足的诸种症候。

因此,公共文化服务机构的社会化、专业化程度不高而限制了公共文化服务的供给渠道,阻碍了公共文化服务的供给方式、管理水平的现代化发展,以及公益性文化服务机制的现代性社会化生成。

(二) 需求侧问题

因受传统的计划经济模式和单一的国家福利观念的影响而固守公共文化需求的传统偏见,许多人对公共文化服务缺乏正确而完整的认知,依赖于公共文化的免费服务,不愿接受公益性的低收费项目,进而自觉或不自觉地扮演起被动的需求者角色,在公共文化服务的需求上采取消极和被动的索取态度,客观上压制了公共文化服务需求侧的个性化和多样性的公共文化服务诉求。

我国大都市在公共文化服务需求侧方面存在着两个重要的矛盾问题,一是需求群体的差异,常住市民文化需求的高端化、多样化倾向与大量涌入城市的农民工、流动人口文化需求的基本化、标准化需求之间出现较大的鸿沟;二是区域性失衡,大都市中心城区和郊县之间在公共文化服务需求侧方面也存在着不平衡。

(三) 供需矛盾问题

对"公益性"认识不同,导致我国大都市公共文化服务领域内的供需矛盾。一方面,作为供给者的公共文化服务机构,往往把政府资助视作其赖以生存的唯一来源,不愿考虑如何通过自身服务方式的改革发展(面向群众的文化需求而不是面向政府的考核要求),来寻找其经济生存的基础和可持续发展的动力;另一方面,作为公共文化服务的需求者,许多人总是固守着免费享用的传统非营利组织的观念,不愿接受甚至极力反对公共文化有偿服务的方式。其结果往往是,大量公共文化服务机构总是困于资金的不足而无法丰富和拓展其公共文化服务项目,不愿或者无法实现以文养文,而不少公共文化服务的需求者又常常对公共文化服务机构的公益性收费感觉不理解,有意见。

我国已经制定并实施以国家福利为原则的基本公共文化服务政策。但是,人民群众,特别是大都市民众在公共文化服务需求上的层次性差异和多样性诉求超出了国家公共文化服务的"保基本"范围,这就要求公益性文化服务机制能同时面对"保基本"和"保个性"两个需求侧方面的时代要求。

五、国际文化大都市背景下建构现代公共文化 服务公益性服务机制的政策建议

近些年来,我国大都市公共文化服务公益性机制建设出现了长足的进步,取得了一系列的成就,然而其发展速度与我国悠久的文明历史不相称;与我国的综合国力和世界大国的地位不相称;与我国的经济发展水平不平衡;与我国的小康社会发展进程不平衡。针对我国大都市公共文化服务公益性机制创建中存在的具体问题,本课题将从以下六个方面提出国际文化大都市背景下建构现代公共文化服务公益性服务机制的政策建议。

(一)促进低收费、非营利"公益性服务机制"的形成

从西方发达国家公共文化服务制度的现代化转型进程可以看出,公共文化服务最初是通过民间组织的慈善服务和个人的志愿服务来实现的;二战结束之后,公共文化服务又通过国家福利的再分配以国家政府的供给方式来实现;进入1980年代,特别是新世纪以来,公共文化服务的价值理念出现了由国家福利向社会公益的转型,公共文化服务的产品也呈现出"纯公共文化产品"和"公益型文化产品"的分野。当民间慈善性和国家福利性的免费服务提供的"纯公共文化产品"不能完全满足现代都市人的公共文化需求之后,适度引入商业化机制的低收费公益性服务就应运而生。

从政策理念上讲,免费的"纯公共文化产品"在服务供给机制上的优势是无偿服务,主要吸引的是低收入群体,体现的是现代公民的国家文化福利,核心的资源优势是文化服务的费用而不是文化服务的内容。而"公益型文化产

品"在服务供给机制上的优势则是需求者的社会交换诉求,主要吸引的是中等收入以上群体,特别是生活在大都市的群体,他们希望能在公共文化服务的供给侧实现其"内在情感的纯粹表达",希望通过诸如"社区交际"和"社区文化认同"的方式满足其公共文化产品和服务的多样性需求,体现的是现代公民的公益性文化诉求,核心的资源优势是文化服务的内容和方式而不是文化服务的费用。

因此,国际文化大都市的城市定位要求上海的公共文化服务既要在免费服务的"纯公共文化产品"方面有所突破,又要建立健全低收费的"公益型文化产品"的服务机制,进而在分类和分级基础上,设计出适合国际大都市品位和不同社群的个性化诉求的公共文化服务项目的正面清单。

（二）加大"社会服务机构"的扶持力度

《上海市基本公共服务体系暨2013—2015年建设规划》在创新服务供给机制方面提出,在坚持政府负责的前提下,充分发挥市场机制作用,推动基本公共服务提供主体和提供方式多元化,提高服务的质量和效率。在鼓励社会参与和监督的具体措施上,充分发挥社会组织在基本公共服务需求表达、服务供给与评价监督等方面的积极作用,对适合由社会承担的基本公共服务事项,以购买服务等方式交由社会组织承担。然而无论从总量还是规模上看,上海目前公共文化服务领域内的"社会服务机构",与国际大都市的现代公共文化服务体系极不相称。

因此,上海公共文化服务领域内"社会服务机构"不仅需要国家层面出台相应的减免税收政策,加大税收扶持力度,而且在地方政府购买公共文化服务方面,做到公平公开、平等对待,部分情况下甚至可以倾斜,以体现政府引导和扶持"社会服务机构"的政策力度。具体措施:一是国家制定有关公共文化服务领域内"社会服务机构"的减免税政策;二是上海市政府放开准入,尤其是开放社区类公益性社会服务组织的准入;二是上海市政府积极培育公益性文化服务的社会组织孵化基地。

（三）鼓励民资创建各类公益性基金和社区公益服务企业、低营利企业

目前上海等一些大都市相继设立了市、区两级文化发展基金,有的建立了以"公益创投"等命名的公益性文化服务的基金组织及其孵化基地,如,2012年成立的南京市公益创投协会、2015年起天津市在市、区、街道等层面建立社会服务机构的"公益创投"和孵化基地,这些"公益创投"组织发挥了"母基金池"的作用。

因此,从传统模式下政府对文化事业大包大揽的单一负责制,转向以政府保障为主,政府、企业、第三方、个人等多方参与的多元格局,是市场经济条件下现代公共文化服务体系建设的一个必然趋势。具体措施:一是充分重视各级政府公共文化服务基金的"引导化"作用,鼓励民资参与创建独资或者公私合作的"公益创投"基金,扶持"社会服务机构"创建非公募基金会,拓展公益性资金的募资渠道;二是鼓励民资参与公益创业、公共文化服务创业;三是鼓励民资投资社区公益企业及低营利企业,让这些企业逐渐成为公益性文化服务供给侧的生力军和主力军。

（四）转变政府职能,建立公益性文化服务绩效考评机制

近些年来,随着我国公共文化服务体系建设工作的发展,公共文化服务机构的考评制度也在一线都市相继建立。但是,公共文化服务机构的考评机制,不仅要注重对投入产出效益、文化设施利用率,以及市民对公共文化服务满意度的考核,更为关键的是,要建立健全民众在公共文化服务方面的参与机制,形成自下而上的考核问责机制和公众监督机制。

政府逐渐改变角色,成为出资人和考评人,是建立现代公共文化服务体系公益性文化服务机制的关键。基于"非完全市场性"行为主体及社会交换特点,公益性公共文化服务机构及其活动的绩效考评,就不能采取市场化商业主体的考评模式,而要从纵向和横向两个方面构建公共文化服务绩效评估体系,其中横向结构包括投入与财政保障系统、产品生产与供给保障系统、人力资源

保障系统、综合绩效评估等子系统；而纵向结构则涉及公共文化服务的各个环节。

（五）建好线上公益性文化服务平台

互联网和移动网是我国大都市公共文化服务生存和发展的技术支撑，也是现代公共文化服务体系公益性文化服务机制的重要平台。"文化上海云"是上海"智慧城市"建设的重要组成部分。它综合运用云计算、云存储等技术，整合相关文化资源，将市、区（县）、社区三个层级的公共文化服务纳入一个总的门户平台，为市民提供一站式公共数字文化服务。老百姓通过电脑、手机、移动终端和电视接入，只需在门户上点击相应服务模块，就能快捷享受文化服务内容，满足"我要知道、我要参与、我要互动、我要评论"的参与需求，不受时间和地域限制。

本报告建议，上海市政府应开放公共文化云的接入接口及开发者权限，使其他社会主体及个人可以参与平台内容的开发，并对网络公益性文化服务的开发者和提供者提供支持，设立专项资金，提供专项奖励和资助。

（六）从需求侧寻找和挖掘供给侧的公共文化服务资源和动力

在现代公共文化服务体系公益性服务机制的政策设计时，要充分利用好大都市居民的文化优势，更加强调文化服务过程中的"社区交际"和"社区文化认同"；要面向提高社区文化的自组织能力、自创造能力；要面向社区文化在区域、阶层、亚文化和历史传承方面的独特性；要在国家福利与社会公益两个层面上弘扬和推进社会主义核心价值观；要面向社区文化个性塑造及社区居民共同认同的方向努力。

建国以后，我国的群众文化系统内建立了群文演出团体等志愿者队伍，这些骨干的公共文化志愿者从公共文化的需求侧转入供给侧，通过自编自演等自娱自乐的方式积极参与公共文化服务资源的民间开发，成为公共文化服务领域内一种重要而独特的需求侧资源。所以，如何继承群众文化的优良传统，在从需求侧寻找和挖掘供给侧的公共文化服务资源和动力过程中，引入自娱自乐的群文活动理念。

无论从供给侧还是需求侧上讲,都市居民是大都市公共文化服务的主体。公益性文化服务机制的政策设计必须重点考虑:在政府购买的国家福利式供给的基础上,构建社会公益式供给的两大渠道,一是社会服务机构的专业式供给;二是市民自我服务、自给自足的业余式供给(或称群文式供给),进而突破公共文化服务的供给侧与需求侧的传统界限,从需求侧寻找和挖掘供给侧的公共文化服务资源和动力,切实实现以国家福利与社会公益的双重互补为标志的现代公共文化服务价值取向。

结　语

大都市居民在基本公共文化服务之上,面向政府提出了"公益性文化服务"的需求,要求政府"增加投入、转换机制、增强活力、改善服务",这是压力但也是动力。我国已经制定了加快构建现代公共文化服务体系的基本政策,作为国际大都市的上海,应该在建设我国现代公共文化服务体系的公益性服务机制方面先行一步。

本课题认为,建构国际大都市背景下的公益性文化服务机制的政策导向涉及以下方面:

一是变国家福利单一价值取向向国家福利价值取向与社会公益价值取向结合的混合型价值趋向,变国家出资为国家和社会混合出资,变纯免费服务为免费和低收费服务结合;

二是变国家机构提供服务为国家机构、社会公益服务机构(非营利机构)、低营利有限责任公司、公私合伙机构等多主体提供服务的混合主体服务机制;

三是变"保基本"公共文化服务为"保基本"和"保个性"需求结合,变国家管理为国家治理及第三方监管结合;

四是引入市场化配置机制及需求侧倒逼机制,拓展大都市居民及社会主体参与公共文化服务的供给侧结构性改革、充实公共文化服务的自供给渠道;

五是充分发挥大都市互联网、移动网的技术优势,以及文化基础设施好、群众文化的传承广和基础深的资源优势，引领我国的公共文化服务在现代公益性服务机制和制度方面的改革发展。

相信以上海为代表的中国大都市，在公益性文化服务机制的创生和发展等方面一定会探索出独特的理论框架和实践模式，实现中国现代公共文化服务体系的领先发展。

"微更新": 从城市规划走向文化治理

钱泽红*

摘　要　上海城市空间的"微更新"是在对以往粗放型城市规划进行反思的基础上,提出的小规模、渐进式的城市改造模式,其核心是从物质的城市回归到人本的城市,更加关注细腻的日常生活,更加注重提高社区公共空间的品质。上海的"微更新"计划,是政府、专业机构、设计师、企业与当地民众的一次协调联动,标志着上海未来城市空间生产将产生新的转变,这种自上而下适当放权,自下而上推动实施的"上下结合"模式,不仅是城市建设管理机制的创新,同时也对上海文化发展产生了积极的影响。

关键词　微更新　公共空间　文化治理

一、城市规划的局限与"微更新"理念的提出

20 世纪 90 年代以来,城市更新成为城市空间复兴与重组的重要手段,在提升城市竞争力方面扮演了越来越重要的角色。在西方国家,城市更新大体经历了四个发展阶段。第一阶段是在二战结束以后,经历过战火涂炭的欧洲国家迫切需要重建破败的社区。当时战后各国政府纷纷推出现代化的空间规划,城市中心的老建筑被拆除,贫民窟被清理,取而代之的是购物中心、高档写字楼、宾馆等功能性建筑。在理性的综合规划思路指导下,城市成为可以被规划工具处理的单一的物质实体,城市规划是为了使相关效能最大化而采取的

＊　钱泽红,上海社会科学院文学所公共文化研究室助理研究员,哲学博士,从事公共文化、城市文化研究。

一系列经过理性选择的行为。在这种工具理性的指导下，城市规划被视为达成决策目标所需的一种必要手段，并严格与社会、经济及文化区分开来。随着城市规划的实施，大拆大建的建设模式破坏了邻里关系，损害了城市的历史-文化脉络，遭到了社会各界尖锐的批评。第二阶段从 20 世纪 60 年代开始，随着战后经济的复苏和福利保障制度的完善，带有福利色彩的社区更新开始出现，一些中产家庭从市郊回迁至城市中心区，为居住地增加了税收和投资，缓解了城市交通压力，也改善了居住环境，这种中产阶层回迁现象被称为"士绅化"（gentrification）。第三阶段始于 20 世纪 80 年代，当时西方国家以制造业为主导的城市走向衰落，城市中心聚集着大批失业工人，中产阶层纷纷迁离，城市迅速推出了以房地产开发为导向的旧城改造计划，这一阶段城市更新的突出特点是，政府与私有部门深入合作，鼓励私人投资，刺激旧城经济增长。第四阶段是从 90 年代后期一直持续至今，随着可持续发展理念得到社会各方普遍认同，这一阶段的显著特征是政府、社会组织以及社区民众共同参与城市更新。①

在我国，经过改革开放四十年的探索，城市空间发生着天翻地覆的变化。城市化进程一方面优化了市政设施、公共交通，使居民生活条件不断改善；另一方面，政府为了完成任期内的政治和经济目标，一面实施大规模城市扩张，一面推动轰轰烈烈的旧城改造，这两者之间还或多或少存在相互脱节的状况，城市发展的重心不断摇摆，致使城市土地资源日渐紧缺，城市风貌单一，城市肌理受损，社会网络缺失，城市空间的多样性和人性化的特征消失。在城市规划的框架下，并不缺少对未来发展的宏观构想，也不缺少对历史文脉的怀念，但是，对于城市的观照更多地体现为对既有空间、环境的批判，而缺少积极的再想象，城市空间粗放的生产方式，不可避免地造成巨大的破坏和浪费。

21 世纪以来，我国政府和市政建设部门逐渐意识到，通过孤立的城市规划很难实现真正意义上的可持续发展和城市总体复兴。2016 年，国务院下发

---

① 杜坤、田莉：《基于全球城市视角的城市更新与复兴：来自伦敦的启示》，《国际城市规划》2015 年第 4 期，第 41—45 页。

《关于进一步加强城市规划建设管理工作的若干意见》，指出要有序实施城市修补和有机更新，恢复老城区功能和活力，延续历史文脉，展现城市独特风貌。在中国城市土地资源存量发展的大背景下，"微更新"应运而生。城市空间的"微更新"是在对以往大拆大建模式反思的基础上，提出小规模、渐进式的改造模式，注重小微空间的品质提升和功能塑造，一方面通过优化空间环境，提升城市活力；另一方面通过解决社会问题，营造宜居的城市生活。"微更新"的核心是从物质的城市回归到人本的城市。

二、上海"微更新"计划概况

上海从 20 世纪 90 年代"365"危棚简屋改造，21 世纪初新一轮旧城区改造，到"十一五"中心城区二级旧里以下房屋改造，一直在努力探索适合特大型城市发展的城区改造新机制。[①] 近年来，上海进入了创新驱动、转型发展的新阶段。2015 年 5 月，上海开始启动新一轮城市更新，上海市政府颁布了《上海市城市更新实施方法》（沪府发［2015］20 号），上海市规划国土资源局（以下简称"市规土局"）随后制定了《上海市城市更新规划土地实施细则（试行）》，2017 年 11 月，经修订的《上海市城市更新规划土地实施细则》正式施行，上述政策成为城市更新活动有序开展，可持续推进的重要保障。2018 年 1 月，上海市人民政府发布的《上海市城市总体规划（2017—2035 年）》中提出，城市建设要加强历史风貌保护，彰显人文底蕴，提升城市魅力，上海未来要成为令人向往的卓越全球城市。

随着上海城市生活品质的不断提高，小规模的社区更新凭借精细化、多元化、渐进式的特点逐渐进入城市设计者的视野。2016 年 5 月，为进一步加强城市更新理念的推广，激发公众参与社区公共空间更新的积极性，上海市启动由市规土局下辖的上海城市公共空间促进中心主办并实施的"行走上海——社

---

① 林华：《城市更新规划管理与政策机制研究——以上海和深圳为例》，中国城市规划学会编：《持续发展 理性规划：2017 中国城市规划年会论文集》，北京：中国建筑工业出版社，2017 年版，第 1164—1171 页。

区空间微更新计划"（以下简称"微更新"计划）。"微更新"计划由政府部门、专业机构、专家学者、企业和居民共同参与，每年在上海选取 11 个试点，项目报名不设门槛，设计者有大专院校师生，专业设计公司，也有独立设计师和业余爱好者。所有方案经过有关专家、区规土局、街道、居委会、公益组织和 2 名居民代表共 7 人进行投票，选出优胜方案进行实施。2016 年，"微更新"计划的主题是"社区空间微更新"，遴选出的 11 个项目共涉及上海 6 个区 8 个街道，试点项目主要集中在各居住小区内；2017 年，"微更新"计划进一步拓展到街道。"微更新"计划实施两年，共计推出 22 个试点项目，涉及的范围包括老旧小区、街道、弄堂、公共设施、公共艺术、商圈等，项目用充满创意的设计，让城市老旧空间焕发了新生机。

上海的"微更新"项目，不同于以往大而全的设计思路，转而更加关注细腻的日常生活，更加注重提高社区公共空间的品质，目的是对城市中某些衰落的区域进行拆迁、改造、投资和建设，以全新的城市功能替换已衰败的物质空间，使之重新焕发活力。

社区"微更新"包括两方面的内容：一方面需要对建筑物等硬件进行改造；另一方面需要对社区或街区的空间环境、文化环境、生活环境、视觉环境、生态环境等进行更新与拓展，包括邻里的社会网络结构、文化诉求、情感归属等方面的延续与更新。"微更新"的策划和设计往往是从问题出发，满足社区实际需求，实现微观功能的完善，但具有小中见大的特点。

上海的"微更新"有鲜明的上海特色。相比较而言，西方国家的城市更新主要解决内城衰退和贫民窟问题，意在复苏中心城区的活力。上海的城市更新，是基于城市大拆大建，推倒重来的建设模式难以为继，迫切需要解决以往城市规划思路遗留的问题，如市政设施不完善、公共空间缺乏、历史风貌保护不力、人文关怀缺失等，"微更新"努力发掘城市街区的空间潜力，促进邻里互动交流，推动社区焕发活力，更多地体现为社区居住环境、居民生活质量和公共服务能力的综合更新。正因为如此，上海的"微更新"注重探索一种"自下而上"的城市更新策略，希望达到经济、社会、环境、空间、生活、文化等多方面的共赢。上海"微更新"的积极意义体现在以下几个方面：

（一）"微更新"计划提供了一个协商共治的平台

"微更新"的对象，往往是与社区居民生活息息相关，却没有被有效利用的公共空间，如闲置废弃的老建筑，无人问津的绿地等。"微更新"设计的方式也较为多元，可以是常规意义上的"设计"，也可以是临时性的装置、景观事件、公示与展览，甚至可以是访谈与调查；其成果可以是建筑、装置，也可以是相关的文化活动等。因此，"微更新"的设计不是一次简单的创意，而是一个持续的过程，是创意、策划、营造、服务、运行等在内的一系列操作的组合，其核心是公共参与。"微更新"项目的推进，需要设计者和当地社区居民以及各相关利益群体进行协商，"微更新"计划提供了一个让各方利益主体协商共治的平台。例如徐汇区岳阳路"微更新"项目实施的过程中，针对街角好德超市的改造项目，设计团队与街道、商家进行多次沟通，通过十多次面对面的交流，设计者与商家逐步达成对店面招牌、墙体、门窗、雨棚等设计方案的共识。在施工阶段，各利益方通过不断的协商与磨合，解决施工过程中出现的矛盾和问题，保证"微更新"项目有效推进。参与"微更新"项目的设计师们普遍意识到，项目的推进过程，很大程度上取决于与社区居民的面对面交流。在反复的沟通，不断的意见反馈中，项目得以顺利进行。城市更新是不断完善的，城市设计并不是一次性到位的，而是一个可持续的过程。"微更新"项目不仅是一个方案，也是一个协调平台，需要政府管理部门、设计师和居民的共同参与。以往政府规划管理的常规模式是项目审批，这是一种指导性的管理，各部门之间平行运作，缺少沟通。社区"微更新"需要城市规划部门、管理部门、社区、设计团队等各个部门的沟通与合作，不再是立项、审批和建设的线性模式，很多情况下，设计师个人、民间团体和企业机构都无法独立胜任，这就需要一个开放的平台，以便吸纳不同专业、不同背景的个人与团体，实现多个利益主体的沟通对话。通过"微更新"的具体项目，把城市设计方案落实为景观导则，提供给管理者、商家以及群众等相关各方，进而推进街区共治，这是城市"微更新"推动从城市管理转化为城市治理的重要意义。

（二）"微更新"计划提供了一个多元参与城市建设的平台

普陀区石泉街道的"微更新"项目,由上海骏地建筑设计公司实施,设计师从石泉路 49 弄小区内荒废多年的水泵房改造开始,然后辐射到周边几个小区的中心广场,再延伸到小区以外的公共道路,最后对整个街道内的共计 84 个小区进行"摸底",梳理出包含 200 多个更新项目的清单,形成《石泉街道城市更新设计导则》。这场"几乎不赚钱,仅凭着社会责任感"推进的"微更新"项目,开创了设计公司与街道合作推进"微更新"的先例。浦东新区塘桥金浦小区"微更新"项目,由上海大学美术学院、上海公共艺术协同创新中心(PACC)、上大美院国际公共艺术理论研究与交流工作室的教授和来自阿根廷的艺术家共同完成,中外学者、艺术工作者和社区居民一起关注生活所需,一起打造幸福和谐的社区。通过"微更新",将社区、学校、艺术家们真正协同起来,共同探索生活空间的微更新和社会关系的微改善。

（三）"微更新"探索"上下结合"的城市治理机制

"微更新"计划以关注基层社区生活、改善百姓身边环境为出发点,由市规土局推进,但所有项目不由规土局指定,而是由各个区、街道甚至居民上报,基层干部及公众的意识、能力和积极性直接影响项目实施。"微更新"计划力求体现四大转变:一是政府职能转变——从指导型政府转变为服务型政府,切实了解城市居民需求,顺应市场发展规律,提供更为精准化的公共服务;二是城市建设方式转变,从整体开发到零星空间更新,特别是关注小微空间的品质提升和功能塑造,改善社区空间环境;三是工作方式转变,从闭门规划到开门策划,充分利用多方社会资源,搭建专业人员参与城市建设的工作平台,引入志愿者、设计师服务于社区更新,为建立社区规划师制度积累了实践经验;四是公众参与程度转变,从鲜少参与到深度参与,通过全过程贯穿公众参与,调动社区居民和基层工作者的积极性,成为社区治理实践的主导者。"微更新"计划的实质,是政府、专业机构、设计师、企业与当地民众的一次协调联动,意味着上海未来城市空间生产将产生新的转变,这种自上而下适当放权,自下而上推动实施的"上下结合"模式，是城市建设管理机制的创新。

三、"微更新"参与上海城市文化建设

（一）"微更新"项目强调对历史风貌及文化氛围的保护

在城市规划的思路下，强调对道路和建筑等实体的保护；在"微更新"的思路下，更重视对城市历史风貌和文化氛围的保护。"微更新"归根结底是要守住城市发展的底线，通过精细化设计与人性化沟通，注重挖掘历史街巷、建筑物背后的建造智慧和工艺价值，帮助城市留住文脉与乡愁。本着保护优秀历史建筑，恢复传统历史风貌；挖掘街坊人文元素，激活历史人文空间氛围；促进社区自治，完善城市精细化管理的原则，"微更新"项目对道路沿线景观要素进行系统梳理，原汁原味地保护和更新街道风貌，营造有温度的历史街区。例如在对徐汇区岳阳路实施的"微更新"项目中，设计团队按照"为风貌而设计"的思路，结合"微设计"、"微行动"，通过对路口、沿街围墙、建筑立面色彩、广告店招、地砖、围墙等的设计，减少了城市设施对街道风貌的影响，发掘并提升人文历史内涵。徐汇区岳阳路上有着风格各异的围墙，设计团队经过研究和实地勘察，发现在靠近永嘉路口有一段办公地的沿街围墙与风貌区气质不符，需要做一些微改造。设计团队最终选择了"篦篱笆"。"篦篱笆"具有老上海风格，赋予这一路段独特的美学意义；同时"篦篱笆"既有遮挡和保障安全的实用功能，又能隐约透露出篱墙内的建筑和生活气息；竹制材料的使用，为现代城市氛围赋予了一种乡野之美。"篦篱笆"恢复了老上海街区的历史风貌，提升了城市景观品质，营造出具有人文内涵的街道环境，受到周边居民的欢迎，赢得了上海"最美围墙"的美誉。

在历史风貌区内开展的"微更新"，强化了城市保护与更新同步发展的定位，通过不断的实践探索，寻找出精细化、渐进式的微更新模式，强调兼顾改善功能、维护风貌、提升品质的微更新策略，更强调如绣花针般细致有效地推进微更新工作。

(二)"微更新"项目注重塑造社区的公共空间

公共空间是城市面向公众开放使用的空间,是居民进行各类交流、集会的场所,与人的公共生活紧密联系,公共空间为日常生活提供场地,而人们的公共活动又充实着公共空间,两者互相影响、相互作用。公共空间按照空间形式可以划分为街道空间和广场空间;按照人的活动可以划分为动态空间(又称运动空间,供人们漫步、游戏、表演等)和静态空间(又称停留空间,供人们休息、交谈、晒太阳、阅读等)。

"微更新"从细微处入手,但"微更新"却并非微不足道的小事,它关系着公众日常生活空间的营造。日常生活看似平凡琐碎,但在公众的交往中蕴含着巨大的创造力,维系着城市的良性运转,公众的日常生活直接关系到社区生活质量的好坏,在一定程度上更能够折射出城市文化素养的高低。社区"微更新"通过社区公共空间的小规模功能调整,目的不仅仅是物质层面的改变,更着眼于精神层面的社区共建。

以普陀区石泉路街道"微更新"项目为例,该街道北靠沪宁铁路,南依中山北路,东至光新路,西至曹杨路、武宁路,行政区域面积 3.48 平方公里,域内建筑多为 20 世纪八九十年代建造,设计定位早已过时,已经难以满足居民基本生活需求,而新迁入的居民结构复杂,多是来沪的打工者和刚刚毕业的学生,他们难以对社区产生归属感,也给社区管理带来很多难题。

城市空间的更新,需要对现有环境的再想象和再创造。"微更新"设计团队注重对场地环境的利用和小空间的营造,首先将社区内的管弄一村中心广场空间重新划分为健身区、休息区、儿童娱乐区,依据使用人群的不同,每个分区采用不同的设计策略,配置不同的活动装置,使老人可以在此休息,青年可以在此聚会,儿童可以在此玩耍,广场成为了社区活力的发生器;然后,设计团队对石泉路 49 弄 28 号一处破败的水泵房进行改造。水泵房原是市政部门一个抽取污水的场所,废弃后水泵机被拆走,房间中央只留下三个巨大的空洞,阴森恐怖,夏天蚊蝇滋生,令居民苦不堪言。设计团队保留了水泵房原有的结构,通过简洁的立面设计增加建筑的雕塑感;新增钢结构露台,不仅丰富了建筑的空间层次,还增加了遮风挡雨的功能;设计师保留了水泵房局部地下空间以及楼板上的机械设备孔洞,以表明其旧有的身份,同时充分利用房屋6米的层高,拓展出下层的乒乓球活动室和上层的街道网络信息化中心办公室,通过改造,废弃水泵房成为社区内观赏景致,文体活动的最佳场所。通过"微更新"的改造,保留了居民原有的日常生活空间,通过创新的设计,使新介入的元素能更好地适应原住居民的生活轨迹,提升了社区空间的品质,满足了社区内不同人群对公共空间的需求,为居民的日常生活增添的新的色彩,增加了社区居民对社区的认同感和归属感。

从"微更新"项目实践案例,反映出城市公共空间的营造出现了从宏大到细微,从粗放到精致的倾向。老社区街道景观改造设计内容广泛,是一个系统性的工程。在老社区街道改造中,不同的要素对景观改造的影响不同,不同的老社区活力要素的特点也略有不同,设计者要立足街道景观改造,具体问题具体分析。社区改造设计的最终诉求是以人为本,提高社区改造质量,重构老社区秩序,最终提高社区人口的生活质量,使街道真正成为承载市民生活,沉淀市民情感的魅力空间。

(三)"微更新"项目完善社区文化功能

"微更新"项目不仅是硬件环境的更新,还通过公共艺术的方式介入社区,组织多种活动,让社区居民在一系列的公共文化活动中互动交流,丰富现实生活体验,改变公共空间的品质,建立和睦的邻里关系,促进社区交往,培育社区的活力。

徐汇区"微更新"项目设计团队了解到街区中孤寡老人生活条件较差,当即提出参与到街道的社区服务中,"微更新"不但要为恢复历史风貌而设计、更要为民生而设计。2016年中秋节前夕,设计团队与天平街道工作者一起走进社区,为孤寡老人送上自己设计的街区风貌图案月饼,将城市"微更新"与民生改善结合,让历史文化与风貌设计在细微处融进家家户户。天平街道结合"微更新"计划,举办丰富的文化活动:"闪回1912"海派文化秀,以快闪的形式吸引游客重返岳阳路1912年筑路之初;"老上海"怀旧"穿越"之旅,结合岳阳路上"微更新"项目的"戗篱笆"历史风貌设计,通过策划一系列艺术文化活动,唤醒了老上海街道的文化回忆。徐汇区在城市有机更新中,实现了文化元素与城区功能的有机融合,还原了一个有记忆、有故事、有文化气息的历史街区。

浦东新区塘桥金浦小区是"微更新"计划的试点之一,位于南泉路塘桥丁字路口对面,面积约 1 万平米,周边被小学、住宅、菜市场包围。上海大学美术学院设计团队为塘桥金浦小区广场进行了公共艺术的"微更新"。团队邀请居民、小学生们在广场入口一侧的水泥墙上进行创意涂鸦和地面彩绘活动,借以增强社区居民对社区的归属感和荣誉感。同时还在广场上搭建了名为《塘桥之花》的艺术装置,以 PVC 管作为结构的主要材料,制作成 6 个倒置的三角体,体积约 300 立方米。装置中悬挂着几百个彩虹圈,每个彩虹圈上都夹着社区居民们的生活照片和活动照片。艺术装置搭建完成后,彩虹圈吸引小朋友来到装置下嬉戏,熟悉的照片唤起了居民美好的生活记忆。设计团队的艺术家们通过这种居民与艺术作品互动的方式,让居民感受到艺术所唤起的人们内心深处的情感共鸣。金浦小区的"微更新"项目,从艺术家进场搭建公共艺术品开始就成为社区的公共话题,每天都聚集着社区的老人、儿童驻足观赏或是讨论。"微更新"从居民的需求点出发,发现社区居民微妙的情感,在实现环境改善的同时,也实现了居民生活空间和社交空间的微更新、微改善。

徐汇区永嘉路"微更新"项目,将永嘉路 578 号(乙)原本已弃置的建筑配套功能用房,改造为社区文化艺术活动空间,设计方案打破原有空间阴暗的布局,引入天窗,使建筑空间获得良好的采光条件,并营造出一种艺术画廊般的氛围。室内主要部分为宽敞的展厅,入口处设有休息和接待功能区域。在完成空间改造之后,设计团队还与当地街道共同策划了"赉安洋行建筑展",展览有城市微更新、艺术和文化功能注入社区、文化活动激发市民生活活力三个方面的内容,完善了老街区的文化丰富性。

(四)"微更新"项目与社区文化治理相结合

长宁区仙霞街道的"微更新"项目位于虹旭小区。该小区地处仙霞社区西部,由 4 个自然小区组成,虽然 2016 年就实现了小区综合改造,完成了楼房粉刷,道路拓宽等市政建设,但小区内毁绿种菜屡禁不绝,中心花园一片荒芜,流浪猫狗出没,令社区居民不胜其扰。结合社区"微更新",居委会在小区内公开招募了一批居民代表,作为社区"智囊团",对"微更新"设计方案提出意见和建议;居民区党组织在全小区范围内开展"我为小区综合改造献一计"活动,征集到建议 200 余条,不断激发居民的创造力,用居民的智慧解决社区的问题。真正成功的社区"微更新"应该是政府投入少,依靠居民自治来建设维护。2016 年,通过实施"微更新"项目,小区内相继建成了儿童乐园、睦邻廊、健身步道,诞生了以"绿化、文化、自治"为主题,以书报景观墙和盆景园组成的"微园";2017 年,推出了"小蚂蚁"社区志愿服务,设立了文明饲养宠物的"狗狗粪便箱"、"喵星人乐园";2018 年设立了基于环保理念的"瓶子菜园"。小区还建立了微信公众号,公众号内开设"虹旭最可爱的人"专题版块,提升小区正能量,鼓励更多的居民改变陋习,提升文明素养。微信内容新颖,成为小区年轻人了解社区工作,参与社区建设的重要载体。"微更新"项目与文化治理相结合,培育了居民对社区的归属感和认同感。

四、上海"微更新"项目亟待解决的问题

全球化语境下的城市更新,是资本力量的重组和再平衡。科技力量是城市更新的基础,文化以及人文精神是城市更新过程中解决社会问题的关键。社区更新具有浓厚的人文内涵,忽视社区利益,缺少人文关怀,离散社会脉络的更新不是真正意义上的城市复兴。现代城市更新,体现为政府、社会组织、市民共同参与的过程,在这个过程中,基本的原则是对资本力量的制衡,对科技和文化力量的尊重。

"微更新"项目最重要的价值在于触动了人们对城市既有空间环境的再想象,同时也形成了城市更新过程中更积极的群策群力,但是,"微更新"也不可避免地存在局限。目前来看,"微更新"更多地体现为对城市环境美化的一种暂时性、实验性的做法,其在上海社区空间中的角色定位仍缺少深入的思考——"微更新"项目到底是一种临时性的尝试,还是对城市现实空间的持续

性改善？众所周知,任何一项城市发展策略都有时限,对于上海这座特大型城市而言,"微更新"这种以点带面,自下而上的更新方式,是一种针对社区和街区而言行之有效的手段,但难以成为特大城市整体更新的主导力量。"微更新"必须服从于上海更大范围,更长远发展的诉求,这就决定了"微更新"不能仅仅着眼于项目本身的推新出奇,更要紧贴人民对更好的城市空间品质的要求,不断地从设计理念和设计思路方面进行调整、优化和改变,这才是"微更新"未来拓展的生命力所在。

"微更新"中面临的问题相对复杂,在"微更新"改造项目中,设计团队、居民、政府部门、社区管理者、商户等多方力量参与,不同群体代表不同的诉求,存在更复杂的利益纠葛。城市"微更新"需要政府统筹协调,需要设计者的创造和思考,需要社区居民的积极响应,是一个群策群力,环环相扣的过程,需要各方力量为实现美好愿景共同努力。未来上海"微更新"可以从以下几个方面加以完善:

（一）建立更具包容性的利益平衡机制

上海的"微更新"计划是个新鲜事物,尚未完善政府、更新主体、相关利益方等多渠道的利益平衡机制,这不仅影响了"微更新"项目的实施效率,更在一定程度上限制了市场主体参与城市更新的热情。如果将城市更新置于更长远的城市发展趋势中,就不难发现,完全忽视利益平衡与市场规律,会使"微更新"陷入发展的困局。"微更新"项目在推进过程中,政府、规划主管部门、街道、规划师及设计团队、各类社会组织、社区居民、社区志愿者各方参与的原则、内容及相应的职责、权利与义务,尚未形成稳定的机制。政府如何制定有效的空间设计政策？公众如何参与对环境的塑造？设计师如何确定城市空间的设计原则？只有正视这些问题,"微更新"才有可能不再是短期的社区空间实验,而保持可持续发展的可能。未来城市更新越来越需要包容多元利益主体的诉求,进一步完善多渠道的政策支持,积极探索多种投入方式,创新综合性的利益平衡机制。

（二）防止"微更新"进入误区

上海"微更新"项目的规划师、设计师和艺术家们热情很高，但据媒体报道，项目实施过程中也不断有矛盾或问题发生。例如设计师的很多创意被街道、社区否决，原因或是实用性不足，或是安全性不够；还有的微更新小品完成后，没几天就丢失或损坏；设计师在规划公共空间时，还会遇到"邻避现象"，遭到部分居民的反对……凡此种种，都让"微更新"的效果打了折扣。"微更新"不是城市美学的小众实验，也不单纯是品位与文艺的象征，所有的"微更新"行动，都应以居民日常需求为立足点，以群众的认同为标准。墙绘涂鸦、公共客厅、一米菜园、植物漂流站，这些名词概念听起来都很新潮，然而新鲜的未必是适合的，社区的景观如何设计？需要哪些公共设施？居民最有发言权。艺术家只有做到"接地气"，充分与居民沟通、讲解，听取意见建议，才能设计出有长久生命力的项目。无论是管理部门还是设计师，都要明白自己的角色定位，在审美与实用之间找到平衡，使城市实现有机的、可持续的更新。

（三）尝试建立社区规划师制度

目前上海的"微更新"采取项目制，难以保证相关设计项目的有效和可持续性。今后可以借鉴台湾的社区规划师制度。台湾社区规划师采用选聘制，成员多是专业人员和具有相关能力的志愿者，为当地社区居民提供专业咨询服务，参与地区环境改造，提供城市更新的咨询和研究。社区规划师的制度化能够吸引设计师、规划师、艺术家、社会组织扎根于社区，持续参与城市公共空间的微更新，与社区、管理部门之间形成长效的协作机制，并在工作中提升社区规划人员的数量与素质。① 如果选聘制能够清晰地界定规划师在城市"微更新"中的责任、权利和义务，将有助于进一步完善城市"微更新"的可行性和持续化。

---

① 杨芙蓉、黄应霖：《我国台湾地区社区规划师制度的形成与发展历程探究》，《规划师》2013年第9期，第31—35；40页。

公共图书馆助力精准扶贫的
时代责任与历史使命

冯 佳*

摘 要 近年来,中央出台的一系列文化扶贫相关政策法规为公共图书馆开展精准扶贫提供了机遇,并为公共图书馆精准扶贫提出了发展目标、重点方向、试点先行、项目为实、财政保障等要求。针对当前贫困地区包括公共图书馆在内的公共文化服务体系面临的领导意识淡薄、投入财力不足、设施条件有限、供需存在脱节、人才队伍匮乏、体系化程度低等共性问题,结合湖南省炎陵县图书馆、浙江省平湖市农民读书会、安徽省六安市大别山区"候鸟书屋"等围绕全民阅读开展的创新实践经验,公共图书馆助力精准扶贫的过程中应当通过明确时代赋予的历史责任与使命、提高以"县"为基础的各级党委政府的认识、细致摸排区域服务的缺口与特点、搭建全民阅读扶贫工作网络、构建全民阅读精准扶贫机制、建立阅读推广志愿服务队伍等,切实肩负起激发内生动力的扶贫攻坚责任与使命。

关键词 公共图书馆 精准扶贫 文化扶贫 全民阅读 公共文化服务

推进精准扶贫攻坚、逐步实现共同富裕,是以习近平同志为核心的党中央从战略全局高度做出的重大决策部署。习总书记也一直强调,扶贫先扶志,扶贫必扶智①。改革开放以来,在党中央、国务院的坚强领导下,我国扶贫开发事

---

* 冯佳,上海社科院文学所副研究员。

① 胡光辉.扶贫先扶志 扶贫必扶智[EB/OL]. (2017-02-01)[2017-12-28]. http://theory. gmw.cn/2017-02/01/content_23610912.htm.

业取得了举世瞩目的成就,走出了一条中国特色的扶贫开发道路①。特别是党的十八大、十八届三中、四中、五中、六中全会以及党的十九大的胜利召开,无不为构建现代公共文化服务体系指明了方向,同时也给予贫困地区极大地支持。但另一方面,还有很多贫困地区发展滞后的问题没有根本改变,部分贫困人口生产生活仍然十分困难,公共文化依然欠账多、水平低,文化扶贫仍处于较低水平,贫困地区文化民生贫瘠与文化生态资源富足倒挂的现象普遍存在。在此背景下,公共图书馆作为重要的公共文化机构,作为满足人民过上美好生活新期待、提供丰富精神食粮的重要主体,并作为公共文化激发扶志与扶智内生动力的重要抓手,理应积极发挥其在新时期的历史责任与使命,在当下扶贫开发工作的攻坚时期勇于担当、努力作为,为着力提升贫困人口的科学文化素质,为探索公共文化精准扶贫的新模式,为找准不同区域"精准滴灌"的着眼点,为促进基本公共文化服务均衡发展,为全面建成小康社会贡献力量。

一、中央的政策法规要求

近年来,中央先后出台了一系列文化扶贫的相关政策法规,对其进行梳理不难发现,在当前经济社会全面发展的背景下,中央的一系列决策部署使得公共图书馆精准扶贫有了依据和保障(见表1)②,为公共图书馆开展精准扶贫提供了良好的时代机遇。

表1　中央近年来出台相关政策法规情况一览表

序号	发文时间	发文机关	文件名称	相关内容要点
1	2015.1.14	中办、国办	关于加快构建现代公共文化服务体系的意见	推动贫困地区公共文化建设跨越式发展;贫困地区公共文化服务较短时间内明显改善

---

① 谢素芳:中国扶贫:世界性的成就[J/OL].中国人大杂志,2014(1).http://www.npc.gov.cn/npc/zgrdzz/2014－02/11/content_1826065.htm.

② 本表依据各政府网站公布文件整理而成。

序号	发文时间	发文机关	文件名称	相关内容要点
2	2015.10.25	国办	关于推进基层综合性文化服务中心建设的指导意见	部分中西部贫困地区进行基层综合性文化服务中心建设试点;转移支付、资金补助、绩效奖励
3	2015.12.9	文化部等七部委	"十三五"时期贫困地区公共文化服务体系建设规划纲要	2020年,贫困地区基本公共文化服务主要指标接近全国平均水平;从完善设施网络、推动均衡发展、增强发展活力、提高服务效能、推进数字文化、加强队伍建设、加大文化帮扶、推动脱贫致富8个方面提出贫困地区公共文化建设任务
4	2016.5.11	国办	关于推动文化文物单位文化创意产品开发若干意见的通知	文化创意产品开发作为贫困地区文化遗产保护和文化发展的重要措施
5	2016.12.25	全国人大常委会	中华人民共和国公共文化服务保障法	国家扶持促均衡;各级政府通过转移支付等方式增加投入;鼓励和支持经济发达地区提供援助
6	2017.2.3	发改委、文化部等8部门	"十三五"时期文化旅游提升工程实施方案	不断自然生态环境良好、文化科普教育功能完善的精品景区;支持民文党报党刊、图书、音像、电子等出版单位数字化转型升级;挖掘并保护优秀传统文化;实施标准化公共文化重点项目
7	2017.2.23	文化部政策法规司	文化部"十三五"时期文化发展改革规划	"十三五"末实现贫困地区县县有流动文化车;与国家扶贫攻坚战略相结合;加大资金、项目、政策倾斜力度,完善转移支付机制;盘活贫困地区文化资源;建立文化扶贫机制;实施文化扶贫项目;贫困地区特色文化产业发展;加快文化人才队伍建设
8	2017.3.1	国务院	"十三五"推进基本公共服务均等化规划	支持革命老区、民族地区、边疆地区、贫困地区公共阅读设施建设

序号	发文时间	发文机关	文件名称	相关内容要点
9	2017. 5.25	文化部财务司	"十三五"时期文化扶贫工作实施方案	贫困地区文化发展总体水平到2020年接近或达到全国平均水平;贫困地区现代公共文化服务体系基本建成,文化遗产、文化产业、文化市场、文化交流、文化人才队伍实现长足发展
10	2017. 11.4	全国人大常委会	中华人民共和国公共图书馆法	国家扶持革命老区、民族地区、边疆地区和贫困地区公共图书馆事业的发展

上述一系列政策法规为包括公共图书馆在内的公共文化精准扶贫提出了以下方面的具体要求。

（一）目标明确

《关于加快构建现代公共文化服务体系的意见》将贫困地区作为现代公共文化服务体系建设最紧迫、最艰巨的任务,提出短时间内推动贫困地区公共文化建设跨越式发展的目标。而上述10项政策法规中的其他5项"十三五"时期的规划方案,也都特别明确了文化脱贫的时间节点为"十三五"末期,也即将2020年作为文化脱贫的工作坐标,要求所有贫困地区基本公共文化领域的主要指标接近或达到全国平均标准,并将此作为文化脱贫的重要标志,使得公共图书馆在执行开展精准扶贫工作时能够有计划、有目标。

（二）重点突出

上述政策法规从不同侧面为公共图书馆推进精准扶贫工作划出了重点,不仅包括《"十三五"时期贫困地区公共文化服务体系建设规划纲要》中提出的完善设施网络、推动均衡发展、增强发展活力、提高服务效能、推进数字文化、加强队伍建设、加大文化帮扶、推动脱贫致富等8个方面,还包括文创产品开发、财政保障、建立并完善扶贫机制、"一县一策、精准扶贫"、文化与旅游结合、公共阅读设施建设等。与此同时,还应当看到,这些政策法规中仅仅给出的是精准扶贫的重点方向和领域,这也将为各个地方公共图书馆开展实际工作留足了创新性思维的发展空间。

(三)试点先行

试点先行是在有条件的地方对开展的工作进行试点推进,这是当前中央倡导政策推进的常用方式之一,是全面深化改革必须遵循的方法,此法能够通过以点带面继而全面推广的形式,探索不同地域的差别化试点,以实现因地制宜、稳步推进,实现顶层设计与基层实践的良性互动。以试点为先导的这种方法在中央出台的一系列文化扶贫的相关政策中也有充分的体现,应在公共图书馆开展精准扶贫的过程中一以贯之地执行下去,确保不断深化试点工作、及时总结经验,为全面推广奠定良好基础。

(四)项目为实

坚持以项目为核心,紧紧围绕项目开展各项工作,才能形成聚精会神搞建设、一心一意谋发展的良好局面,才能更好地研究、部署和完善中央的扶贫开发精神。《"十三五"时期贫困地区公共文化服务体系建设规划纲要》以及《文化部"十三五"时期文化发展改革规划》等中央政策文件均是以专栏设置、策划项目的方式,在明确要求、落实责任的基础上,要求加快推进项目实施,以期最终通过项目落地,保证扶贫攻坚的关键问题和主要矛盾得以解决。

(五)财政保障

"兵马未动,粮草先行",各类投入是打赢脱贫攻坚的基本保障,其中财政投入发挥着主体和主导作用。20 世纪 80 年代初,我国开始真正意义上的财政扶贫。2015 年底召开的重要扶贫开发工作会议吹响了新时代打赢脱贫攻坚的冲锋号,《中共中央国务院关于打赢脱贫攻坚站的决议》对扶贫开发工作做了具体部署①。这

---

① 胡静林. 加大财政扶贫投入力度支持打赢脱贫攻坚战[EB/OL]. (2016-09-12)[2018-12-18]. http://theory. people. com. cn/n1/2016/0912/c40531-28708650. html.

些国家政策为文化领域的精准扶贫提供了依据,特别是《中华人民共和国公共文化服务保障法》第四十六条对增加财政投入的规定,进一步强化了政策保障加大财政扶贫的投入力度,更使得公共图书馆加大投入开展精准扶贫有了明确的法律支撑。

二、当前的共性问题

习近平总书记谈扶贫时强调,要精准扶贫,切忌喊口号,也不要定好高骛远的目标①。而贫困地区的形成由于受到一定的自然条件限制和历史因素影响②,既有共性,也有差异,这就要求扶贫工作要对贫困地区当前发展的各类问题进行梳理,以便更好地实现针对问题、对症下药。纵观全国,贫困地区包括公共图书馆在内的公共文化服务体系建设仍旧面临如下一些共性问题亟待解决③。

(一) 领导意识淡薄

由于贫困地区属于后发地区,经济社会发展压力大,制约了当地政府部门和领导对文化建设的重视程度,"等、靠、要"的思想在贫困地区领导干部和贫困户中还普遍存在;未将公共图书馆服务、甚至公共文化服务纳入政府职能进行考核的行为在贫困地区县、乡两级政府也是目前的常态;基层干部对各级各类相关政策了解不足,与中央政策相衔接的"一县一策"式的公共文化精准扶贫政策以及"量体裁衣"式的文化项目依然凤毛麟角;将有限财政资金集中消耗在市县或标志性设施建筑上,致使村、居等基层文化设施"断档"现象时有发

---

① 习近平:扶贫切忌喊口号 也不要定好高骛远目标[EB/OL]. (2013 - 11 - 03) [2017 - 12 - 27]. http://www.chinanews.com/gn/2013/11 - 03/5457417.shtml.
② 韦玄.扶贫精准发力有赖因地制宜[EB/OL]. (2016 - 12 - 01) [2017 - 12 - 29]. http://www.sohu.com/a/120352190_181108.
③ 刘洋,唐任伍,龙希成等.底线保障,反弹琵琶——2014 年贫困地区公共文化服务体系建设发展报告/文化蓝皮书:中国公共文化服务发展报告(2014~2015)[M].北京:社会科学文献出版社,2015:130 - 145.

生,严重制约了脱贫攻坚任务的完成。

（二）投入财力不足

近年来,各级政府对贫困地区文化事业费投入显著增加,但由于基数低、底子薄,贫困地区文化事业费占财政支出比例仍然较小,仍有部分地方文化部门年初未列出部门专项预算或项目预算资金偏少;部分公共文化机构,特别是乡镇文化站、农家书屋等基层服务点的运转维护费、设备更新费、项目活动费以及新书购置费等日常专项公用经费没有列入预算或金额偏少;不少贫困地区的县级图书馆仅仅依赖国家免费开放资金勉强维持,镇、村基层即便有国家免费开放资金也常被挪作他用,贫困地区政府财力不能完全保障公共文化领域配套资金地实现。

（三）设施条件有限

伴随城乡居民生活水平不断提升,贫困地区由于历史欠账导致的公共文化设施缺失或者规模小、条件差、陈旧老化等现状已难以满足百姓的文化诉求,更难以满足国家新一轮扶贫攻坚战略的要求。目前,贫困地区的公共图书馆没有实际使用房屋,乡镇及村居公共阅览室和农家书屋等管理薄弱、形同虚设的情况屡见不鲜;一些基层公共文化设施往往被挤占挪用,农家书屋建在村委会委员个人家里的情形多有发生;由于对配套设备购置、维护、资源更新等缺乏相应的支持,部分地区公共图书馆建、管、用脱节现象频出,"有马无鞍"使得公共图书馆的服务能力相对薄弱。

（四）供需存在脱节

对于贫困地区而言,公共图书馆提供的服务手段陈旧、内容单一,形式上缺乏创新,习惯被动等待读者"走进来",现代信息技术尚未得到普遍应用,成本更低、运行更加有效的数字服务、远程服务、流动服务、定向精准服务尚未起步;特别是随着城镇化、工业化进程地加快,大量贫困地区人口转移地出现,进城务工农民在公共文化权益保障上还存在盲区、死角,这无疑增加了城市公共图书馆服务的难度,为城市公共图书馆服务提出了更高的要求,而当前公共图书馆针对这部分特殊人群的服务还尚显不足。

(五)人才队伍匮乏

根据中央政府关于严格控制机构编制、财政供养人员只减不增的要求[①],不少贫困地区在编制总量有限的情况下,在《国家基本公共文化服务指导标准(2015—2020年)》的底线要求下,尤其是镇、村层级服务机构虽有1—2个编制,但"一人兼多职、有编没有人、有人不在岗"却是普遍现象,文化志愿者队伍建设水平也相对滞后,阅读服务在基层难以开展;此外,贫困地区不少县级公共图书馆缺乏稳定的专业队伍,高层次人才更是少之又少,服务观念相对落后;与此同时,由于贫困地区收入待遇不高,缺乏有效的专业培训机制,致使公共图书馆从业者工作、生活空间受限,一大批高水平专业人才难引也难留。

(六)体系化程度低

贫困地区的公共图书馆等县级骨干公共文化机构,其服务往往限于阵地服务,"单打独斗"比较多,与镇、村关系不大,区域统筹规划、资源支持、业务指导等工作开展程度不高[②],这也与国家所倡导的构建县域公共图书馆总分馆服务体系的政策相违背。

三、已有的创新实践

近年来,随着各级政府对扶贫力度地持续增大以及对文化发展重视程度地不断提升,贫困地区公共文化服务体系建设取得了一定的成绩,涌现出许多好的做法。其中,围绕阅读推广开展的一些创新做法,形成了经验、特色和成

---

① 李克强:本届政府财政供养的人员只减不增[EB/OL]. (2013 - 07 - 25) [2017 - 12 - 29]. http://www.scopsr.gov.cn/rdzt/gzczgy/yw/201307/t20130725_232308.html.

② 郑海鸥. 海南保亭拓路贫困地区公共文化服务让"孤岛"的资源活起来[N]. 人民日报. 2017 - 05 - 25(19).

效,在公共图书馆精准扶贫过程中可以借明於鉴以照之。

(一)湖南省炎陵县图书馆

炎陵县图书馆作为国家集中连片特殊困难地区扶贫攻坚重点县的公共图书馆,馆舍条件较差,但在馆领导班子的带领下兢兢业业、不辞辛劳,想法设法提场馆利用效率和全民阅读服务效能,工作成效十分明显,不仅馆舍整洁、人气旺,还多次受到国家、省、市、县各级表彰,并多次被文化部评为"国家一级图书馆",成为发展山区图书馆事业的典范。

2017 年 5 月,炎陵县图书馆更进一步参与到公共文化精准扶贫工作中去,启动 2017 年图书馆服务宣传周活动,并作为当地水口镇下垅村的脱贫攻坚帮扶单位,在摸清村情之后,帮助下垅村制定了脱贫计划,鼓励村民利用有利地理条件种植黄桃。随着帮扶工作的深入推进,炎陵县图书馆的扶贫队员们更加注重因地适宜、因户施策,扎实推进"七个一批"、"六大工程"①,并结合图书馆工作职能,大力开展以送技术、送图书、送培训为主要内容的"文化扶贫进乡村"系列活动,为脱贫攻坚提供智力支持和文化保障②。

(二)浙江省平湖市农民读书会

针对基层相对贫困人口开展的全民阅读活动,对于增加贫困人群潜在力的意义显著,浙江省平湖市农民读书会的做法说明了这一点,值得仿效。2005 年 5 月,平湖市曹桥街道建立的第一个农民读书会,标志着平湖市的农民读书会工作正式开启。2016 年伊始,平湖市进一步提出了"文化平湖、书香社会"的战略构想,制定出台的《平湖市农民读书会章程》,从顶层设计出发,从难点、

---

① "七个一批"指特色产业脱贫一批,劳务输出脱贫一批,易地搬迁脱贫一批,教育助学脱贫一批,医疗救助脱贫一批,保障兜底脱贫一批,生态补偿脱贫一批。"六大工程"指交通扶贫工程,水利扶贫工程,通信和电力、光伏扶贫工程,农村危房改造和环境综合整治扶贫工程,文化扶贫工程,乡村旅游扶贫工程。
② 陈列.炎陵县图书馆:开展"文化扶贫进乡村"服务宣传周活动[EB/OL]. (2017 - 05 - 26) [2018 - 01 - 01]. http://www. yllib. cn/Article/ShowArticle. asp? ArticleID=967.

弱点、焦点入手,从基层抓起,提出农民读书会组建的目的、宗旨和具体操作办法①。同时,出台《农民读书会星级评定(试点)》方案,要求根据管理能力、活动频率、参与情况、活动场所、藏书情况、读书心得、征文比赛以及读书会辐射能力等,开展读书会星级评定工作,将农民读书会设定为三个星级,并给予不同奖励,极大激发了广大农民读书会的热情。截至 2017 底,平湖市已成立 113 个农民读书会,举办 1 300 场次读书活动,尽管各读书会的服务能力和水平参差不齐,但已形成了一定规模、有了自己的阅读品牌。

农民读书会作为依靠"有生力量"支撑的完全自发性的组织,会长通常由历任的村文化宣传员兼任,读书活动列入村常规工作,还对相关人员予以考核。由农民读书会自己推举积极分子、阅读爱好者成为其核心成员,并辅助会长组织活动,且无额外报酬。目前,读书会的会员以失地农民、退休老师、退休村干部等老人居多,且不拘泥于形式。未来,农民读书会将计划进一步建立考评、协调机制等,通过三年顶层设计、三年自上而下的政府推力,确保推动农民读书会长效发展②。

(三)安徽省六安市大别山区"候鸟书屋"

针对大别山革命老区还有 30 多万令人堪忧的留守儿童,浦东图书馆学会提出希望在安徽省六安市大别山革命老区建设一批书屋的设想。2013 年初,浦东图书馆学会工作人员开始积极奔走,寻找爱心企业、爱心人士的帮助,"候鸟书屋"于当年 5 月在多方的支持下正式启动建设。截至目前,浦东图书馆已联合六安市文广新局组织开展"小小候鸟飞浦东"读书夏令营、"小小候鸟梦"读书演讲比赛、"中国梦·少年梦"知识竞赛、"我爱候鸟书屋"征文比赛以及"书海翱翔·放飞梦想"主题征文与诵读比赛等一系列活动,书屋的吸引力显著增强。六安市现已建成分设在行政村和乡村小学的"候鸟书屋"40 个,平均

---

① 陆爱斌.农民读书会提升农家书屋利用率的实践与思考——以浙江省平湖市为例[J]. 2017 (1):45-49,11.

② 陈苏.农民读书会这个球大家一起使力才能提动[N].嘉兴日报.2017-12-29(09).

每个试点村收到图书 800 册、电脑 2 台、电子阅读器 2 台以上,累积共发放适合青少年的各类读物 4 万册、台式电脑 80 部以及电脑桌椅、电子阅读器、光盘读物等一批物资器材,直接受益留守儿童 4 000 人、其他青少年约 2 万人①。

"十三五"期间,浦东图书馆学会将继续做好关心和关爱革命老区留守儿童的文化活动,不断拓展"候鸟书屋"建设,并计划在 2020 年底前共为大别山革命老区捐建 100 个"候鸟书屋",为每个书屋配备童话、故事、小说及趣味性强的书籍 1 000 册②,使每个书屋都真正成为当地贫困留守儿童的育才屋、连心屋、温馨屋。

四、未来的重点任务

习近平主席在 2018 年的新年贺词中,开篇谈成绩时便指出,2017 年又有 1 000 多万农村贫困人口实现脱贫,并在谈未来发展时再次明确,到 2020 年我国现行标准下农村贫困人口实现脱贫,是我们的庄严承诺。铿锵的话语进一步彰显出以习近平同志为核心的党中央坚决整体消除绝对贫困、实现中华民族伟大复兴中国梦的坚定决心和信心③。在这一新的时代背景下,脱贫攻坚任务的顺利完成既需要依靠外部"输血"式扶贫与内部"造血"式脱贫相结合,又需要通过自身"造血"巩固"输血"的成果,才能彻底拔出穷根、消除贫困④。公共图书馆作为助力精准扶贫的公共文化机构,既是"输血"式文化扶贫的重要载体,亦是"造血"式文化脱贫的主力军,在打赢脱贫攻坚战中有着义不容辞的时代责任与使命。

① 宋金婷. 我市已建"候鸟书屋"40 个[EB/OL]. (2017-11-29)[2018-01-02]. http://union. china. com. cn/txt/2017-11/29/content_40085387. htm.
② 侯莉娜. "候鸟书屋"为留守儿童的梦想插上翅膀[EB/OL]. (2016-09-11)[2018-01-02]. http://www. pudong. gov. cn/shpd/news/20160911/006005056006_aed391ba-1b2c-4991-a699-7a28bcc99332. htm.
③ 王传宝. 从新年贺词读习近平民本情怀[EB/OL]. (2018-01-02)[2018-01-03]. http://www. china. com. cn/opinion/theory/2018-01/02/content_50184254. htm.
④ 胡光辉. 扶贫先扶志 扶贫必扶智[EB/OL]. (2017-02-01)[2017-12-28]. http://theory. gmw. cn/2017-02/01/content_23610912. htm.

（一）明确新时代赋予的历史责任与使命

公共图书馆推进精准扶贫的时代责任与使命包含两方面的含义,一是对于贫困地区的公共图书馆而言,需要针对区域范围内贫困人口的特点,因地制宜、精准施策,与各行业各部门勠力同心,以实际行动全面参与到本地区的全面脱贫攻坚战中;二是从更大范围来看,对于非贫困地区的公共图书馆,特别是刚刚脱贫以及经济较发达地区的公共图书馆而言,更有着责无旁贷的责任,它们需要用全局观念,怀抱家国情怀,切实担负起扶贫帮困的重任。总体而言,公共文化精准扶贫中的公共图书馆应当通过服务方式和服务手段创新、服务能力和服务水平提升,推动贫困人口摆脱精神贫瘠,成为以精神文化富足助力实现全面脱贫胜利的一支重要的中间力量。

（二）提高以"县"为基础的各级党委政府的认识

"县制"作为我国行政机构最完整的基层地方政权,自封建制度建立至今的两千多年久行不变[1]。因此,县级政府作为我国政府管理与治理史上最稳定的行政区划基本单位,特别是在"省直管县"的体制下,县级党委政府无疑成为解决贫困地区公共文化服务难题的关键,而这就必然需要中央、省、市、县各级政府认识一致、通力协作。在中央出台扶贫政策、投入扶贫资金、营造脱贫环境的背景下,公共图书馆应当努力扩大自身影响力并积极奔走宣传,使地方各级党委政府、特别是县级党委政府要明确包括公共图书馆在内的公共文化服务在助力脱贫攻坚中的重要性,明确目标、落实任务、保证配套资金,有针对性地制定出台"一县一策"的实施方案,避免"新官不理旧账"的现象出现,确保如期实现全面脱贫的预期效果。

（三）细致摸排区域服务的缺口与特点

得什么病就吃什么药,这是对精准扶贫的最好诠释。这就要求公共图书

---

① 叶子荣,郑浩生.县制:中国行政管理体制运行的基础[J].天府新论,2012(6):93-98.

馆在中央号召下,积极发挥专业优势,深入、扎实、细致地对需要帮扶的贫困地区、贫困人口进行摸排走访。摸底排查应接地气,并充分借鉴炎陵县图书馆助力脱贫、"福建艺术扶贫工程"的理念,以"关注农村、关注贫困、关注教育"为视角①,结合扶贫试点工作要求,以《国家基本公共文化服务指导标准(2015—2020年)》以及各地出台的基本公共文化服务实施标准为依据,了解帮扶贫困人口的类型、特点,加紧开展帮扶地区资金与重点服务效能指标的测算,并以调研报告、实施规划和资金测算等系统材料的形式,为政府科学决策、为公共文化机构开展服务供支撑,真正使公共图书馆在脱贫攻坚中能够履责担当,分别形成解决各类一揽子贫困地区问题的示范试点经验,不辱公共图书馆开民智、正德行、助脱贫的时代使命。

(四)搭建全民阅读扶贫工作网络

《公共文化服务保障法》提出,要完善公共文化服务体系,提高公共文化服务效能。《公共图书馆法》也提出,要因地制宜建立以县级公共图书馆为总馆的总分馆制,完善数字化、网络化服务体系和配送体系,实现通借通还。《"十三五"时期贫困地区公共文化服务体系建设规划纲要》则提出了"十三五"期间设施体系建设的新思路:构建固定设施、流动设施和数字设施有机结合、相互补充的设施网络体系,体现了开放、立体、实用、高效的设施建设新理念②。因此,公共图书馆在开展精准扶贫工作中,应在有限的资金、设施设备、人员条件下,在夯实自身总分馆设施服务体系的基础上,不断扩大图书馆的"朋友圈",积极寻求全社会的参与,鼓励、支持并帮助有情怀的热心人士在有着热切阅读需求的区域建立多种类型的图书馆或阅读服务点,如为草原娃和牧民开放阅读的蒙古包民宿图书馆③、为村里孩子开放阅读的莫干山居图精品图书馆

---

① 李宏,李国新.文化馆蓝皮书:中国文化馆全民艺术普及发展报告(2015—2016)[M].北京:人民日报出版社,2018:147-152.

② 文宣.《"十三五"时期贫困地区公共文化服务体系建设规划纲要》专家解读[EB/OL].(2015-12-11)[2017-12-29].http://www.sdwht.gov.cn/html/2015/whfx_1211/27503.html.

③ 全中国最孤独的蒙古包[EB/OL].(2017-12-20)[2017-12-29].http://www.360doc.com/content/17/1220/07/32460064_714680465.shtml.

民宿[①]、在岛屿上让人免费看书的荒岛图书馆等[②]，在全社会形成公共图书馆与全社会协同推进，以县为单位的区域性全民阅读扶贫工作网络体系，并在体系化建设运行格局中，对接"互联网+"行动计划，以远程辅导培训服务、数字阅读一体机、贫困家庭电子书架建设，以及文化方舱流动阅览车等实现低成本高效率的新型装备技术服务方式，实现全社会图书资源大流转的共享局面，以阅读加速完成对贫困人口的扶志、扶智任务，最终实现共奔小康。

（五）构建全民阅读精准扶贫机制

构建精准扶贫工作机制能够使贫困人口享受基本阅读的服务得以永续发展。当前的扶贫开发工作机制包括行业扶贫、东西部扶贫协作、定点扶贫等，公共图书馆精准扶贫必须按照国家扶贫攻坚战略，并依托上述扶贫机制的总体架构，开展针对不同层次区域以全民阅读为引领的脱贫帮扶协作。一是选取公共图书馆事业发展较为领先的全国文化先进县、本区域范围内经济和文化较为发达的片区等与公共图书馆事业较为落后的各级贫困片区建立结对帮扶机制，开展"一对一"、"一对多"、"多对一"等多种跨区域结对帮扶的形式，通过示范带动作用，使贫困地区公共图书馆服务水平显著提升。二是针对山高林密且远离城市、难以实现以城市群带动发展、依靠自身内生动力又难以实现跨越式发展的贫困区县或散落贫困户，应建立毗邻区域全民阅读服务活动的联动协作机制，通过研究制定地域协作式全民阅读的规划方案，推动区域间全民阅读活动的协调联动发展。三是依托贫困地区优秀的民俗文化资源，每年从公共图书馆总分馆服务体系的上级地市馆中选派2名高素质文化干部定点扶贫挂职，将地市优秀文化资源和工作理念带向贫困地区，将贫困地区的优秀文化资源挖掘出来，助推公共图书馆地域体系内全民阅读活动地普遍开展。综上，通过构建各种方式的全民阅读精准扶贫机制，使公共图书馆依靠阅读帮

---

① 让时光和经历变成一本书：中国首家图书馆民宿[EB/OL].（2017-12-29）[2018-01-01]. http://www.zhongguofeng.com/minsu/53343.html.

② 花了六年，他做了中国最文艺的一件事：为500个最美空间建了图书馆[EB/OL].（2015-11-18）[2017-12-29].http://www.anyv.net/index.php/article-51415.

助引导贫困人口完成了从"输血"向"自主造血"的渐变式脱贫。

（六）建立阅读推广志愿服务队伍

文化志愿者通常作为文化帮扶工作的重要内容,是有效弥补基层文化人才队伍匮乏的有效途径。公共图书馆在推进精准扶贫工作中,应充分利用好群众身边的文化能人,并在文化部、中央文明办联合发布的《关于广泛开展基层文化志愿服务活动的意见》指导下,主动发挥公共图书馆自身的专业素养和行业号召力,广泛招募并吸引热心公益事业的社会专业人士,开展贫困地区阅读推广志愿服务,鼓励贫困地区组建阅读推广志愿服务组织,公共图书馆还应为其定期组织举办形式多元、内容丰富的阅读推广人培训班,逐步完善旨在服务贫困人口、满足阅读需求的志愿者队伍的招募、培训、服务、考核、奖励等制度。争取到"十三五"末,使贫困地区的每个县都拥有1—2支机制健全、运行有效的阅读推广志愿服务队伍,壮大贫困地区基层文化人才队伍,为文化扶贫提供有力的人才支撑。

上海非营利艺术空间现状的调研与思考

林 霖*

摘 要 本文以上海非营利艺术空间的现状、存在的问题为切入点,通过对现状的调研与存在问题的分析与思考,并同期比对国内外非营利艺术空间作为案例参考,勾勒出上海非营利艺术空间的面貌特征,从而进一步提出进言以取长补短,给予可行的模式参考与建议,以期为建立上海健康的艺术行业生态和健全的机制贡献一份绵薄之力。非营利艺术空间为当今城市文化内蕴和文化品牌的建立都有着极大助益,无论为当代艺术的发展还是城市软实力的提升都有着不容忽视的积极助益,且在社区链接、公共教育以及社会知识生产力等领域都有着极大的广延性和极大的生长空间。

关键词 上海文化品牌 非营利艺术空间 第三力量

"非营利"一词来自英语中的专有名词 Non-Profit,"非营利机构"则被称为 Non-profit Organizations,简称 NPOs,即不以商业利益和赚钱为目的的机构和部门。但是在国内,"非营利"往往被写成"非盈利",这其实也导致一个普遍的误解:很多人会认为,做非营利机构是"不赚钱"的。其实,非营利机构在理想状态下是可以有剩余收益的(也称为"财务溢出"或"财务盈余",即 Spill-over 或 Financial Surplus),该收益用于自身循环、长远发展,而非分红或再投资,这就是自给自足的独立运营。从中国的非营利艺术空间的现状和发展语境来看,有学者提出的"替代性空间"(Alternative Space)其实更符合实际,因为这类

---

* 林霖,上海艺术研究所《上海艺术评论》编辑,自由撰稿人。主要研究方向:当代艺术理论、艺术评论、美术馆发展。

空间更为灵活、也有着更多不确定因素。但是本文的初衷并非将本应大有可为的非营利艺术空间定义为"替代"的某种方案。我们这里所言的非营利艺术空间,特指各类处于画廊和美术馆所构成的艺术系统之外的展览空间,为了将我们的调研在有限的资料和条件下尽可能做得更丰满、全面,本文也将诸多非营利项目纳为研究的对象。

一、非营利艺术机构的存在意义

与大型的美术馆机构及商业画廊所操控和主导的主流系统相比,非营利艺术机构的面貌是更为独立的姿态、更为提纯化的艺术语汇表达,在今天的社会语境里,它们更像是肩负着简化及净化游戏规则的使命与实验场。

对于一个良性健康又苗壮的艺术生态系统而言,这一类型的艺术空间当然是越多越好。但是归根结底,重要的不是空间形态,而是对"新的可能性"这一老生常谈的对未来和未知世界的一种展望和前行方向。

在城市士绅化过程中蓬勃兴起的美术馆兴建热潮,并非上海独有,这一现象是过去几十年国外城市更新改造过程中的一个必要过程和由此而来城市发展中的重要经验。在上海,近两年这一轮建设热潮中的美术馆往往具有如下一些特点:以空间和参观体验而非艺术展示为基础的建筑设计,以邀请国内外著名建筑师设计为荣;各种明星艺术家和时尚品牌为主角的项目规划;开幕及特别活动以及营销宣传方面的重要性远甚于艺术项目内容本身;各类公共教育活动异常丰富,内容却趋于同构和简单化,等等。因而,看起来是非常热闹,但是热闹之后,我们亟需思考是否留下什么以供可持续发展的养分和艺术发展的沉淀? 这块土壤,是真正肥沃了吗?

美术馆的政治使命和公众身份是与生俱来的,是社会结构中的上层建筑,用一个词形容是"大树";而非营利空间则是大树长成前的一颗颗小树苗,本就具有草根性和大众性。政府不仅应扶持、也应致力于打造如此"小而精"的艺术空间,是为最终耕耘出一片健康全面的艺术生态。

从城市精神文明和文化品牌构筑而言,非营利艺术空间的蔓延与发展,一如城市肌理,在它们的身上,有着海派都市多元的外部特征,也有着开拓的勇气、人文的情怀以及构筑健康艺术生态的理想。诚然,外表的光鲜那是走马观花,我们更需要深入了解实际的经纬纵横,在这经纬纵横中勾勒出真实、真诚的面貌。

二、非营利艺术空间的在地实践与反思

我们立足上海,因此聚焦上海。目前,关于上海非营利艺术空间的相关调研,成课题或成系统的相关研究目前并未有先例。一方面是因为非营利艺术空间在国内的发展也是近些年才有的概念,其面貌也呈零散之姿,并未能形成规模;另一方面也是从生态构筑而言,尚且荒芜待耕耘,是亟需关注的领域。

上海近五年来,在民营美术馆运营方面已卓有成效,也向着更大规模的方向发展。而同样作为"民营"的非营利空间,却沦于灰色地带,有些曾经努力做出过成绩的空间,也因为种种现实原因运营艰难。长此以往,无论是管理者、经营者、从业者还是大众,都会对非营利艺术空间"雾里看花",成为一种可有可无的存在;以至于原本有心、有志于做这样空间的人也望而却步。因此,本文的调研也是希望有一个行业观察的先例,以期进而能主推构筑良好生态。

上海非营利艺术空间目前也存在较大的问题,因实际操作中的界定有点模糊,比如前文也提到这两年方兴未艾的私人美术馆兴建,是一个可喜的现象。美术馆作为社会公益机构,享受有相关政策的优待,但是目前已知的几家私人美术馆,实质还是"盈利"的。首先,这些美术馆原本就是由私人藏家或地产企业家兴建,带有浓郁的个人口味;其次,他们的诸多"特展"依旧是收取不菲的门票;再者,他们实际上很多展品是可供销售的,已背离了美术馆作为公众文化事业机构的定位和初衷。据圈内知情人士透露,北京前几年有一艺术空间,成立之初亦是申请到了非营利艺术空间的资质,然而后来就以此为名集资,再后来就干脆改为画廊来经营了。

本文据近期调研所勾勒的初步面貌,每一个独立的空间都有自己的特点,也都有自己的优势和面临的问题,颇具个案性。本文将上海目前主要的非营

利艺术空间及机构汇总如下:

(1)上午艺术空间

上午艺术空间是上海非营利艺术空间"传奇"般的存在,迄今已运营9年。空间由艺术家邓叶明和于吉两人于2008年创建,位于上海静安区奉贤路。甫一成立便清晰定位为当代艺术独立实验空间,为不同领域的实践者如视觉、行为、舞蹈、声音、剧场等提供平台,他们旨在提出问题而不是给予答案。因此这些年来一直带有探索和实验的精神,也在努力坚持自负盈亏。诚如邓叶明所言,这9年来也逐渐以活动、文献构筑了上海的当代艺术史。

(2)要空间

至今夏成立刚满1年的要空间(Yell Space)位于上海莫干山路50号艺术园区,以"独立、自由、开放"为宗旨,欲求打造艺术家的第三方实验平台。要空间坚持对当代艺术中的新变化保持敏锐的观察和积极参与,希望空间能成为艺术家们的集聚地,共同打造一个思想呈现、观念探讨、作品交流的呼吸现场。

要空间的主要资金赞助来自香格纳画廊;在M50的空间也是一半是要空间发起人、艺术家黄奎原本的工作室,另一半空间是由原本香格纳的仓库,改建而成,所以租金方面不存在太大压力。要空间计划每两年做一次有关当代艺术的文献展;目前的每一场项目都是扶持青年艺术家为主,并且征集作品对所有人开放,自由竞争。黄奎是希望即使是非营利空间,也要更多走出去,要有开放式思维。所以他们会充分利用线上线下两个平台互动,而不仅局限于实体的展示空间。黄奎也表示,目前展览计划已经排到明年,可见大家是非常需要这样的平台和空间的。

(3)新时线艺术中心

成立于2013年的新时线艺术中心(CAC),成立之初就实践着"鼓励艺术实践作为新知识的生产者"这一理念。CAC不仅仅是一个展览空间,更是一个大实验室,主要支持新媒体艺术及相关实验项目。主要是以项目的形式来推进展览。赞助主要来自艺术基金会和海内外合作伙伴——其中更多是来自海外的支持,比如"CAC Lab"品牌。

CAC还有一个特色,即为艺术家设立了专项"学术奖金",以往我们都知道有评论家的评论奖,有艺术家的艺术奖,而给艺术家一个"学术奖"或许是CAC 的首创、也是空间成立的初衷:鼓励艺术家去提方案、做项目。通过海投遴选的方案一旦采纳,CAC 就会提供展厅让方案实地做出来。

CAC 的创始人据说是经营着多媒体器材设备领域的生意,所以在圈内有相关人脉和资源,才有这个空间,从而能陆续推出相关主题和内容的项目。

(4) OCAT

OCAT 上海馆位于上海苏河湾区域,由央企华侨城集团开发建成。美术馆所在地是一幢四层欧式建筑,于上世纪三十年代建成,前身是中华实业银行货栈,是上海市优秀历史建筑。目前,OCAT 上海馆现有展览空间约 1 600 平方米。2018 年即将搬迁至华侨城早就规划好的新馆空间,空间将逾 8 000 平方米。

OCAT 一年 4 场展览的频次,不紧不慢地打造美体艺术和建筑设计领域的学术性。其资金来源除了华侨城母公司,主要是和艺术基金会(如新世纪当代艺术基金会)合作,以项目合作的形式赞助展览(而非艺术空间本身)。

(5) 瑞象馆

成立于 2008 年的瑞象馆(Ray Art Center)曾是一家专注于摄影与影像艺术的非营利机构,2013 年起在虹口区花园路 Loft 社区内成立了实体展厅和名为"象铺"的活动空间,后来因为种种原因在 2016 年关闭。瑞象馆也是在近两年的时间内,其面貌逐渐立体了起来,不同板块之间的衔接也更有各自的特色同时又有黏合力。

作为一家定位于摄影与影像的艺术空间,瑞象馆前身只是一个以视觉研究为主的文论网站,后来在 2014 年 5 月才有了实体空间——象铺。自此之后,瑞象馆的发展朝向并非单纯地展示图像,更重要的是图像写作、档案记录和社群交流——这三点也是瑞象馆最重要的三个特点。瑞象馆的运营版块不仅有网站、展览、项目策划,还有一系列与影像相关话题的讲座、研讨会、对话、工作坊、小型演出、电影放映活动等,每年固定有出版物出版。换言之,瑞象馆旨在通过这三个主要特点与板块促进从影像文化到城市历史的深入思考和知识生产与再生产,希望能尝试与更大的文化、社会,乃至政治和历史主题发生关系。

因种种原因，原馆长施瀚涛在 2016 年初离职，随后瑞象馆的原班人马也都陆续离职，象铺随之关门，瑞象馆就没有再做起来。据悉，瑞象馆创始人原本也是摄影发烧友，做过公关，现经营电子商务。瑞象馆往期的资料和档案还能在官网"瑞象视点"搜索到，只是更新的年份目前定格于 2016 年，之后再无更新。

非营利艺术空间自主出版不易，以"瑞象出版"为例，其主要工作是"瑞象视点-摄影文丛"项目，每年出版两期的摄影文论选集，其中也包括国外在影像艺术研究方面重要文章的译介，以及国内年轻学者的新作发布。仅 2014 年至 2015 年的两年内，"瑞象视点"每年通过瑞象馆官方微信和网站发布了逾 300 篇文章。同时，结合瑞象馆策划和组织的活动，瑞象出版还包括与其他机构合作出版的文集和画册。由此，在瑞象馆的身上，我们可以看到一种文化生产的多元可能，一种来自更"草根"的思维活力和交流，以文献和文本的形式记录，本应也是时代和城市阶段性发展的记录。同时，瑞象馆也曾积极与高校展开合作、走进校园，如复旦大学、南京大学、中山大学、北京外国语大学、云南大学、浙江大学、武汉大学、厦门大学等，足迹遍布全国一流高校。在文化研究方面，瑞象馆也曾赞助瑞士的社会学家和摄影家孟牧轩（Matthias Messmer）进行中国乡村的文化研究、田野调查，走访了遍及中国大陆的 21 个省市自治区的 50 余个自然村镇。最终以图像和文字相结合的方式出版。

其不稳定因素也在于本身机构力量小，以及投资方的主观因素干扰过多。可见，非营利艺术空间对于稳定而优秀的团队打造是最艰难的一步。这一点在公立美术馆身上也是一个问题，据上海多伦现代美术馆馆长曾玉兰透露，目前他们馆的当代艺术文献库的工作暂停，是因为人员流动太大、团队不稳定，导致只能将主要精力放在展览上，无法再专心于文献库的建档和搜集、整理。好在目前因为政府决策的稳定，加上美术馆本身的社会属性，如今美术馆的团队已经重新建立，下一步诸多项目也在开展中。两相对比，对于没有政府固定资金赞助的艺术机构和空间，它们是否应该为此承担"飘摇"的命运呢？此类机构是否可以承担更多的田野调查的考辨、整理、研究工作呢？在高校和美术馆之外,这类机构和平台其实更具有灵活性。比如瑞象馆也曾以项目合作的方式和艺术基金会、美术馆、品牌店以及媒体合作,比如上海当代艺术馆艺术亭台、10 Corso Como 上海生活概念空间、奥沙艺术基金、K11 艺术基金会、春之文化基金会(中国台湾)、澎湃新闻等。

(6)Shirley's Temple-Art

在上海,还有一种常见的模式是租一间公寓作为一个艺术发生地。如 Shirley's Temple-Art 就是为 4C 白血病儿童基金会而创办的一个空间。虽然严格说来不是一个非"营利"空间,因为驻地项目的作品是可销售,但是它的销售主要还是为了白血病儿童基金会的资金来源。据悉,因为创办人是外籍身份,故 4C 白血病儿童基金会在中国大陆的落地挂靠于宋庆龄基金会。在 Shirley's Temple-Art 身上,我们可以看到一些关键词,诸如:儿童公益基金会、外侨、对外交流等。据悉,空间创办人本身也是德籍华裔纪录片导演。

不过,在上海这样寸土寸金的国际大都市,租一间公寓本身就是昂贵的开销,并非一个理想的非营利艺术空间的场地。而上海也不像中国其他大城市一样易于结成类似"艺术家公寓群落"或"艺术家村"的模式。

通过调研也了解到,诸多非营利艺术空间的项目及展览活动有赖于基金会的赞助,而基金会自身也会积极开展一些艺术推广和艺术教育及出版的活动,故在此我们亦将基金会纳为非营利艺术机构的一个重要板块(具体职能分类下文将有详解):

(1)新世纪当代艺术基金会①

新世纪当代艺术基金会(NCAF)是由收藏家王兵和薛冰共同发起的非营利基金会。专注于中国当代艺术领域,其使命是支持业已崭露头角以及还未受到关注的有才华的年轻艺术家;通过资助年轻艺术家的创作、展览及非营利艺术机构的研究和活动,向艺术界和公众持续地展现中国当代艺术的未来发展力量,为推动中国当代艺术的发展贡献力量,并在现有的艺术生态系统中为中国当代艺术的发展做一些支持补充性工作,为推广中国当代艺术提供更多

① 新世纪当代艺术基金会官方网站:http://www.ncartfoundation.org

更好的平台。

（2）余德耀基金会

余德耀基金会（Yuz Foundation）是一个非营利性机构，通过其理念、收藏、美术馆、赞助项目和学术项目，致力于向公众推广国际当代艺术。基金会由印尼华人企业家、收藏家余德耀先生建立，目前拥有中西方当代艺术藏品数千件。创建人余德耀先生在当代艺术收藏界具有举足轻重的影响力，作为唯一的华人进入 Art & Auction 全球艺术 Power100 的前十名，并在 2012 年登上世界最权威艺术榜单 Art Review Power 100。

2008 年，基金会在印尼雅加达开设了当地第一间持有官方执照的私人美术馆，而位于上海徐汇滨江西岸艺术区的余德耀美术馆也已于 2013 年开幕。目前，余德耀美术馆以扶持一些青年艺术家及具有国际视野及一定知名度的艺术家及展览为主。展览也有与一些商展合作。

（3）K11 艺术基金会

K11 艺术基金会（KAF）由郑志刚（Adrian Cheng）于 2010 年创立，是推动中国当代艺术发展的非营利机构，全力支持大中华地区新晋艺术家创作，让他们在国际舞台上尽显才华。KAF 积极与世界各地的知名艺术机构合作，举办地区性及国际性艺术项目，如曾与菲格拉斯卡拉·达利基金会、伦敦蛇形画廊、伦敦当代艺术学院、巴黎蓬皮杜艺术中心、巴黎东京宫、巴黎玛摩丹莫内美术馆、纽约大都会博物馆、军火库艺术展、纽约新美术馆、纽约现代艺术博物馆、MoMA PS1 等知名艺术馆和单位合作，向亚洲以至全球展示中国艺术家的优秀之作。

K11 艺术基金会于 2015 年 7 月宣布与巴黎蓬皮杜艺术中心专注于中国当代艺术界的重要合作协议。作为与蓬皮杜艺术中心三年合作协议的一部分，K11 艺术基金会将资助该机构进一步加强其研究项目和对中国当代年轻艺术家的了解，其中包括将任命一位来自中国的策展人致力于建立对不同潮流的深入了解，以及在大中国区遴选年轻而有才华的艺术家。目前，KAF 全力支持的 K11 艺术空间也已成为上海商场艺术空间的典范。

三、非营利艺术空间的经纬纵横

（一）横向的资源与平台联结功能

非营利空间可以分担不同的功能，让社会资源得以优化。

如位于香港的 Para/Site 堪称亚洲历史最悠久、最活跃的独立艺术中心之一，旨在连结香港与其他国际艺术机构、博物馆、双年展及学术单位的交流。独立空间具有灵活性，在活动组织和草根性发起上具有显著优势。Para/Site 也体现了香港注重地区文化态度以及积极与国际交流的愿景（也是香港地区一直以来的策略）。

除了平台的搭建，还有一种连结功能即教育。依旧以香港独立艺术空间 AAA 文献库为例（Asia Art Archives），通过每年一度的"教学实验室"发展美育及社会教育，与学校及教育工作者合作建立一个探讨教学实践的学习社群，并致力提升他们对在课堂推行当代艺术与文化教学的信心。

另外，上海的几家主要民营美术馆也是注册为"民办非企"，也即 NGO，亦可纳为非营利艺术空间的范畴。如上海民生现代美术馆、龙美术馆、余德耀美术馆，以及成立已 13 年的上海当代艺术馆（MoCA）。

其中，民生美术馆由民生银行出资主管，成立于 2008 年，位于上海红坊艺术园区。直到 2017 年红坊被地产集团收购并转型为商业区，民生现代美术馆才搬离了红坊，进驻世博会前法国馆，更名为民生二十一世纪美术馆。原先在红坊的所在地也是得到长宁区区政府的支持，当时曾提供了五个场地供选，选择红坊还是当时的区委书记薛潮牵线搭桥。红坊艺术区的董事长郑培光也曾公开表示民生现代美术馆进驻红坊是为该艺术区增添光彩。虽然红坊如今已不再，民生美术馆还在，它们如今又得到浦东新区政府的支持，入驻世博会前法国馆。在展览方面，也与英国文化协会、英国等高校、艺术评论协会（IAAC）合作密切。

龙美术馆可以说是上海最早成立的一家成熟的民营美术馆，其注册为民办非企，从场馆到资产到作品都隶属于刘益谦、王薇夫妇，也即是说，是刘益谦和王薇将个人藏品的使用权让渡给了公益机构龙美术馆。王薇担任馆长,从家庭妇女到收藏家再到非营利艺术机构的馆长,对中国的富裕阶层、新贵阶层都有着很好的引导和启示作用。

而去年正式开馆的昊美术馆(上海馆),打着中国第一家夜间美术馆的旗号,开馆以来的头两个展览级别也非常高。但是昊美术馆目前的性质属于民企,隶属于万和酒店集团,并非一家真正意义的美术馆,或许更偏向于画廊的性质,可以说是创始人为收藏、投资作品搭建了一个平台,可以经营与买卖。据昊美术馆方面透露,日后他们会争取注册为民办非企,这个是发展方向。上海同期新兴的另一家高人气民营美术馆艺仓美术馆也是这个问题,都是打着"美术馆"名义的新型画廊——或者,用时下时髦的说法是:艺术中心。

所以,在艺术空间作为平台本身的延展性上,可塑性还是很强的。通过平台的资源联结,可以平行推进诸多活动和项目。这是一条切合当下的非常可行的运营模式。

(二)纵向的在场性:社群艺术与社区营造

在此我们可以参考"新村"模式的生长与凝固,这种生态与非营利艺术空间的成长环境极为相似。如今,面对经济愈发资本集中化的当下,公共空间被私有化的现象也屡见不鲜,如上海著名的莫干山路艺术区涂鸦墙一带,可以说已成为上海的一处文化地标,而今已经拆除,而涂鸦墙背后在闲置近十年有余的空地上,天安地产兴建的新地产项目"1 000棵树"已拔地而起,预计2019年底完工。诸如此类空间、场域的职能转换,促使我们不得不思考:我们如何将城市空间从惯性中、资本圈地的循环中释放出来? 民间历史故事、地域特色文化是否同街道空间一同渐渐消失?

或许会有人问,既然现在网络如此发达,岂不是线上空间更节约成本?不,线上平台有其优势,但不应以牺牲实体空间为代价,因为后者的现场体验、人与人之间的沟通与交流所营造的实际讨论环境终难取代。

说到如何加强这份"存在感",艺术空间更加仰赖的无疑还有志同道合的艺术社群和邻里周边的社区营造。与那些语境被稀释或抽空的展示空间相比,独立艺术空间都有着各自更鲜明的个性和定位,承载着某个特定区域或群体的性格。一旦相关社群和周边社区意识到这些空间的在场性,独立艺术空间的存在就会逐渐发挥其无可替代的独特性。

香港 C&G 艺术单位(C&Gartpartment)的创立者之一的张嘉莉曾在某次采访中表示:"现如今,'社群艺术'早已超出了简单意义上的地理限制,即'社区',转而指向共享某种特定兴趣爱好的群体。"国内第一个定位在社区的美术馆——广州时代美术馆就一直致力于社区平台的构建,比如它们已将公共教育不仅普及到美术馆所在的社区,还有城乡结合部、小工厂等。而它们周边的小学、幼儿园都有定期组织看展或参加艺术家工作坊的活动,这也回应了当时担任时代美术馆馆长的王璜生所提倡的"知识生产"的理念。

北京尤伦斯当代艺术中心(UCCA)也是一家非营利艺术机构,它从建立之初到今天经历过一次重大变革:成立于 2007 年的尤伦斯艺术中心原先是尤伦斯夫妇为自己的收藏所建的同名非营利艺术机构。后来尤伦斯夫妇撤资回国,把 UCCA 的资产转手,2017 年经重组后,现以 UCCA 集团的形式运营,旗下包括两个独立运作的实体:UCCA 基金会为注册非营利机构,美术馆在基金会支持下策划展览、开展研究、呈现公共项目并承担更广泛的社区服务职责;UCCA 企业则基于艺术,在儿童艺术教育和零售业领域开展一系列商业尝试。可见,如今 UCCA 的这一运营模式倒是很值得国内非营利艺术机构借鉴——主打的是馆长和 CEO 双线并行。其中馆长负责专业领域和学术的事情,CEO负责机构的运营。两条线独立、各司其职。

但是基金会在中国的成立并非那么简单。目前,中国大陆的艺术基金会大多注册地点在中国港澳台地区以及海外地区,如在中国香港成立的中国当代艺术基金、艺美基金会、黄苗子郁风慈善基金会,在英国成立的中国当代艺术基金会等等,这些基金会的宗旨和业务范围当然也包含了促进中国大陆的艺术发展。之所以选择在中国大陆以外成立基金会,是因为国内相关机制不健全,只能寻求成熟机制的"奶源"。这并不是说在中国没有奶源,而是渠道不畅。今年已经成立第 13 个年头的上海当代艺术馆也是这样的问题,馆长龚明光有龚明光基金会,但是注册地点在香港;所以对基金会来说可以享有香港相关法律所保障的税收优惠,但对于设立上海当代艺术馆,想获得免税优惠却根本没有那么简单,两个端口很多时候并不对接。

(三)经费来源的可能性

除了传统的基金会赞助和社会捐助,是否可启用"共筹经济"(The economy of Contribution)模式? 其实,目前,对非营利艺术空间而言一个难点是,申请国家补助政策在绩效上有难以考核的部分,因为是非物质化生产。

独立空间不能只是作为烧钱的存在,而应考虑经营有方,唯有如此才能坚持初衷,持续做有意义的事情。毕竟,大部分的资方声称不干预,但总会有意无意地影响其获取资源的难易程度,这是一个无法回避的客观事实。所以我们并非是要将"非营利艺术空间"悬置于社会竞争机制的现实之上,也非要将"非营利艺术空间"打造为又一种博物馆模式。如 Para/Site 空间,从成立之初迄今也是经历过多次运营层面的调整:成立之初由七位艺术家自费创立,后来随着主要成员相继出国深造,2001 年开始由梁志和主理,注册为非营利机构,设董事会,以便筹集经费,并终于在 2003 年决定转型,聘用职业策展人来主持运营空间,走上更为专业化的道路。即便如此,在实际经营和操作中依旧困难多多。

也有空间可以"租约"的方式推出短期项目的形式,如前文所提上海的艺术家驻留公寓项目。

此外,据了解,我国在博物馆领域有"非国有博物馆基金会",该基金会是对兴办、维持或发展非国有博物馆事业而储备对资金或专门拨款进行管理的机构,是民间非营利性组织。非国有博物馆基金会的宗旨是通过无偿资助,促进社会的科学、文化教育事业和社会福利救助等公益性事业的发展。基金会的资金具有明确的目的和用途。由基金会来管理博物馆在西方国家已不鲜见,而中国的非国有博物馆基金会成熟上轨的目前应只有成立于 2009 年的观复文化基金会。基金会由观复博物馆创始人马未都发起,熊晓鸽、周全等任理事。2009 年 10 月成立于北京,致力于传播中国传统文化,支持博物馆建设,资助文物研究与保护项目,倡导"与文化共同远行"的宗旨。观复文化基金会是国内博物馆事业发展的一面旗帜,其运营模式参照了古根海姆基金会、盖蒂基金会等知名私人博物馆品牌。那么,这类私人美术馆/博物馆的基金会是否能参与赞助非营利艺术空间呢？这是一块值得探讨和拓展的领域。

除了地产集团,银行也是艺术机构的主要赞助,国内做得最好的是民生银行。民生最早在1991年就赞助建立了炎黄美术馆,是银行与国画大师黄胄合作的一个公益项目,当时还没有像现在那么清晰的说法和规划要做民营美术馆或非营利艺术机构。炎黄美术馆后来也有了自己的基金会。从品牌合作到成立民生美术馆,这个过程也是银行高层发现了艺术项目合作的社会反响不错,中央高层都很重视,也有对金融机构做艺术的相关政策支持(但不涉及税收)。

艺术机构本身要做到独立,不能依附集团品牌,泰康空间就做得很好。民生也有策略,从炎黄美术馆国画大师入手,慢慢开始转型做当代,在上海成立了民生现代美术馆。因为他们也知道,当代不好懂,中外皆然。据悉,民生银行基本上是把每年的税前利润的0.8%—1.2%拿来做公益捐赠的支出,其中美术馆是很大一部分。

(四)作为第三种力量的"第三部门"

关于非营利机构经费问题,在上世纪90年代以来,随着市场经济的发展和政府机构改革的深入,政府与社团的关系也经历着微妙的变化。政府从减轻负担、明确职能的角度,希望社团走向"三自"(即:经费自筹、人员自聘、活动自主)的发展道路,最明显的就是逐步减少财政拨款。这样,原有社团就不得不另外考虑获取资源的渠道,并重建自己合法性的基础,这大概就是90年代以来许多社团纷纷强调自己的民间性和群众性的基本背景。对于新兴的纯民间性环保社团而言,本来就是自下而上发展起来的,所以明显地重视面对公众。

而上世纪90年代以来,社会事业领域逐渐市场化,诱致了部分团体介入或产生新的社团。随着政府和企业改革的深化,中国的改革进程在上世纪90年代逐步深入到社会事业领域,这一领域也开始了市场化的进程,这一进程创造了原体制下所没有的全新发展空间,提供了与经济利益不同的一种新刺激,刺激了个体参与和大量社会团体的出现或参与。最后,随着社会结构的变革,中国新中间阶层逐渐成长,特别是在大城市。这一阶层构成了民间环境运动转型的社会基础。

在《第三力量:美国非盈利机构与民间外交》①一书中提到:在美国,政府公共部门(Public Sector)通常被称为“第一部门”;商业部门(Business Sector)被称为“第二部门”;既非政府又非商业的非营利部门则被统称为“第三部门”(“The Third Sector”),形成了第三种影响社会、经济、政治和文化的主要力量。这个“第三部门”从事着美国所有的正式宗教活动,以及大部分慈善、医疗、文化、艺术、倡议、教育和研究事业,它的工作性质和范畴与中国的事业单位相仿,只是运行方式是在资本市场原则和背景下进行的。美国“第三部门”的做法是否可以为我国所借鉴?将非营利艺术空间纳入文化事业单位的体制,同时也开放聘用制合作社会资源与项目,这不失为增加劳动力的一种有效途径,据悉,美国约有1 290万人在非营利部门工作,占美国总劳动人口的9.7%,雇员总数超过了金融业——这还是2006年的数据。可见,非营利部门对一个国家的经济是有极大助益的。更为重要的是,非营利部门的影响力已不仅仅是经济指标所能衡量的,其更深远的意义在于它与政府和公民社会的紧密互动。当然,从实际社会效益来说,非营利机构的优势在于享受美国免税政策,而且捐赠人和赞助商也可以享受捐款的免税待遇。

在美国,许多非营利机构通过市场经营创造利润,经营所得的收入是它们主要的经费来源,比如大学的学费、医院的医疗费和歌剧院的门票收入等。另外,非营利机构通过筹款获得经费,可以将慈善捐赠的盈余储存起来,也可以在资本市场上投资,将投资所得的收益作为继续运营的经费。所以,实际上,非营利艺术机构是必须要花资金投钱去运营的,且本身的运营需有筹划和规范化机制,以保障资金使用得当,这样一来,不管有盈余与否,都是一种可持续

---

① 观点转引自卢咏:《第三力量:美国非盈利机构与民间外交》,社会科学文献出版社,2011年4月。

的发展机制。故非营利机构并不能甫一开始就利用自身"非营利"性质而完全仰赖社会或他人捐助，并抱着"不长久"的消极心态去做事。

在经济学上有一个说法是"免费搭便车"问题（"free-rider"problem），意即一旦一些物品产生了，每个消费者都自动从中受益，却没有人愿意支付它们的制造成本。因为不管消费者是否付钱，总能享受到这些物品所带来的好处。这也是非营利艺术机构希望能避免的社会现实。

社会现行的资源配置的社会化程度决定着一个国家的政府机构设置和行政职能划分。由于政府职能转变的最终成效在相当程度上依赖于社会本身质量的优劣，而第三部门的发育程度正好体现了一个社会资源配置的社会化程度，如果社会本身可以在一定程度上实现自我运行、自我管理，那么政府就可以减少对社会的干预程度。事实证明，一个运转高效的政府必然得益于发展完善的社会第三部门。第三部门的存在是政府职能得以顺利转变的社会资本。

第三部门的发展也有助于改善公共产品的供给。传统上，公共产品与服务的供给一直被政府所垄断，可是随着社会的发展，公共产品供给的数量和范围不断扩大，政府原有的供给方式因其高成本，低效益和缺乏回应性而受到了广泛的质疑与不满，而第三部门的出现恰好弥补了政府的这一缺陷。第三部门在公共产品的供给上具有如下特点：一是基层性，第三部门以社会最底层群体和社会弱势群体为关注对象，向他们提供产品与服务，这就很好地改善了以往政府高高在上、脱离群众、脱离现实的公共产品供给模式。二是灵活性，政府工作受制于程序的规范，对外部环境的变化缺乏灵活性与适应性，而第三部门则可以凭借其自身优势去做政府不便去做或做不好的事。三是高效率，第三部门的发展不仅促使公共服务领域内竞争机制的形成，更提高了社会资源的利用率，增加了公共产品的数量和种类，满足了多元化的需求。①

托克维尔也曾在《论美国的民主》一书中表示过如下观点："如果日常生

---

① 转引自李哲：《我国第三部门的发展与政府改革之间的关系探究》一文，《新西部》2012 年第 14 期。

活中没有社团,民主国家的人固然可以累积财富和知识,却会失去他们自己的独立性和文明。"那么,对一个非营利部门来说,同社区紧密联系,能够将政府的政策根据不同社区的情况和需要进行本土化,也能根据特定群体的特征提供他们所需的公共服务产品。例如,就欧美发达国家的情况而言,非营利机构能够帮助政府为少数民族、民工、新移民等群体提供基本医疗服务项目;非营利机构也能针对特定群体的需要创造文化艺术类产品。这样,政府就能将部分社会负担交托给民间组织,避免无限扩大政府的行政部门,进而全面提高社会资源的有效利用率,维护社会和谐与稳定发展。

(五)正在进行时

在上海之外,放眼全国。国内做得好、历时也更久的有泰康空间的案例。

泰康空间成立于 2003 年,可以说是国内最早的非营利艺术机构之一,且无论是在运营、资金来源还是管理上都堪称国内做得最好的范例。其艺术总监唐昕最早是独立策展人出身,最早因为需要找资金、找场地,就尝试找到泰康人寿。唐昕运气很不错,双方一拍即合,于是就有了赞助和场地,最开始唐昕就以"加盟"的方式与泰康人寿合作,后来这个空间就固定了下来,有了泰康空间。泰康人寿的陈董事业起步缘于艺术品拍卖,所以他做这个空间也是有一份情怀所在,希望能回馈艺术。

作为专业出身的唐昕也有志于泰康空间的发展,他认为如果仅仅是一个收藏部门就很可惜(这是泰康空间初始定位),所以用有限的经历、时间和资源最大化,尽可能将泰康空间的品牌塑造出独立的面貌。建立独立形象的同时,大家也会慢慢地发现泰康空间在做的事情在体制内是很难得的,也是被需要的。

而成都的 A4 美术馆也是一家非营利艺术机构,由成都万华地产投资,和泰康空间从收藏定位起家不同,A4 主要是做展览、推广和学术为主,更多是为经营企业文化的形象而存在。而企业的赞助对非营利艺术机构来说很重要,因为从公司企业的平台发展方向来说,需要从不同的角度和方向让这个平台更丰满,而艺术就是一个有力的方向。

OCAT 也是由华侨城地产集团赞助,但是它们和成都万华地产不一样的地方在于成立之初的规划,因为在艺术地产包括在文化艺术的投入上,国家会有一些扶持政策,所以在 OCAT 这类艺术地产和空间的规划发展中,有些项目就得以比较顺利地推行,也能享受到相关扶持和优惠政策。但 A4 美术馆是后来发展出的板块,此时整个建筑和物业都很成熟了,因此本质上来讲就是一个商业地产。对 A4 美术馆的独立性来说,是一个依附商业的关系,这就存在很多的不确定因素。A4 美术馆目前努力在邀请企业和学校来参观并开设讲座,也在致力儿童教育的项目。但是 A4 美术馆的馆长孙莉也坦言,艺术机构毕竟做不到技能培训,但是能在启发思维性、创造力的角度给孩子们提供更多的机会和可能。这其实是一个很好的家庭、学校课堂之外的"第三课堂"。

在非营利机构生存可能的又一例参见北京今日美术馆,于 2002 年成立,在 2006 年的时候注册成非营利艺术机构,即 NGO,具体而言即"民营非企业公益性美术馆"。今日美术馆由此成为国内第一家真正意义上的非营利艺术机构。因为很多民营美术馆虽然也做着非营利机构的事情,但因为是以公司名义注册,还是需要纳税。而 NGO 在资金筹集方面的优势是可以直接吸纳资金和捐赠。当然,如果是机构的经营所得,如书店、咖啡店、餐饮、周边礼品、画册销售等收入,都是要纳税的。

据今日美术馆馆长高鹏透露,美术馆的捐赠款在使用上受到民政局严格监管,不能用于股东理事会的分配,只能用于美术馆自身的再发展。这其实是一条正确且良性的道路,只有做得好了,才有更多资金进入,然后平台可以做得更大、更好,吸纳更多资金,更具备影响力。目前,今日美术馆在这条路上积累的口碑和影响力塑造都是国内优秀范例之一。高鹏同时也进言:希望美术馆有一个健全的董事会,因为董事会有更多的资源和影响力,包括社会和政界方面的资源,同时也对整个机构的发展有一个比较综合的决策管理以及监审。这一条,对非营利艺术机构的机制建立有启示意义。

政策方面确实因国情而有着根本性的不同。在国外,非营利机构都有配套的项目,比如书吧和商店,这部分的营业收入是它们自己的造血,可以拿回来供应该机构本身的持续发展。但是国内的情况并不是这样,这些可以造血的部分需要注册成不同的公司,所有的收益都必须要缴税。这是其一。

其二是国外企业若赞助和支持文化艺术能获得税收上的一些减免。比如新加坡当代美术馆的减免政策是250%,也即若投入到艺术项目中的资金会在税收部分有2.5倍的税金减免,且可顺延。这是其二。

那么,我们国内是否也可以有一定的税收减免呢?哪怕80—120%,那么情况就会有根本性的不同。而目前我们的生态面临的状态是只能靠个案式的投资人、赞助商来每年固定投入,社会机构、单位和赞助力量要进入还有很长的路要走。

四、"他山之石"能否攻玉?

经济基础决定上层建筑。欧美发达国家在非营利艺术空间的运营方面已成熟且具规模,包括亚洲近邻日本以及中国香港等地都已有制度、政策等相关配置的到位和上轨。从更大的文化建设范畴来说,我们城市应该真诚鼓励民间开设公益性艺术空间和小型画廊、书店、私人博物馆、古董店、小剧场、咖啡馆等文化物质载体。积极引导文化服务休闲等功能聚集发展,加强公共活动空间和开敞空间的组织和艺术塑造。支持高校、文创园区、文博场馆、历史文化街区等具有文化艺术氛围的场所,通过"外引内援",引入竞争机制,加大对公共艺术投资力度,实施以周边社区为载体的公共空间艺术塑造,打造城市空间新景观和新地标。鼓励和引导社会资本以冠名、政府荣誉、参加理事会、建立基金会等方式参与公共艺术服务体系建设。

我们主要总结了优秀范例做参考:

(1) 美国的非营利艺术空间的主要经营模式

以纽约为例,纽约的非营利艺术空间非常多。这个和它们的税务机制以及成熟的筹款渠道密切相关。筹款方面,可以去申请各级政府从联邦政府到州政府市政府,只要符合资助的条件都可以申请;然后就可以向社会和私人募捐,只要是具备符合法定要求资质的非营利组织的资质,就可以筹集捐款,可以向捐款人开出收据,捐赠人凭收据可以抵扣当年的税收。

若捐助的金额巨大,则依照现有各种规章制度,有专门的律师和会计审计人员帮助捐款人和非营利机构一起起草捐赠合同。身为501(c)3①组织,每年的财务收支也是需要向税务部门报备登记的,公众有权去联系税务部门要求公开账目。而有的艺术基金会本身就是非营利性组织,也有筹款渠道,拿筹到的钱再去发放项目资助。

(2)中国香港的非营利空间的主要经营模式

香港的非营利艺术空间政府资金来源主要是香港艺术发展局。

香港艺术发展局,于1995年根据香港艺术发展局条例(香港法例第472章)成立,是政府指定全方位发展香港艺术的法定机构,其角色包括资助、政策及策划、倡议、推广及发展、策划活动等。艺发局大会由27位委员组成,为局内最高决策层,负责制订艺发局的整体发展方向及运作。大会成员由香港行政长官委任,其中10位经由艺术界投票选出;所有成员均为艺术专业人士或热心艺术发展的社会人士,各委员共同构思和推行艺术政策,致力推动各类艺术发展。大会下设6个委员会:艺术推广委员会、艺术支援委员会、管理委员会、审计委员会、覆检委员会和策略委员会,以及10个艺术组别,各司其职。现任主席是王英伟。

香港艺术发展局的愿景是将香港建立成一个充满动力和多元化的文化艺术都市;其使命为策划、推广及支持包括文学、表演、视觉艺术、电影及媒体艺术之发展,促进和改善艺术的参与和教育、鼓励艺术评论、提升艺术行政之水平及加强政策研究工作,务求藉艺术发展提高社会的生活质素。

香港地区的其他非营利艺术空间的私人赞助则主要是来自画廊、艺术家和藏家。如AAA和Parasite,前者主要是以文档和小型mini展为主;后者空间较大,做的展览规模也较大。

(3)雅加达Ruangrupa②

成立于2000年的印度尼西亚雅加达Ruangrupa,堪称一个业内"传奇",机构已存在了18年,最初是由一群艺术家自发成立,而今已成自我独特的经济

① 501(c)3是美国联邦税法条款,拥符合此条款免税条件的非营利组织则普遍被称为501(c)3非营利组织。

② 雅加达Ruangrupa官网:www.ruangrupa.org

体,并举办各种艺术节、音乐节等;旗下还有十几个不同的品牌,有做电音的,也有商业演出和艺廊、文创开发等。因为它们在发展壮大的过程中有意汲取不同的社会力量参与进来,因而不仅是实现了自我造血和可持续经验,也能补给其他文化领域的养分。

归根结底,本课题调研的目的是为促进机制的建立以文本决策的参考。机制的建立是为行业的规范化及可持续发展,以防止灰色地带的蔓延。

目前,非营利艺术机构主要是由地产集团、银行、保险公司出资赞助。资本推动当然是有好处的,能打破圈子固化,加强社会资源的流动。但是不管是金融大鳄也好,保险大鳄也好,还是应落实到建设性角度,比如多大程度上可以对社会关系、社会资源的调动,而不是出于对金融和资本的想象,避免误导。

2016 年 8 月,《上海市城市总体规划(2016—2040)》面世。在"全球化、人文化、生态化、智能化"的大背景下,本轮规划全面贯彻"创新、协调、绿色、开放、共享"五大发展理念和"尊重城市发展规律、强化五个统筹"的城市规划建设管理基本要求。在规划目标上,突出"以人民为中心",确立"卓越全球城市——创新之城、人文之城、生态之城"的愿景。上海至 2040 年建成卓越的全球城市,国际经济、金融、贸易、航运、科技创新中心与文化大都市。

"城市文化特质更加凸显,人文内涵更加厚实、文创产业更加发达、文化事业更加繁荣、文化交流更加频繁、优秀人才更加集聚。"打响"上海文化"品牌重在标识度,要激发上海文化的创新创造活力,让内容生产精品迭出、文化活动精彩纷呈、文艺名家群星璀璨、文化地标绽放魅力,一个更加开放包容、更具时代魅力的国际文化大都市,呼之欲出。

迈向"卓越城市",经济是基础,文化与艺术则是灵魂。为着力提升"上海主场"的文化平台能级,充分彰显国际文化大都市的文化码头地位。重大国际性文化活动是体现一座城市开放程度、发展活力的重要窗口,是集聚优势文化资源、文化市场要素的重要平台,更是文化人才和文化产品展示、交流、借鉴、切磋的重要载体。

从"美术展览馆"到"公共文化空间"

——对《上海市美术馆管理办法(试行)》出台的思考

郭奕华*

摘　要　2018 年 6 月 1 日起,由上海市文化广播影视管理局制定的《上海市美术馆管理办法(试行)》(简称《办法》)在全市范围内推行,这是全国出台的第一个省级美术馆行业管理规范性文件,体现了上海在美术馆行业管理规范上的责任担当和示范引领。《办法》特别强调了美术馆的"公共"和"服务"属性,明确了美术馆的角色转变,即从"美术展览馆"转变为"公共文化空间"。美术馆的功能定位和社会职能的不断改变、行业管理规范的不断加强,凸显了新时期美术馆的历史使命。新时代的美术馆发展,正在现代公共文化服务体系之下规范发展,以满足人民群众精神文化需求为目的,不断完善社会功能,有效提升公共服务水平。

关键词　美术馆　《上海市美术馆管理办法(试行)》　现代公共文化服务体系　公共文化空间

一、《办法》出台的现实依据及历史背景

(一)《办法》出台的现实依据

进入 21 世纪,国内的美术馆发展呈现蓬勃之势,尤其是近十年来,更是出

＊　郭奕华,上海艺术研究所助理研究员,从事美术研究工作。近年来主要观察和研究上海地区博物馆公共教育发展现状。目前正在进行的课题有全国艺术科学规划文化部文化艺术研究项目"民营美术馆在公共文化服务体系中的功能研究",批准号 16DH78。此文为该项目的阶段性成果。

现井喷现象，被称为"美术馆时代"。以上海为例，据统计，截至 2017 年 12 月底，就有 82 家美术馆，其中国有美术馆 18 家，民营美术馆 64 家，仅 2017 这一年，就增加了 9 家民营美术馆。这一年，上海市的美术馆共举办展览 723 场，参观人数达 617 万人次，美术馆公共教育活动共举办 3 357 场，活动参与人数超过 16 万。事实上，实际数量远远高于这些官方统计数字。

这份统计数据虽然华丽，却不能掩盖众多问题。在没有统一规范的美术馆管理办法之下，国内各省市美术馆基本处于自由发展状态。对美术馆定义定性的不明确又导致了其发展重心和目标的偏差，特别是美术馆展览和活动虽琳琅满目，但内容较多重复，同质化问题极为严重。更为严峻的是，美术馆的公益和市场身份模糊，滋生不规范行为，造成影响恶劣的社会问题。在现代公共文化服务体系的建设进程中，美术馆是极为重要的一环。如何对这一迅速发展起来的庞大群体进行管理，成为这个时代必须解决的问题。

国内现存对美术馆的管理办法是 1986 年由文化部发布的《美术馆工作暂行条例》，且无相关地方性管理办法。显然，此版《条例》已无法适应当下社会文化发展形势，一个能够针对目前美术馆发展的管理办法亟待出台。正是在此背景下，由上海市文化广播影视管理局制定的《上海市美术馆管理办法（试行）》出台，于 2018 年 6 月 1 日起在全市范围内施行。这是全国出台的第一个省级美术馆行业管理规范性文件，受到全国各地相关行业的关注。它体现了上海在美术馆行业管理规范上的责任担当和示范引领，也显现了在上海在美术馆行业发展中的领先势头。

（二）美术事业发展中的"美术展览馆"

回溯 1986 年文化部发布的《美术馆工作暂行条例》，正是改革开放之后，在美术馆迅速发展的背景下产生的。这一时期，美术馆不仅在数量上有明显提升，硬件和软件也得到全面升级，尤其是在收藏、研究、公共教育上开创新局面，步入一个全新的发展阶段。

1986 年版的《条例》共有五章十六条。第一章总则中的第二条：美术馆是造型艺术的博物馆，是具有收藏美术精品、向群众进行审美教育、组织学术研究、开展国际文化交流等多职能的国家美术事业机构。这一条将美术馆作了定义,它是造型艺术的博物馆,是国家美术事业机构。第二章工作任务主要分为六项,分别是收藏、保管、研究、陈列 & 展览、对外交流和社会服务。无论从顺序上还是在行文上都显示出美术馆"收藏"和"陈列 & 展览"任务的重要性。最后一项任务"社会服务"中写道:"美术馆是向社会开放的审美教育课堂,要努力作好群众工作,改善服务态度,提高服务质量。对在校学生集体参观给予优待,并主动通过适当方式给予审美引导,培养青少年观众对美术的兴趣、爱好。要逐步建立与扩大为美术家服务的项目。"指明了美术馆首要服务的对象是在校学生和美术家。

自新中国成立至 21 世纪初,美术馆就一直扮演着美术展览馆的社会角色,它主要以美术展览的形式面向社会,受关注对象主要限于美术圈内的美术工作者。因美术家的职称评定和社会地位在很大程度上依赖作品参展这一重要指标,美术创作者与美术馆之间产生极其紧密的关联。尽管美术馆的展览数量在逐年递增,但社会影响力却没有本质上的突破,参观人次无明显增加。除了少数西方艺术大师特展受广大群众关注之外,绝大部分展览基本面临遭受冷落的状态。

二、现代公共文化服务体系中的美术馆发展之路

(一)公共文化服务体系的基本概念与我国建设情况

1. "公共文化服务"概念的产生背景

"公共文化服务"概念最早是在 19 世纪后期由德国政策学派提出,随后西方发达国家开始对公共文化服务供给模式进行各自探索。如美国模式侧重于通过法律法规和政策杠杆进行管理,充分利用社会组织在不同领域内发挥促进公共文化发展的作用;英国模式是由国家机构"一臂之距"原则间接管理,通过社会中介机构对艺术团体进行绩效评估和财政拨款,既减少政府机构的行政事务,又有利于检查监督。但是,西方并没有"公共文化服务体系"这一说法。

2. 我国"公共文化服务体系"相关意见的出台

2005 年 10 月,中共十六届五中全会首次提出要"加大政府对文化事业的投入,逐步形成覆盖全社会的、比较完备的公共文化服务体系"。2007 年 8 月,中共中央办公厅(下称"中办")、国务院办公厅(下称"国办")联合发布《关于加强公共文化服务体系建设的若干意见》,明确了政府在公共文化服务建设中的主导地位,对重大公共文化服务工程、创新公共文化服务运作机制等工作做了部署,对推进公共文化服务体系建设起到了重要作用。

2007 年 10 月,"建立覆盖全社会的公共文化服务体系"在中共十七大上被列入建设更高水平小康社会的奋斗目标。2011 年 10 月,中共十七届六中全会专题研究社会主义文化建设,大会通过了《关于深化文化体制改革,推动社会主义文化大发展大繁荣若干重大问题的决定》,对未来一段时期内公共文化服务体系建设进行全面部署,提出到 2020 年实现全面繁荣文化事业,基本建立覆盖全社会的公共文化服务体系,实现在广大城乡均等地普及公共文化产品和服务,文化发展真正使全体人民广泛受益的奋斗目标。

3. 十八大构建现代公共文化服务体系的新目标

党的十八大以来,我国的公共文化服务体系建设纳入"五位一体"总体布局和"四个全面"战略布局,呈现出整体推进、重点突破、全面提升、快速发展的局面。十八届三中全会立足新时期全面深化改革的新起点,审时度势,作出了构建现代公共文化服务体系的战略部署。2015 年初,中办、国办印发《关于加快构建现代公共文化服务体系的意见》,对新时期构建现代公共文化服务体系作出顶层设计,提出目标任务。

公共文化服务体系之"现代",是在过去成功经验的基础上,更加明确了新时期的新特点、新任务和新目标。它更加明确了以公共文化服务的标准化促进均等化的发展路径,更加强调加强公共文化产品和服务供给、提升服务效能,更加强调公共文化服务与现代科技融合发展、创新服务方式与手段,更加强调引导和鼓励社会力量参与、增强公共文化发展动力,更加强调创新公共文化管理体制和运行机制、释放全社会公共文化发展活力。构建现代公共文化服务体系,是与新时期完善和发展中国特色社会主义制度、推进国家治理体系和治理能力现代化总目标相适应的时代任务,是十八大以来治国理政新理念新思想新战略指导公共文化服务的重大理论创新,指明了我国公共文化服务体系建设在新的历史阶段的发展方向,掀开了构建现代公共文化服务体系的新篇章。[①]

为了依法保障人民群众基本文化权益的有效落实,《中华人民共和国公共文化服务保障法》于 2016 年 12 月 25 日通过并发布,自 2017 年 3 月 1 日起正式实施。这是我国文化领域第一部具有综合性、全局性、基础性的法律,体现了十八大以来,公共文化领域贯彻落实全面依法治国战略取得的历史性突破。该法律建立了基本公共文化服务标准制度,公共文化服务免费或优惠提供制度、公共文化设施保护制度、文化志愿服务制度、引导和鼓励社会力量参与公共文化服务制度、公共文化服务的政府监管和机构责任等一系列重要制度,构筑起了我国公共文化服务的基本制度体系框架。其中《博物馆条例》等相关条例的颁发和实施,使得健全公共文化服务法律体系的任务正在全面推进。

(二)上海公共文化服务体系建设情况概述

1. 上海公共文化服务体系建设相关意见的出台

自 2011 年 10 月,中共十七届六中全会通过《关于深化文化体制改革,推动社会主义文化大发展大繁荣若干重大问题的决定》后,上海市委于当年的 11 月 24 日就提出了"关于贯彻中共中央关于深化文化体制改革《决定》的实施意见",提出了上海要率先建成国内一流的公共文化服务体系。意见中明确指出"按照公益性、基本性、均等性、便利性的要求,坚持以政府为主导,以公共财政为支撑,以保障基本需求为标准,继续完善设施布局,保障内容供给,创新体制机制,增强服务效益,提升市民文化生活质量,使上海公共文化服务体系建设走在全国前列。"具体实施要求上,对建设功能完备的公共文化服务设施、保障公共文化产品和服务有效供给、大力开展群众文化活动、创新公共文化服务体制机制、加强文化遗产保护传承上提出了具体的实施内容。2012 年,上海市人大通过《上海市社区公共文化服务规定》,这是全国首部面向基层的公共文化

---

① 参见李国新:《掀开构建现代公共文化服务体系新篇章》,《中国文化报》2017 年 10 月 11 日。

地方性法规。

2015年9月22日,为深入贯彻中办、国办印发的《关于加快构建现代公共文化服务体系的意见》,推进上海国际文化大都市建设,中共上海市委办公厅、上海市人民政府办公厅印发《上海市贯彻〈关于加快构建现代公共文化服务体系的意见〉的实施意见》,对上海加快现代公共文化服务体系建设进行全面部署,并明确提出到2020年上海要率先建成现代公共文化服务体系的总目标。与实施意见一同印发的《上海市基本公共文化服务实施标准(2016—2020)年》,按照高于全国平均水平的原则,从基本服务项目、硬件设施和人员配备等方面提出39项具体的指标要求。实施标准中的服务项目与内容指标均采用数据和标准规范进行阐述,同时建立动态调整机制。

2016年,上海市政府出台关于加强基层综合性文化中心建设的指导意见,旨在打通公共文化服务的“最后一公里”。

2. 上海在现代公共文化服务体系建设上的主要成果

2017年4月25日,上海市人民政府召开新闻发布会,时任上海市文广局副局长贝兆健介绍了上海打造现代公共文化服务体系、建设国际文化大都市的有关情况。在公共文化设施方面,已基本形成涵盖市、区、街道、村居的四级公共文化基础设施网络,实现“十五分钟公共文化服务圈”。

博物馆方面,截至2016年底,全市的博物馆数量达到125家,比“十二五”初增加了15座。其中免费开放96家,占76.8%。以上海常住人口计,每20万人拥有1座博物馆,高于全国的每40万人拥有1座博物馆的水平。博物馆藏品总数达到2 206 153件(套),全年共举办展览超过400个,年观众接待量超过2 100万人次,其中仅上海博物馆每年的接待人次就超过180万。

美术馆方面,截至2016年底,全市共有美术馆76家,藏品总数超4万件。年举办展览数量不断增加,从2012年的每年260场,上升到2016年的每年近500场,每年接待观众人次从2012年的260万人次,上升到2016年的500万人次。

3. 上海市美术馆发展步入新时代

上海在现代公共文化服务体系建设上的成果是令人瞩目的,无论是实施标准的规范,还是服务水平的提高,以及内部管理制度的完善,公共文化服务效能提升速度迅速。美术馆继图书馆、博物馆的服务规范之后,也成为重点规范的对象。《上海市美术馆管理办法(试行)》的推出,就体现了上海在美术馆事业发展上的主动出击,既展现了上海在美术馆事业发展上的成熟,又凸显上海在美术馆行业规范上的引领示范作用。这一《办法》的推出正是现代公共文化服务体系建设中的重要成果,它强调了美术馆在新时代所承担的公共文化服务责任,更明确了社会发展对美术馆提出的新要求。

当美术馆发挥出越来越多的社会公共服务功能之时,美术馆在城市文化建设中的重要角色也越来越清晰。美术馆所能提供的无法替代的文化服务,更是将美术馆推向公共文化服务领域中十分重要的地位。美术馆提供的是有形和无形的文化内容,一件件展品是有形的,但是它传递的文化内涵是无形的,美术馆的文化活动更是以润物细无声的方式影响着参加人群,这是美术馆独一无二的文化魅力和价值。

对新时代的美术馆而言,为人民群众提供文化服务是首要任务,这促使美术馆主动打开大门,吸引更多人到美术馆享受文化服务。从这个意义上说,美术馆的社会功能从之前主要服务于美术行业的"美术展览馆"转变成为广大人民群众服务的"公共文化空间"。

三、适应时代发展的美术馆社会功能

(一)美术馆社会功能的历史演变

先从博物馆定义来看,其内容也并非一成不变,从 1946 年 ICOM 成立开始至今,这个定义就经过几次重要的修改。比如,1946 年 ICOM 成立之始,强调博物馆展示藏品的功能;1961 年,开始强调藏品的文化价值和博物馆的社会作用;1974 年,则强调博物馆为社会及其发展的服务功能。至 2007 年 ICOM 对博物馆的定义又修改为:"博物馆是一个不以营利为目的的、为社会和社会发展服务的、向公众开放的永久性机构。它为了教育、研究和欣赏之目的而收集、保存、研究、传播和展示人类及其环境的物质的和非物质遗产。"它十分明确并强调了传播和教育的功能，也就是博物馆的社会作用被强化和重视。尽管中华人民共和国成立后，美术馆的功能一度与"美术展览馆"划为等号，但是在改革开放之后，尤其进入21世纪，美术馆的社会功能被重新重视，虽然在行政管理上仍然和博物馆分属不同部门，但是在事业发展上，它开始向博物馆看齐、靠拢，并不断突出自己的特点。从这一点看，美术馆逐渐呈现为"美术博物馆"的特点和功能。

2018年6月1日，由上海市文化广播影视管理局制定的《办法》正式实施，明确了美术馆的专业职能及其在公共文化服务能力上的要求。第一章"总则"第一条：为了促进本市美术馆事业发展，加强和规范本市美术馆行业管理和分类指导，促进美术馆科学化、规范化运营管理，充分发挥美术馆的公共文化服务作用，满足人民群众的精神文化需求，提升人民群众的审美素养，根据《公共文化服务保障法》《公共文化体育设施条例》，结合本市实际，制定本办法。

第一条内容直接就强调了美术馆在公共文化服务上的社会作用。在第七章"社会服务"中更加详细地指出了具体要求，在第三十九条中，对美术馆公共教育工作的开展有明确指导："美术馆应当制定公共教育工作方案和针对不同观众群体的公共教育计划。鼓励美术馆在做好日常公共教育活动的基础上，根据自身特点、条件，运用现代信息技术，开展形式多样、生动活泼的社会教育和服务活动，与其他社会单位联系或建立合作关系，参与社区文化建设和对外文化交流与合作。美术馆应当对学校开展各类相关教育教学活动提供支持和帮助。"

社会教育功能成为现阶段美术馆最重要的社会功能之一，《办法》鼓励美术馆在日常公共教育工作之外，主动与学校、社区形成互动与合作，将自身收藏、研究资源充分转化为社会资源，满足人民群众的精神文化需求，提升人民群众的审美素养。

（二）现代公共文化服务体系建设之下的美术馆定位

在《中华人民共和国公共文化服务保障法》的第一章《总则》中的第一条就明确了立法的宗旨，概括为七个关键短语：加强公共文化服务体系建设、丰富人民群众精神文化生活、传承中华优秀传统文化、弘扬社会主义核心价值观、增强文化自信、促进中国特色社会主义文化繁荣发展、提高全民族文明素质。①

在第一章第二条的内容中,包含了公共文化服务的责任主体、服务目的和提供内容。首先,明确了公共文化服务的责任主体是各级政府,公共文化服务纳入各级政府经济社会发展规划,主要以公共财政为支撑;公民、法人和其他组织等社会力量,是公共文化服务的重要参与者。其次,明确了公共文化服务的主要目的是满足人民群众基本文化需求。中国特色社会主义必须坚持以人民为中心,满足人民群众日益增长的精神文化需求。人民群众的精神文化需求是多样化的,满足人民群众精神文化需求的方式也是多样化的,既包括政府提供的公共文化服务,也包括市场提供的种类繁多的文化产品和服务。第三,法律规定了公共文化服务提供的内容:公共文化设施、文化产品和文化活动、其他相关服务。②

对照以上《中华人民共和国公共文化服务保障法》第一章的第一、二条,可发现它们与美术馆的发展宗旨、服务目的和服务内容基本吻合。这包含了两层意思,一方面是美术馆的事业发展和服务理念符合公共文化服务的宗旨和目标,另一方面公共文化服务的宗旨和基本原则指引美术馆的事业发展和服务要求。但是,美术馆的社会功能无可厚非成为公共文化服务体系中的重要内容,这是由它的基本属性和特点所决定的。尤其是在现阶段公共文化服务体系的建设要求下,美术馆更应该明确自身的社会定位,充分发挥公共文化服务功能。

1. 美术馆是丰富人民群众精神文化生活中的重要文化空间。

随着物质生活水平的提高,人民群众精神文化需求也越来越迫切。2015年,我国人均 GDP 达到 8 000 美元以上,已经进入了人民群众文化需求空间高涨、文化消费潜能巨大的阶段。但是,与人民群众日益增长的精神文化需求相

---

① 参见柳斌杰、雒树刚、袁曙宏主编:《中华人民共和国公共文化服务保障法解读》,中国法制出版社,2017 年版,第 1 页。
② 同上,第 11—14 页。

比,我国的公共文化服务还存在着不足的现状。作为提供精神文化服务的美术馆,更应该充分认识到人民群众的需求,以更加主动的姿态,在展览、教育等各类项目中提供人民群众真正需求的文化服务。

2. 传承中华优秀传统文化,增强文化自信。

中华民族有着悠久又博大的文明,如何在美术馆中以视觉形态展现本民族文化,是美术馆事业发展中的重心。党的十八大以来,习近平总书记多次强调文化自信,深刻阐述坚定中国特色社会主义道路自信、理论自信、制度自信,说到底要坚定文化自信,文化自信是更基础、更广泛、更深厚的自信,是更基本、更深沉、更持久的力量。公共文化服务就是通过人民群众喜闻乐见的文化艺术形式传播和展现中华优秀传统文化的博大精深。美术馆作为传播和弘扬优秀艺术形式和内涵的重要文化设施之一,就是要充分发挥自己的优点和长处,普及文化知识,传递文化能量,增强文化自信。

3. 促进中国特色社会主义文化繁荣发展,提高全民族文明素质。

公共文化服务保障法把提高全民族文明素质作为立法宗旨之一,体现了公共文化服务的社会教化功能。美术馆得天独厚的展览和教育优势,不仅能够丰富社会主义文化,增强国际竞争力,尤其是教育功能作为社会教育中的重要组成部分,在提高人民文明素质方面发挥着重要作用。从公共文化服务体系的整体格局看,教育功能应当是现阶段美术馆事业发展的重点,是其充分发挥公共文化服务功能的重要环节之一。

（三）美术馆如何发挥公共文化服务功能?

1. 馆藏资源的开发和利用。

美术馆作为造型艺术博物馆,造型艺术作品是其重要的馆藏资源。尽管新世纪之后成立的大部分美术馆都存在着馆藏资源薄弱、不成体系等缺点,但随着美术馆事业的进一步发展和社会对美术馆的更高要求,美术馆馆藏工作即将迈入一个新的阶段。

首先是馆藏的系统性。国内大部分美术馆的馆藏都是从"以展促藏"发展起来的,这种途径产生的最大问题是馆藏无法形成系统性。因为通过展览进行收藏,展什么藏什么,不是从学术性、美术史角度来进行规划收藏。在过去收藏经费有限的情况下,以作品抵场租,这种做法无疑是收藏的捷径。但随着对美术馆馆藏的重视,业界对这一问题的探讨也不断升级。成都当代美术馆执行馆长蓝庆伟就曾提出"以展促藏"的另一层含义。他认为:"展览是美术馆的优势之一,针对重要艺术家、重要收藏家策划学术展览,既可以有效地展开艺术收藏、呈现高质量的展览,也可借此实现艺术家的学术展览夙愿,同时展览经费的投入也有机补充了收藏经费专款专用的不足。"①可谓拓展了在现有条件下如何增加馆藏的新思路。

展览和收藏是一对不可分割的关键词,美术馆既可以通过策划学术性的展览补充馆藏,同时也应该通过展览向公众展示馆藏。随着美术馆事业的发展,美术馆逐渐摆脱展览馆的功能定位,越来越重视学术性。无论是展览的学术性,还是馆藏资源的系统性都是美术馆发展的立足之本。

2. 充分发挥教育功能。

2016 年 1 月,在文化部艺术司支持下,由中国美术馆、山东美术馆联系主办、中国博物馆协会美术馆专业委员会协办的"协调·合作——2015 年全国美术馆公共教育年会"上,探讨了新形势下美术馆公共教育工作如何更好地服务于提升国民素质和社会文明程度的总体目标。文化部艺术司文学美术处处长刘冬妍提出:"美术馆不仅承担着美术作品的展示功能,更承担着对于国家近现代以来视觉文化成果的研究梳理、收藏保护、交流推广、公共教育的重要职责,是使人民群众共享美术发展成果、实现公共文化服务的重要平台之一。公共教育是美术馆最重要的社会职责之一,美术馆应在整合自身藏品、展览、学术等优势资源的基础上,积极探索开展内容丰富、形式多样、更具针对性的美育教育。"

公共教育是美术馆作为公益性文化机构所应承担的社会责任之一,美术馆公共教育职能的完善是美术馆公共文化服务的一项重要指标。一方面,美术馆提供的教育内容和形式,与学校教育模式完全不同,它通过探索式、启发式、体验式等手段,可以激发学生对艺术的兴趣,能够弥补学校艺术教育的不

① 蓝庆伟:《以展促研与以展促藏》,《美术》2017 年第 8 期。

足。另一方面,美术馆公共教育能为全体公众提供教育服务,针对不同群体的特点,制定不同的教育项目,以满足不同的文化需求。这种多形式、多层次、全方位的教育理念,能够在最大程度上提供丰富多元的社会教育,充分发挥出作为公共文化机构的公共性和教育性。

3. 增强公众参与性。

在以往的印象中,博物馆、美术馆都是以艺术殿堂的姿态面对公众,同时它们输出的信息和提供的服务都是单向的,但是随着公共文化服务理念的增强和公众参与欲望的提升,参与性成为美术馆必将面临的问题。

这里的参与性有两层涵义。第一层涵义指美术馆项目要吸引公众的参与,而不是美术馆单一性的文化输出。比如展览的讲解服务、互动装置以及公共教育活动等,公众可以参与。第二层涵义指公众直接参与到美术馆项目中,也就是说美术馆要关注公众的兴趣,通过各种渠道和方式收集和归纳公众的需求,然后在项目策划和实施中有意识地反映出公众的要求,这能够更大程度上激发公众参与的热情,同时也能够满足公众具体的文化需求。

四、美术馆作为"公共文化空间"的时代使命

（一）案例分析

1. 案例一：中华艺术宫

中华艺术宫于 2012 年由上海美术馆发展而来,并选址 2010 年上海世博会的中国馆,是以收藏保管、学术研究、陈列展示、普及教育和对外交流为基本职能的艺术博物馆。中华艺术宫以建设中国近现代经典艺术传播、东西方文化交流展示的中心为发展目标,收藏、展示和陈列反映中国近现代美术的起源和发展脉络的艺术珍品,并联手全国美术馆、世界著名艺术博物馆合作展示各国近现代艺术珍品,成为广大人民群众享受经典艺术、享有公共文化服务的高雅殿堂。

因 6.4 万平方米的展示面积优势,其规模可接近美国大都会博物馆、英国泰特美术馆等国际著名艺术博物馆,彻底改变了上海市级国有美术单位收藏

近 3 万件作品不能展示的现状。随着一系列国宝级艺术珍品的面世,人民群众真正切实感受到上海厚重的艺术发展史、卓越的艺术成就和浓郁的艺术氛围。以中华艺术宫当前的基本陈列看,"海上明月共潮生——中华艺术宫藏华人美术名家捐赠"、"江山如此多娇——中国艺术的文心与诗意"、"上海历史文脉美术创作工程成果展"和名家艺术陈列专馆展示了中华艺术宫在中国近现代美术上的重要收藏,较好地展现了中国近现代美术发展体例和重要艺术家的代表作。这不仅是一座城市宝贵的艺术宝库,更是城市文化发展的渊源和脉络。

中华艺术宫 2017—2018 跨年度的特展"从石库门到天安门——上海美术作品展"无疑是近期上海最受关注的主题性展览之一,通过上海美术家的作品反映了中国共产党从诞生开始,带领中国人民为实现中华民族伟大复兴的中国梦而进行的艰苦卓绝的努力。96 件作品通过"门"这一象征性符号,分别展现了四大板块"石库门""窑洞门""天安门""复兴门",连接起中国共产党进行伟大斗争、建设伟大工程、推进伟大事业和实现伟大梦想的史诗般历程。展览选取出生在上海或在上海工作的美术家的 96 件作品,象征中国共产党 96 年的光辉历程。作品来自国有与民营机构的收藏,既有著名前辈艺术家的经典作品,也有美术中坚力量的精品力作,还有青年美术家的优秀新作,可谓是一次上海美术家的整体亮相,反映出上海美术界坚持党的"双百方针"和"两为方向"作结出的丰硕成果。

在公共教育项目方面,以 2017 年为例,中华艺术宫公共教育项目"文教结合,走进美术馆"获得 2017 年度全国美术馆优秀公共教育项目。中华艺术宫 2017 全年共有 249 场对社会开放、免费预约的公共教育活动,涵盖了讲座、导览、分享会、朗读会、脱口秀、沙龙、对话、亲子活动、儿童工作坊、青少年活动、成人体验活动、志愿者体验活动、音乐会等各类活动形式,平均分布在全年,尤以双休日和节假日为主要活动时间(见下图)。

从公共教育活动涉及的门类看,既有传统艺术门类,如中国画、书法、篆刻和非遗等,也有西方艺术门类,如油画、雕塑、当代艺术等普及讲座和体验活动。除了这些美术领域的活动之外,中华艺术宫的公共教育活动还涉及音乐、

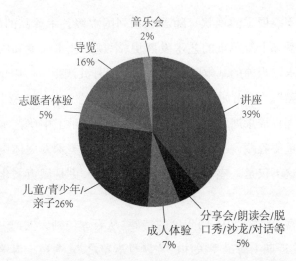

2017 年度中华艺术宫公共教育活动场次类型分布图（作者编制）

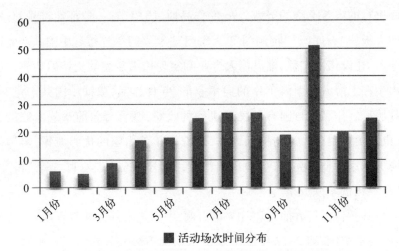

■ 活动场次时间分布

2017 年度中华艺术宫公共教育活动场次时间分布图（作者编制）

戏剧、戏曲、建筑、诗词、摄影、舞蹈等，基本做到了文化领域全覆盖。

2. 案例二：上海梅尔尼科夫美术馆

上海梅尔尼科夫美术馆于 2010 年开馆，是以俄罗斯当代艺术大师梅尔尼科夫姓氏命名的我国唯一艺术机构，系经大师法定继承人正式授权，是一家免费向公众开放的民营美术馆。常设展览为"梅尔尼科夫作品陈列展"。该馆的办馆宗旨是传播经典艺术、弘扬传统文化，引进世界优秀文化资源，促进国际与本土的双向文化交流,努力满足人民群众日益增长的观赏世界级大师原作的精神文化需求。梅馆典藏当代现实主义学派巨匠梅尔尼科夫大量不同时期的精品力作,以及世界四大美院之一的列宾美院当代俄罗斯重量级艺术家的大量作品,具有完整藏品体系的长期陈列,有较高的学术价值、艺术价值和史料价值。

梅馆的公共教育项目——"走进艺术大师"美术馆教育平台荣获2017年度全国美术馆优秀公共教育项目。该项目是该馆根据《上海市文教结合工作三年行动计划(2016—2018)》的精神,为配合静安区中小学美育课程改革,改变美术教学主要局限在学校课堂之内的现状,积极创设的艺术场馆现场教学平台,探索美术馆现场教学模式,开辟美术馆"第二课堂"。它充分利用了美术馆的现有场馆、世界级大师藏品、社会影响力等优质资源。

作为一家小型民营美术馆,能获得国家级奖项,就是凭借定位准确、发挥自身优势和探索创新之路。该馆最大的优势就是其俄罗斯现实主义油画大师梅尔尼科夫的藏品,如何依托藏品优势开展公共教育项目是该馆运营发展的核心。"走进艺术大师"美术馆教育平台就是通过展览、教学、讲座和成果展示四模块,开辟了文教结合的一种实践模式。其中现场教学无疑是公教项目的亮点。一方面,充分利用了馆藏大师作品的优质资源;另一方面,弥补了学校美术课程中以图像为主的教学形式,让学生直接面对大师原作进行学习和临摹。在课程实施之前,美术馆专业人员和学校的美术老师制定相应的课程计划和目标,有效提高美术教学质量。

在项目具体实施上,该项目在静安区教育局指导和支持下,首先从"点"着手,选择静安区6家中小学作为"试点学校",并将现场教学内容列入试点学校的教学计划,实行课内课外相结合。如果第一阶段的试点成功,就进入第二阶段,将"以点带面",在静安区中小学校逐步推广美术馆现场教学模式。此类公教项目的开展,与教育部门、学校达成合作意向,制定可具体实施的活动方案,并将方案纳入到学校的课程计划中,能够达到可复制、可推广的操作性,让美术馆的公共教育活动课程化,并惠及更广泛的中小学生美术教学。

（二）美术馆作为"公共文化空间"的特性

1. 传播社会核心价值观。

《办法》第一章第三条明确指出：美术馆应当坚持以人民为中心的工作导向，坚持为人民服务、为社会主义服务，坚持百花齐放、百家争鸣，坚持中华优秀传统文化的创造性转化、创新性发展，培育和弘扬社会主义核心价值观，丰富人民群众精神文化生活。明确了美术馆作为重要文化机构所应承担的社会责任，即核心价值观的传播。作为一个公共文化空间，美术馆承载着传播社会正能量、弘扬主流价值观的社会责任。美术馆通过展览、活动，连接起公众与城市文化的桥梁，提升公众在特定文化区域内的认同感。这是一种无形的力量，却能够产生不可估量的社会正能量。

如中华艺术宫的"从石库门到天安门——上海美术作品展"引起史无前例的参观热潮，先后两次延展。在 169 天的展期内共计对观众开放 147 天，共接待观众 1 106 073 人次，收到观众留言逾万条，创造了艺术节委约作品观摩人次新纪录，成为本市近年来参观人数最多的展览之一。该展还被纳入市委组织部全市党员学习时间活动清单。这一红色主体的美术展览能够在上海这座大都市引起剧烈反响，体现了上海这座城市的红色基因，也充分说明主办方和主创人员对上海文化精髓、红色文化上的深入挖掘。尤其是在策展思路上，将中共党史和中国现代艺术史两条线索有效融合，以新视角让红色主体展览发挥独特光芒，真正做到打动人心。

这是以美术展览传播核心价值观的优秀案例，通过精心的展览策划，彰显主题性和艺术性的融合，提升社会影响力。越来越多的美术馆开始涉足主题性艺术展览的策划，展现了美术馆对传播核心价值观的历史使命感。这是时代赋予的责任和使命，也是美术馆事业发展中重要的角色定位。

2. 突破美术领域，提供更广泛的公共文化服务。

从中华艺术宫极具多元的公共教育形式和内容就显现了美术馆公共教育发展的未来方向。既然美术馆的定位突破了美术领域，拓展至文化领域，那么其公共教育活动涉及的范围也随之延伸。音乐、舞蹈、戏剧、工艺等等更为广泛的文化形态,都成为美术馆公共教育可触及的范畴。由此,美术馆能更加充分地发挥文化教育的功能,更大限度地为人民提供文化服务。

不仅是中华艺术宫,越来越多的美术馆公共服务都呈现大文化领域的趋势。比如民生美术馆的"诗歌来到美术馆"公共教育项目已举办六年共计五十余场活动,已成为上海民生现代美术馆的品牌活动。2016年又推出"上海制造:那些年的美术电影",并荣获2017年度全国美术馆公共教育优秀项目。该项目聚焦上海美术电影制片厂在上世纪60—80年代创造的动画电影的辉煌时代,邀请当时电影的主创和幕后人员,带领大家回忆那些经典电影片段,分享创作背后的故事,思考这一文化现象背后的深层原因。该活动一经推出,立马受到广泛关注。

诗歌、电影看似与美术馆毫无关系的艺术形式,却在美术馆内聚集人气、发挥社会效应。从艺术到生活,从虚拟到现实,美术馆提供的是交流平台和社会资源,架起艺术与观众之间的桥梁。突破美术馆传统领域的局限,充分发挥文化提升生活的作用,为公众提供更加丰富的公共文化内容,这是美术馆全面开拓公共教育功能的全新方向。

3. 社会教育服务的大幅提升。

近年来,美术馆的教育服务无论在数量上还是在社会影响力上都有明显提升,绝大多数美术馆都设有公共教育部,拥有主打的教育品牌和常态的教育活动。这些教育活动建立在每个美术馆的特点和优势之上,除了中华艺术宫这一大型公立美术馆的教育活动几乎无所不包之外,其他中小型美术馆都致力于打造特色化的教育品牌。上海梅尔尼科夫美术馆的公共教育活动就是建立在其藏品优势上,在区域内的教育体系内展开有效的教育活动,是文化和教育结合提供宝贵的实践案例。

为了能够增强社会教育服务的有效性,美术馆公共教育在多元化发展的同时注重分类化。对受众的分类也是美术馆提供公共优质服务的重要因素。因不同年龄层的受众所需文化服务不同,这就要求美术馆必须针对不同的受众需求制定不同的公共教育项目。中华艺术宫在此方面做得较为全面和细化,以导览为例,就可细分为五类:第一类,针对中小学生的导览。此类导览,不仅介绍艺术作品和艺术人物,还会结合课程设置,融合文学作品,让学生更进一步理解艺术内涵。此类具有课程特征的导览服务,一般由专业老师带领,是中华艺术宫独具创新的公共教育活动。第二类,针对普通观众的导览服务,一般集中在国定假期。导览内容以名家名作和多媒体版清明上河图为主,这是中华艺术宫作为上海市民终身学习文化艺术体验站点提供的品牌导览服务。2013年,在上海市文广局的支持下,上海市民终身学习文化艺术基地项目正式启动,中华艺术宫作为首批六家基地之一,充分发挥其公共文化服务功能,为市民提供各类文化艺术的体验活动。名家名作导览就是其中的站点之一,充分利用中华艺术宫馆藏的名家名作,由专业导览员带领下,领略林风眠、谢稚柳、吴冠中、程十发等艺术大师的风采。第三类,特展导览。配合特展的举行,针对性策划导览服务,如中华艺术宫2017年度特展《从石库门到天安门——上海美术作品展》,就在展览期间配有导览服务,有助于市民对展览的深度认识和对作品的进一步理解。第四类,讲解加体验类导览。针对艺术爱好者,中华艺术宫特别策划体验类导览活动,既有作品讲解,又有艺术体验。参与者能够在获得相关艺术知识的同时,又能在老师指导下体验艺术实践,他们对艺术的感悟力和理解力可得到提升。第五类,亲子名家导览。此类导览活动与其他导览最大的不同之处在于注重亲子关系的培养,通过艺术增进亲子关系,也借助活动普及在美术馆进行亲子活动的新观念。

新时代的美术馆,早已不是美术圈内的特定展示机构,在新时期社会发展需求下,转身成为"公共文化空间"。随着《办法》的出台,美术馆全面进入一个全新的时代,更贴近大众需求,更追求服务品质。它不仅是城市文化价值的传播者、公众社会文化教育的主导者,更是公众与城市文化之间的桥梁和纽带,向公众提供丰富多元的文化服务,维系公众与所居城市之间的良好关系。在现代公共文化服务体系建设的重要时期,美术馆应该顺应时代发展潮流,承担起更重要的社会责任,增强公共文化发展活力,研发创新机制,提升服务效能,为现代公共文化服务体系建设作出更为重要的贡献。

主要参考资料

[1] 曹意强主编:《美术博物馆学导论》,中国美术学院出版社,2008年版。
[2] 蓝庆伟:《美术馆的秩序》,广西师范大学出版社,2016年版。

［3］ 妮娜·西蒙:《参与式博物馆:迈入博物馆 2.0 时代》,浙江大学出版社,2018 年版。

［4］ 李万万:《美术馆的历史》,江西美术出版社,2016 年版。

［5］ 卢炘:《中国美术馆学概论》,上海书画出版社,2008 年版。

［6］ 王列生 郭全中 肖庆:《国家公共文化服务体系论》,文化艺术出版社,2009 年版。

［7］ 柳斌杰 雒树刚 袁曙宏主编:《中华人民共和国公共文化服务保障法解读》,中国法制出版社,2017 年版。

［8］ 王列生 郭全中 肖庆:《国家公共文化服务体系论》,文化艺术出版社,2009 年版。

上海公共文化服务机构文化产品生产消费现状及对策思考*

张　昱**

摘　要　公共文化成为文化消费的重要组成部分已受到各界越来越多的认同,公共文化服务机构所提供的文化产品的质量、数量,以及公众对文化产品的感知度和参与度也成为了公共文化供给水平的重要评价依据。近几年,以博物馆、图书馆、美术馆和文化馆为代表的上海公共文化服务机构在文化产品供给方面体现出巨大的活力,主题展览、公众活动和文化创意产品都形成了较为成熟且丰富的供给体系,但供给的有效性和延展性是否能够满足公众日益增长的精神文化需求仍然值得深思。本文将基于对上海市内部分公共文化服务机构的文化产品生产和消费调研,以及针对上海市民公共文化服务机构文化产品消费的问卷调查,提出目前所存在的主要矛盾,以及相应的解决思路。

关键词　公共文化服务机构　文化产品　生产　消费

一、"文化产品"是连接公共文化服务机构与公众生活的重要津梁

公共文化服务机构是满足上海市民追求物质与精神消费文化赋值的重要

---

　* 本文系上海社会科学院招标课题《上海文化文物单位文化产品经营绩效提升路经研究》(2018)阶段性成果。

** 张昱,上海社会科学院文学研究所助理研究员。主要研究方向为公共文化、博物馆学。

渠道。本研究所指公共文化服务机构主要包含博物馆、美术馆、图书馆、档案馆、文化馆等。公共文化服务机构已经突破了传统的展示、查阅等功能,在城市生活中的教育、休闲、社交、生活体验等功能日益凸显,成为了城市空间中的新型复合型文化消费空间。在这一消费空间中,"文化产品"作为公共文化服务机构贴近公众生活的新连接点,是将公共文化服务机构的理念与服务"送出去"和将公众"引进来"的重要手段。而"文化产品"既是实体消费的对象,也因其文化内涵成为符号、意义等内容服务的载体。"文化产品"既涵盖临时展览、公益讲座、专家导览等传统形式,更包括公共教育与体验课程、文化创意产品等新形态。

2016 年国务院下发《关于推动文化文物单位文化创意产品开发的若干意见》,为公共文化服务机构,尤其是文化文物单位进一步全面贯彻落实"创新、协调、绿色、开放、共享"五大发展理念提供了新内容,为弘扬中华优秀文化、传承中华文明、传播社会主义核心价值观提供了新路径。2017 年 3 月,《中华人民共和国公共文化服务保障法》正式施行。2017 年底,上海市人民政府印发《关于加快本市文化创意产业创新发展的若干意见》(简称"上海文创 50条"),其中提到"推进文化领域有序开放,在互联网、文化、文物等专业服务业争取更多的扩大开放措施先行先试。"政策法规的颁布施行,为上海公共文化服务机构文化产品的生产营销提供了有利的引导和支持,同时也表明公共文化服务机构在突破固有经营管理模式的过程中,积极开发文化产品是新机遇和大趋势。

因此,提升上海公共文化服务机构文化产品生产与消费水平的意义主要包括:

(一)文化产品推动公共文化服务机构更好地适应消费转型升级的宏观趋势。

传统意义上未被纳入文化消费范畴的公共文化服务机构,随着公众对消费品质的日益追求,以及文化消费的空前激发,而成为文化消费的重要组成部分。文化产品是"客观化的文化资本和经济资本的统一"①，因而文化产品是公共文化服务机构适应文化消费趋势，实现更有效的公共服务的重要抓手。

（二）突破固有模式，与公众生活建立更紧密联系。

释放文化供给侧改革的驱动力，推动公共文化机构打破以往单一的知识传播模式，促使其社会职能不断向贴合公众生活的方向转型。一方面提升公众对公共文化机构的参与程度，形成良好的学习生态体系，另一方面也将公共文化机构所提供的服务延伸至公众日常生活之中，帮助公众将机构文化资源和文化信息"带回家"，这是后物质主义时代人民对美好生活的向往，以及文化消费转型的实际需求。

（三）创造新型方式，助力打响"上海文化"品牌。

博物馆、美术馆、纪念馆和图书馆都是一座城市重要的文化地标，标志着城市的文化厚度，应当在打响"上海文化"品牌的过程中发挥更积极的作用。文化产品能够让公共文化机构散发更大的文化活力，并在供给端与需求端之间建立更有效的连接。文化产品本身就是很好的文化传播载体，在以人民为中心的发展理念的引领下，文化产品以市场需求为出发，能够形成具有上海特色、展现上海文化资源优势的品牌，彰显"上海文化"标识度，让文物说话，让历史说话，让文化说话。

（四）提升机构收入，反哺公益性文化事业。

公共文化服务机构开发文创产品，将一定程度上提升自我造血功能，是解决投入不足、发展乏力问题的补充手段，也是增强服务能力、提升服务水平、丰富服务内容的必然要求。公共文化服务机构应当以履行公益性服务为主体职能，将文化产品开发获得的收入反哺公益性文化事业。

---

① 薛晓源、曹荣湘：《文化资本、文化产品与文化制度——布迪厄之后的文化资本理论》[J]，《马克思主义与现实》，2004（1）：46。

二、上海市公共文化服务机构文化 产品供给与需求现状

（一）文化产品的供给现状

目前,上海公共文化服务机构中以博物馆为引领,包括上海博物馆、上海科技馆、上海自然博物馆、上海玻璃博物馆等单位在文化产品的策划、生产和营销方面都探索出了初步的发展之路。生产方式主要包括自主设计与生产、与企业合作各自负责一部分环节、完全外包给外部企业、直接购买市场上已有产品等。上海博物馆作为文化产品生产营销较早的单位,如今更注重对观众消费偏好的研究,刚刚上线运行的上博数字化管理平台能够实时跟踪馆内观众客流、展区观众行为、文创产品销售等情况,利用大数据等信息技术更准确地把握市场动向,更精准地为文化产品研发提供思路。上海玻璃博物馆作为上海非国有博物馆的代表,在举办各类别具特色的主题教育活动的同时,还建立了自己的文创品牌"玻心璃语",馆内自主研发文创产品,形成了较为成熟的品牌线,每月都会推出新的产品。根据上海文物局发布的《上海市博物馆年报2017》,2017年全市博物馆共设有临时展览和馆外巡展共462个,全年接待观众总量为2 268.32万人次,同比增长6.78%;接待青少年观众398.88万人次,占接待总量的17.58%;101座免费开放的博物馆共接待观众1 135万人次,同比增长13%。① 各博物馆为学生、青少年儿童举办教育互动活动形式丰富,主要有亲子体验、教育教学、主题夏令营、互动教育剧等。比如,上海博物馆暑期Smart MuseKids平台夏令营;上海汽车博物馆策划的"学富五车"参观定向任务教育活动;上海玻璃博物馆的"玻玻璃璃学园"、系列活动等,都深受青少年和家长们欢迎。

截至2017年底,全市博物馆开发的文创产品总数已超1.2万种,全年新

---

① 上海市文化广播影视管理局,上海市文物局:《上海市博物馆年报2017》[R],http://wgj.sh. gov.cn/Attach/Attaches/month_1805/201805150225216282.pdf,2018-05-15。

开发文创产品 1085 种。文创产品年销售额 4 921.84 万元。上海博物馆配合
"大英博物馆百物展"设计开发的文创产品再度成为年度热点。该馆与国内近
10 家社会机构合作,共同设计研发了 160 余种系列文创产品,涵盖了衣食住行
等各方面,累计销售额达 1 700 万元,创下上海博物馆有史以来特展相关文创
产品的销售新纪录。① 但其他更多的公共文化服务机构尚未形成有效的文创
产品研发、生产和营销体系,部分机构有文创产品,但主要用于合作交流过程
中的礼物馈赠;部分机构奈何资金、牵头人的缺失而无法带动这一板块工作的
推进;部分机构受限于现有制度,无法进行经营性活动。

美术馆方面,截至 2017 年底,全市各级各类美术馆共有 82 家;2017 年全
年举办展览 723 场,吸引观众 617 万人次,举办馆外公共教育活动 3 357 场。②

但与此同时,图书馆、档案馆等文献收藏机构的文化产品研发与销售尚处
于起步阶段,主要仍以公共讲座为基本形式,缺乏形式新颖、内容丰实的文化
活动和文化产品。随着图书馆、档案馆开始尝试举办临时展览和流动展览,文
化产品如何获得形式内容的拓展和市场的认可亟待在制度、理念和资源等方
面予以突破。

此外,值得一提的是,上海公共文化服务机构在适应城市整体消费升级的
过程中也在积极做出新的尝试。在互联网时代,尤其是自媒体技术的迅速发
展,网络平台的搭建已成为更多博物馆与公众建立连接、形成互动的新形式与
新途径。因而,官方网站、微博/微信平台、APP(手机应用软件)等线上平台逐
步在公共文化服务机构中普及。以博物馆为例,目前上海共有 125 座博物馆,
其中拥有官方网站的是 69 家,拥有微博/微信平台的是 78 家,拥有自主 APP
的是 8 家③。博物馆线上平台最先出现的是官方网站,随后是微博/微信平台,
APP 则是嵌入在前两者的发展过程之中的。但从目前上海的博物馆线上平台

① 上海市文化广播影视管理局,上海市文物局:《上海市博物馆年报 2017》[R],http://wgj.sh.
gov.cn/Attach/Attaches/month_1805/201805150225216282.pdf,2018-05-15。
② 《〈上海市美术馆管理办法(试行)〉6 月 1 日起施行》[EB/OL],上海市人民政府网站:http:
//www.shanghai.gov.cn/nw2/nw2314/nw2315/nw17239/nw18078/u21aw1314794.html,2018-
05-30。
③ 数据来源自笔者对上海 125 家博物馆的调研统计。

的拥有情况来说,微博/微信平台已超越官方网站,成为体量最大的线上平台类型。这一方面因缘于网站和 APP 的建设和维护成本远高于微博/微信平台,另一方面是因为微博/微信平台可通过手机、平板电脑等自媒体设备直接与公众进行互动,双方的信息交互更为便捷。利用这些线上平台,上海各个博物馆逐步在原有的平台功能中增添了博物馆服务与产品的预约和购买功能,目前拥有这一在线功能的博物馆为 24 家,占博物馆总数的 19.2%,但其中提供文化创意产品在线购买的博物馆不足 10 家。此外,上海博物馆、震旦博物馆和观复博物馆等若干博物馆在淘宝等第三方平台上开设了在线商店,文创与电商携手是公共文化服务机构消费文化转变的重要趋势。在 2018 年的“双十一”期间,大英博物馆、故宫博物院、中国国家博物馆、敦煌研究院、颐和园、苏州博物馆、陕西历史博物馆、上海博物馆等都参与其中,并推出多款文创新品。

(二)公众对文化产品的需求和消费现状

从需求端来看,笔者针对上海公共文化服务机构文化产品的满意度进行了小型的调查问卷。在参与问卷调查的 395 人中,有 4 成左右的受访者每年去市内公共文化服务机构的次数在 1 次及以下,每月一次及以上的不到 3 成。公共文化服务机构对公众的吸引度尚不够高,上海市民尚未将图书馆、博物馆、美术馆、文化馆等机构作为休闲文化生活的常去之处。上海居民对上海公共文化服务机构文化产品的了解与消费水平也还有很大的提升空间。

1. 临时展览

从参观临时展览的情况来看,临时展览的参观率上博物馆占有明显优势,社会影响力明显较高,这一方面是由机构职能本身所决定的。陈列展示是博物馆和美术馆主要的社会职能之一,近年来,上海各个博物馆引进了不少国内外的优秀展览,如“大英百物展”、“草间弥生展”等,受到了市民们的广泛欢迎。美术馆也举办了各具特色的展览,其社会影响度较博物馆低,一方面是由于展览内容有不少是国内外的现当代艺术品,对市民的审美能力和艺术修养有较高要求,不少市民认为难以理解,另一方面美术馆自身在宣传推广和社会教育活动举办的力度上还有待加强。而图书馆和文化馆其本身的主要职责并非陈列展示,但随着社会对公共文化服务机构的社会服务职能不断提高要求,这些机构也开始积极探索举办临时展览,如上海图书馆在 2018 年 11 月举办的年度大展"缥缃流彩:中国古代书籍装潢艺术",引起了市民的普遍关注。不过,上海地区图书馆的展览整体水平尚不高,在策展和推广方面还应开拓思路,提升社会效益。

就临时展览的票价而言,有近 5 成的受访者表示可以接受临时展览出售门票,另有近 2 成的受访者表示无所谓。而在具体的票价上,大部分的受访者认为 50 元及以下的票价较为合理。因此,上海市民对于临时展览门票收售的接受度是较高的,但是对高额票价的接受度较低。目前,上海部分公共文化服务机构,尤其是非国有机构举办的临时展览会出售门票,有些票价较高,这也是制约公众走进临时展览的主要因素之一。

就受访者对参观过的上海公共文化服务机构临时展览后的总体评价而言,基本处于中等水平,其中展览的主题新颖度、内容与形式丰富度、布展精美度和现场秩序良好度等方面评分都相对较高,但是就展览的公众参与性和互动装置配合度方面则相对较低。事实上"展教结合"是目前国际上展览发展的大趋势,临时展览应当营造出一种更具包容性的学习生态体系,以满足不同个体的知识探索需求,体验式和参与式展览是达到这一目标的具体实现路径。但是目前上海公共文化服务机构的临时展览仍然多以单一的信息传达方式为主,因而,使得观众产生了展览内容与自身关联性低,理解较难等问题,从而进一步导致公众对临时展览的参观兴致低下。

2. 教育活动

就教育活动而言,受访者的参与度普遍不高。这一方面同公共文化服务机构社会教育活动的供给量不足相关。总量的不足涵盖两个层面,一是受公众热捧的活动往往一经推出就被"秒杀",更多的公众无法参与活动;二是有不少与公众需求不符的教育活动反倒造成了资源浪费,无人参与。从机构类别来看,博物馆的公共教育活动供给数量最多,公众参与度也更高,其次是图书馆,美术馆和文化馆教育活动的公众参与度相对较弱。

就社会教育活动的形式而言,讲座和演出或现场展示活动是公众参与上海公共文化服务机构社会教育活动的最主要形式。其次是公共教育课程、其他各种形式的教育活动、专家导览等。上海公共文化服务机构的和会教育活动形式从公众选择的角度而言较为集中,仍以相对传统的形式为主,在形式多样性和形式的公众推广方面还有待进一步提升。

在参与过社会教育活动的受访者中,他们所参与的活动近5成是免费的,另外4成左右的教育活动收费在100元及以下。总体而言,上海公共文化服务机构的社会教育活动收费较低,以公益性质为主,但部分社会教育活动的收费也相对较高,这同活动本身的策划组织成本相关,也同活动的组织实施主体相关。上述是目前上海公共文化服务机构提供社会教育活动的收费情况,但从需求端来看,有2成左右的受访者认为社会教育活动不应该收费,同时大部分的受访者对社会教育活动是可以接受一定价格的收费的,但相对合理的价格在100元以下,100元以上的收费会成为公众不参与的活动的主要影响因素。

就所参加过的社会教育活动的总体评价而言,受访者认为这些活动若以满分5分计,总评分在3.44分左右,总体良好,但尚未达到出彩和优秀的程度。具体在"拓宽视野"、"活动现场安排"、"内容理解容易度"、"教具教材准备"、"丰富知识"等方面相对出色,但是在"内容新颖度"、"形式创新度"、"与日常生活的关联度"等方面仍相对薄弱,而这三个方面恰巧是社会教育活动在达到一定的发展水平,而欲获得进一步突破,迈上一个新高度的有效实践方向,也是目前上海公共文化服务机构社会教育活动的薄弱之处。

3. 文化创意产品

从文化创意产品的情况来看,在不同类型的供公文化服务机构中,受访者购买博物馆文创产品的频率最高,文化馆最低。这直接反映出上海公共文化服务机构中博物馆在文创领域的活跃度更高,无论是文创产品的总量和产品吸引力都相对高于美术馆、图书馆和文化馆。但上海公共文化服务机构文创产品的整体公众吸引力还有待提升,"经常购买"的比重仍处于较低水平。

从信息获取渠道来看,受访者主要是通过媒体宣传、机构官网、微信公众号、微博或 APP 等途径了解到文创产品的,其次是在实地参观的过程中或经由朋友推荐从而了解到文创产品的,这也基本符合信息时代营销推广的主要特征。

从文创产品的购买途径来看,超过 5 成的文创产品是在场馆实地购买的,通过淘宝等第三方购买平台、机构官网或 APP 等途径购买的文创产品分别占 2 成左右,通过文化产品交易会等相关会展活动购买的文创产品有 1 成左右。统计数据表明,目前上海公共文化服务机构的文创产品大部分还没有实现在线购买的方式,基本仍以机构个体的实体购买为主。这对更广范围内的公众了解与购买文创产品造成了很大程度上的阻碍,也反映了上海公共文化服务机构的文创产品尚未发展到形成成熟营销渠道,甚至是完整产业链的阶段。此外,大部分受访者认为文创产品的单价不宜超过 200 元,但是这也同文创产品本身的制作成本相关,只是单价在 200 元以下的文创产品会更受公众欢迎。

就购买过的文创产品的总体评价而言,受访者认为若以满分 5 分计,总评分在 3.24 分左右,总体良好,但也尚未达到出彩和优秀的程度。具体在"富有创意"、"制作精美"、"种类丰富"等方面较好,但是在"性价比"、"实用性"等方面仍较为薄弱。

从文创产品的类型来看,受访者较为偏好的类型是书本画册类、装饰类、家居用品类和办公用品类,其后是服饰类、数码周边类、玩具类、饮料食品类和化妆品类。其中书本画册类的偏好已不仅仅是传统意义上的藏品画册,也包括更多的普及类读物和儿童教育绘本,将公共文化服务机构的教育推广功能更好地融入书本画册之中。而装饰类、家居用品类和办公用品类的文创产品包涵审美意义和实用价值,也是公共文化服务机构最常见的文化创意产品类型。

就公众偏好的风格而言,受访者中主要偏好简洁、复古和清新风格的文创产品,其次是可爱和搞怪风格。这在一定程度上反映了目前公众的审美倾向,的确简洁、复古和清新风格也更符合公共文化服务机构本身的气质和韵调,但同时文创产品也应当拓展可爱和搞怪风格的产品,这类产品更迎合年轻人的需求。

在购买的决定性因素方面,有超过 5 成的受访者认为"美观"、"创意"、

"实用"是他们决定购买的主要因素,其次是"质量"、"收藏价值"、"有相关场馆或活动特色"、"时尚"、"性价比"等因素,"品牌"因素的决定性作用相对较低。因此,公共文化服务机构在研发文创产品的过程中应当更注重产品的创意特色和美观程度,以及将产品融入到公众的日常生活之中,物尽其用,如此能够有效刺激公众消费。

三、上海市公共文化服务机构文化产品生产与消费的主要问题

(一)机构性质决定了文化产品生产经营的主要模式。

上海的公共文化服务机构若以其隶属关系划分,可以分为以上海博物馆、中华艺术宫、上海图书馆等为代表的"体制内、系统内"机构;以上海科技馆、上海中国航海博物馆、中国烟草博物馆等为代表的"体制内,系统外"机构;以震旦博物馆、上海玻璃博物馆、余德耀美术馆等为代表的"体制外、系统外"机构。其中体制内机构由于受到现行制度的约束,没有进行营利性活动的权限,严重制约了文化产品生产研发的动力与资源获取率。因而,目前这些机构多采用成立艺术公司、与企业合作分别负责一部分环节、完全外包给外部企业等模式研发文化产品。而体制外机构,由于不受财政拨款,在机构管理、经费资源和人员专业化水平等方面都存在着良莠不齐、不稳定不充分等问题。这些机构多采用自主设计与生产、外包给外部企业、直接购买市场上已有产品等模式。

(二)馆际文化产品经营绩效不平衡,资源禀赋差异显著。

2017 年全市博物馆文化创意产品销售额为 4 921.84 万元,其中上海博物馆为 3 800 余万元,占 77% 左右,位列其后的四海壶具博物馆为 374 万元,上海玻璃博物馆为 173 万元,上海科技馆为 105 万元,至第 10 位的上海孙中山故居纪念馆就仅为 27 万元。[①] 此外,就学生教育和亲子活动参与人数而言,上海汽

[①] 上海市文化广播影视管理局,上海市文物局:《上海市博物馆年报 2017》[R],http://wgj. sh. gov. cn/Attach/Attaches/month_1805/201805150225216282. pdf,2018 - 05 - 15。

车博物馆、上海东方地质科普馆、上海博物馆、上海科技馆、钱学森图书馆等馆名列前茅,而排列在后的各馆与这些馆之间有数十倍差距。除博物馆外,目前全市图书馆多以讲座、展览、公众阅读活动等为主要文化产品形态,被列入国家文物局文创产品开发试点单位的上海图书馆在文化创意产品生产方面仍方兴未艾。不少公共文化服务机构普遍反映对于文化产品的开发显得"有心无力",即"能力"、"财力"、"物力"、"人力"等发展水平都相对低下。

(三)缺乏对需求端研究,导致大量无效供给。

从总量上看,上海公共文化服务机构,尤其是博物馆的文化产品开发力度已在全国位列前列。但从市民调查的角度看,仍然有约 80% 的受访者偶尔或从来没有参观过公共文化服务机构的临时展览,约 90% 的受访者偶尔或从来没有参加过这些机构举办的社会教育活动,约 60% 的受访者偶尔或从来没有购买过相关机构的文化创意产品。可见,上海公共文化服务机构所提供的文化产品尚未在普遍意义上成为本市居民文化消费的主要选择,文化产品的供给水平不能适应公众审美能力的提升。同时,居民消费偏好和接受度的调查非常欠缺,文化产品供给数量、质量和价格与居民实际需求存在滞差。从成本与收益的角度来讲,并不是政府提供越多的公共文化产品就越有绩效,而是提供的文化产品是否与居民实际的文化需求、文化消费理念相平衡,公共文化产品是否发挥了其应有的效益。

(四)不同公众群体需要更有针对性的文化产品供给。

从目前的调查结果来看,公众群体的年龄、学历水平等因素会影响他们对于文化产品的不同偏好。这意味着,为了提升公共文化服务机构文化产品的经营绩效,公共文化服务机构应当在文化产品研发的过程中针对公众的不同年龄段、不同文化水平的审美偏好有一定的设计倾向。在诸多印象因素中,年龄因素对审美偏好的影响更大。因此,例如在玩具类文创产品的设计过程中应当倾向青少年而设计,在服饰类文创产品的设计过程中应当倾向中老年人而设计,在书本画册、家具用品、装饰品和办公用品等文创产品的设计过程中应当依照不同的年龄需求而形成差异性设计。

（五）公众整体的文化感知度和对文化产品的需求度有待提升。

所调查的上海市居民中，有七成左右的受访者每年去公共文化服务机构的次数在每年 2 次及以下。同时，公众对社会影响力较大机构的文化产品更聚关注，但对中小型机构和基层机构的参与度则非常低。可见，文化产品经营绩效低下除供给端存在的欠缺外，居民自身的文化消费观也需要在内涵、意义、符号需求等层面上进一步提升，从而在对"量"、"质"追求的基础上，进入"感性消费阶段"，重视消费对象的"情绪价值"胜过"机能价值"。但公众的文化感知度是随着公共文化机构吸引力的增强而提升的，这又反过来倒逼着公共文化服务机构要成为更先进的"文化生产场域"，不断创造新的"城市文化资本"，同时通过教育、普及和营销等手段强化公众的文化产品喜爱度。

四、提升公共文化服务机构文化产品经营绩效的主要路径

在现行制度、机构资源禀赋差异和公众文化感知度等条件制约下，要求各个公共文化服务机构都能进行有效高质的文化产品生产营销活动的现实基础还不够成熟。面对现实困境，应当进一步打开思路，在资产确认和不改变文化产品权属关系的前提下，由目前上海文化产品研发经营的龙头机构上海博物馆牵头，建立上海公共文化服务机构文化产品经营合作联盟，将不同隶属性质的机构个体连接起来，形成跨条线、跨部门、跨行业的资源整合，实现上海市内公共文化服务机构共通共赢，整体提升上海公共文化服务机构文化产品经营绩效。

（一）建立上海公共文化服务机构合作经营文化产品公司，实现公共服务的均等化、标准化、社会化和专业化要求。

一方面，文化产品公司是一个第三方机构，服务于各个加盟的公共文化服

务机构,却又不隶属于某一个机构。另一方面,文化产品公司由各个公共文化服务机构共同发起建立,相当于各个机构都是企业的董事会成员,对企业的经营管理有一定的表决权。在这种经营管理模式之下,机构与企业建立起了利益共同体。企业以项目承接制的方式承担各个机构不同主题内容的文化产品研发营销工作,相关收益与相应机构共享,企业的经营与产品研发受到各个机构的共同监督,同时企业在产品研发和营销的过程中,又能从各个机构获得相应的文化资源研究基础和研发意见建议,机构的专业人员能够构成企业的专家库,彼此间为不同机构的文化产品研发与经营建言献策。文化产品公司能够打破目前的制度制约,通过第三方机构实现体制内公共文化服务机构的文化产品研发经营权,同时打通了体制内机构与体制外机构、市级大型机构与区县中小型机构、博物馆美术馆与图书馆的合作壁垒,实现经验互鉴。

（二）强调如上海博物馆、上海科技馆等具有较为成功经验的公共文化服务机构进行运营模式的经验输出。

合作联盟在共建文化产品公司的基础上,更重要的是实现成功经验和优质资源的共享。在上海公共文化服务机构中,目前文化产品研发和营销较为成功的有上海博物馆、上海科技馆、中华艺术馆、上海玻璃博物馆等机构。这些机构采用了多元的文化产品设计与生产模式,同时对市场需求也有较为精准的把握。他们的经验输出一方面可以在文化产品研发营销的过程中借助已有经验,以合作公司为平台,向其他公共文化服务机构输出有效的运作模式;另一方面,也可以精准地向不同的、并且有相关需求的机构开展系列培训,涉及的方面可以包括馆藏资源的发掘、观众研究、产品设计与生产、营销与传播等。

（三）以发掘各个公共文化服务机构自身特色资源为合作联盟基础。

合作联盟并不代表各个公共文化服务机构文化产品的同质化发展,相反是在资源共享的基础上,更大效益地发挥不同机构个体的特色文化资源。而为了实现这一目标,各个机构首先应当充分研究自身馆藏资源,夯实学术支撑体系,把握自身文化资源优势与特色。以特色为基础了解各个机构的文化内涵,并在合作公司的平台上加以平衡。以具有各机构资源特色的创意作为优先开发项目,尽可能减少同质化产品的出现。从观众调研的结果来看,上海居民更倾向于购买美观、创意和实用的文化创意产品,从观众需求出发,以此为研发的主要方向。

(四)利用信息技术加强观众消费行为研究,并拓展文化产品形态和营销路径。

一方面,以上海博物馆信息管理系统为范例,共同开发信息管理系统,以实现对于中小型机构经费、人员有限而无力建立信息管理系统的困境,通过合作联盟降低研发成本,并且能够资源共享。信息管理系统能够充分把握馆内资源,提升他们的有效利用率,同时利用大数据、云技术和人工智能等方式,也能够充分掌握馆内观众的行为特点和消费偏好,在文化产品开发过程中提供更合理有据的设计研发思路。此外,信息技术也能够借助网络平台和自媒体技术,让观众获得个体化文化产品供给服务,拓展文化产品经营路径。在合作公司的平台上,意味着所有成员机构的文化产品都汇集在一起,减少了单一机构文化产品供给不充分、社会影响力不高等问题,形成规模效应。以在线文化产品超市的形式供公众了解与选择,同时与文化上海云、淘宝等购物平台、双11和年中618等网络购物节合作,提升社会关注度。

基于社会融入视角的上海
农民工文化消费状况研究*

陈云霞**

摘　要　基于布迪厄的文化消费理论,学界大量研究表明社会分层与文化消费之间存在密切的关联。对上海城市农民工文化消费的调查显示:农民工群体文化消费能力总体较低,高雅文化消费几乎处于空白状态,但经济状况并不是决定性的因素。研究表明,社交网络限制了其参与文化消费,对身份的认同使得他们文化消费观念陈旧,受限的文化消费也反过来影响其群体的社会融入。对此,政府可以加大观念引导,将提升农民工文化消费作为加快社会融入的新途径。

关键词　上海　农民工　文化消费　社会融入

一、问题的提出

　　文化消费是指人们为了满足自身精神文化需要而采取不同的方式来消费精神文化产品和精神文化服务的行为。后现代文化消费主义认为消费是建构认同的重要手段,文化消费作为一种社会行为,受到社会脉络与社会关系的影响,是一种重要的社会区隔方式。人们在消费领域中的文化实践,无不表征着行动者在社会中所处的位置。① 由于文化消费是一种个体差异性消费,相同收

　　* 国家社会科学基金青年项目"民间信仰与近代上海移民社会适应研究"(18CZS070)。
　 ** 陈云霞,上海社会科学院文学研究所助理研究员,主要研究方向为城市文化、城市空间。
　 ① Comaroff J, Comaroff J L. Millennial capitalism: First thoughts on a second coming. Public Culture, 2000,12(2) : 291 - 343.

入水平的群体可能产生不同的消费内容、形式或感受,因此,文化消费群体间的差异非常显著,已经逐渐成为建构社会认同的新机制。

上海作为长江经济带的中心城市,自近代以来无论是经济还是文化方面对周边省份都起到一定的带动、辐射作用。而这一作用除了地方政府间的合作,还存在一个重要的方式,就是区域间劳动力流动带来的改变,旅沪农民工将先进的生活方式、技术器物、消费理念等带回家乡,对当地的经济、生活产生重大的影响。同时,他们也将籍贯地的文化消费习惯带到上海,所形成的社会关系成为区域间文化、经济交流的一条重要纽带,并帮助他们更好地适应城市生活。

根据上海市统计局的调查,截至 2015 年 6 月 30 日的最新统计显示,上海市 15 岁至 34 岁的新生代农民工规模已经达到 502.36 万人,占到全市农民工的 55.5%,占全市同年龄段人群的 61.3%。[1] 2016 年文化部、国务院农民工工作领导小组办公室、全国总工会联合发布《关于进一步做好为农民工文化服务工作的意见》。从文化消费服务供给端来看,近年来上海在加强农民工的公共文化服务方面加大投入,但上海农民工在文化消费方面仍然存在许多待解决的问题。2014 年外来农民工家庭生活消费支出中,人均生活消费支出为 18 987 元,但教育文化娱乐方面的支出仅约占 1 300 元左右。[2] 在 2017 年上海外来人口享受公共文化服务的统计中只占 26.7%,体育馆占 8.8%,图书馆占 13.9%,社区活动中心占 25.9%,图书馆占 7.7%,而这一数据中农民工的比重的更低。[3]

农民工作为上海四大品牌铸造的参与者,其文化生活不仅是打造上海高品质生活的一部分,也为更好地服务四大品牌打牢基础。通过对农民工文化消费的研究,有可能寻找出帮助其实现城市社会适应的新方法和路径,提高他们的获得感、幸福感、安全感,以文化融入带动社会融入,从而增加城市基层治理的有效性。目前这方面的研究主要涉及文化消费、移民社会融入、身份认同等几方面。

对文化消费社会学意义的深入探讨,集中体现于 20 世纪 60 年代后现代文化消费主义的发展。其主要观点是强调文化消费对于社会群体的区隔标示

[1] 杨雄 等:《上海社会发展报告蓝皮书》,社会科学文献出版社,2016 年。
[2] 上海网上政务大厅,2016 年上海年鉴·社会调查·上海外来农民工生活情况。
[3] 参见上海网上政务大厅,2017 上海外来人口社会管理与公共服务情况。

作用。正因为文化消费所具有的社会区隔功能,使得其对于社会认同的建构发挥着不可小觑的作用。社会认同即个体对自身所属社会群体以及群体带给自身的情感和价值意义的认识①凡勃伦和波得里亚分别提出炫耀性消费和符号消费,指出消费与身份建构的关系。布迪厄从文化资本的角度出发,最为明确地提出了文化消费是实现社会区分的一种独特模式。他认为文化消费表现并证明了个体在社会中所处的位置和等级。②

我国学者对文化消费的关注开始于上世纪 80 年代,王宁、罗钢、王仲忱等都研究了文化消费作为建构认同的手段。③ 对农民工群体的文化消费研究很少,占绍文等(2014)对西安农民工的文化消费进行了调查研究,金晓彤等对新生代农民工教育型文化消费进行讨论,认为它是社会认同建构的新路径。④

对移民社会融入的研究主要来自社会学领域,其中跨境移民适应通过建立同乡组织、校友会等各种团体、组织来实现,具体是以语言、文化习俗为媒介。学者们通过对美国 20 世纪 60 年代纽约等大城市研究发现,移民越来越多地保留来源地的传统和习惯。这一发现开启了移民社会融合的多元文化论(Glazer & Moyniham, 1970)。西方学者认为移民是基于家庭、社区等关系的社会网络,因此强调群体在移民适应中的作用(广田康生、罗威廉,2005)。国内关于农民工社会融合的研究主要集中在概念体系的构建,以及选择不同维度对融合程度进行量化,探索相关影响因素。杨菊华(2009)将文化接纳作为移民社会融入的一个指标。王春光(2010)对新生代农民工城市融入进程进行了社会学的探索。李培林、田丰(2012)、孙文中(2015)分别对中国农民工社会融入进行了代际间的比较。

身份认同决定人的价值取舍和行为指导,从而决定移民参与何种社会组织、是否适应城市生活。对城市中不同移民群体的身份认同研究,以美国大城

① Tajfel H. The social identity theory of intergroup behavior. In Worchel S, Austin W (ed.) Psychology of intergroup relations. Chicago: Nelson Hall, 1986.
② 皮埃尔·布迪厄:《区隔:判断力的社会批判》,商务印书馆,2015 年。
③ 王宁:《消费社会学——一个分析的视角》,社会科学文献出版社,2001 年;罗钢、王中忱:《消费文化读本》,中国社会科学出版社,2003 年。
④ 金晓彤、崔宏静:《新生代农民工教育型文化消费探析:社会认同建构的路径选择》,《吉林大学社会科学学报》,2015 年第 1 期。

市中意大利、中国等国移民社区为代表。美国社会学家威廉·富特·怀特(2009)的《街角社会》对波士顿东区的意大利人贫民区进行研究,通过"参与行动"研究法分析了诺顿帮的身份认同、形成、内部结构、活动方式以及他们与周围社会的关系。对上海的华人移民社区(地域社群)从身份认同角度进行探究,裴宜理(2001)、顾德曼(2004)、韩起澜(2004)、宋钻友(2007)对上海外省移民的籍贯身份认同都有所关注,分别从地缘关系、职业关系等角度研究上海基层的社会组织及在此影响下的文化生活。

目前对农民工群体社会融合的研究几乎都是从社会学的角度切入,重点包括经济层次、社会层次、心理层次等方面解决,但很少有人从文化生活层面去探讨。

本文拟解决的问题是发现农民工文化消费在不同行业、不同年龄段等间的差异,以及与社会融合的关系。有针对性地提出解决的方案,为提升上海农民工文化消费生活水平探索出可行的实施路径。

选取上海主要城区及近郊进行纸质问卷发放,并选取某几位代表进行深度访谈获得口述资料。同时通过网络随机发放问卷,利用问卷中职业和户籍栏目进行筛选。共发放问卷348份,回收有效问卷300份,回收率86%。其中被调查对象中男性工201位,占67%,女性99位,占33%。年龄分层是26—30岁、18—25岁、31—40岁分别位居第一、二、三位。如下表所示:

表1:研究对象年龄比例

选项	小计	比例
18岁以下	8	2.67%
18~25岁	87	29%
26~30岁	107	35.67%
31~40岁	63	21%
41~50岁	25	8.33%
51~60岁	8	2.67%
60岁以上	2	0.67%
本题有效填写人次	300	

问卷由三部分构成,包括农民工的基本信息、农民工的文化消费现状、农民工的城市文化融合情况。具体包括:受访者的户籍地及类型、年龄、职业、居住地点、爱好、工作时间、在沪居住时间、居住类型等基本信息;文化消费项目、频次、时间段、时间长短、花费金额;得知/购买文化消费项目的途径;文化消费的同伴;是否考虑品牌;是否考虑距离远近;居住地最近的文化消费场所距离;工作后有无职业培训等;是否愿意参与社区组织的文化消费项目;在社交网络中,上海本地人所占比例;对收入、身份与文化消费的关系看法。

从已经收回的300份问卷来看,涵盖了上海主要城区及部分近郊,其中来自上海徐汇、闵行、杨浦、宝山、浦东、黄浦、嘉定的样本量较大,长宁、静安、普陀、虹口等区相对偏小。

二、上海农民工文化消费基本特征

农民工作为城市的一个特殊群体,由于原生成长环境和经济水平的影响,他们的文化消费群体特征十分明显,表现出总体水平低,但消费潜力大。从上海的情况来看,伴随互联网移动终端的推广,农民工传统的文化消费方式比例大幅度降低。

1. 总体消费能力较低,收入水平不是决定性的因素。

美国经济学家霍利斯·钱纳里(Hollis B. Chenery)指出:当人均GDP为3 000美元时,文化消费应该占比总消费的23%,当人均GDP达到5 000美元时,文化消费将快速增长(即钱纳里临界点)。当然,这一界限的设定应该是与所在国的消费水平一致的。

受访农民工收入中用于文化消费的比例非常低,200元以下占到37%,200—500元间占27.33%,2 000—4 000元及以上的仅分别占3%。因此,上海农民工的文化消费总水平依然很低,用于文化消费占比微乎其微。

但另一方面,从工资水平来看,受访对象中月工资在7 000元以上的占35.67%,与上海的人均收入相比差距并不大,部分工人工资达到15 000元以上。尤其是新生代农民工由于具备新的职业技能,他们的工资水平已经完全突破

表 2：上海农民工每月文化消费金额情况

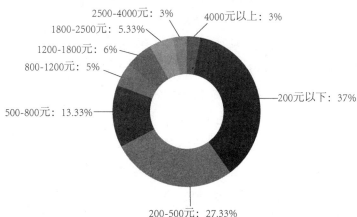

2500-4000元：3% 4000元以上：3%
1800-2500元：5.33%
1200-1800元：6%
800-1200元：5%
500-800元：13.33%
200元以下：37%
200-500元：27.33%

　　了老一代农民工所从事的传统行业。受访者中河南籍的王某,25 岁,职业是杨浦区某商业中心健身教练,月收入在 15 000 元以上。除了比其他农民工多接触了一些新的文化消费种类之外,他用在文化消费上的支出在工资收入中占比也同样很低。

　　这就说明一点,对于上海农民工来说,他们文化消费水平较低的原因并不完全来自于其收入水平。从未来的趋势来看,其文化消费的潜力十分可观。尤其是新生代农民工,他们的文化认知水平比老一代农民工高,学习能力更强,往往具备某种新的职业技能。这就使得他们有能力从事某些新兴的行业,工资水平也远远高于群体的平均水平。

表 3：上海农民工月收入

选项	小计	比例
1000-3000	24	8%
3001-5000	101	33.67%
5001-7000	68	22.67%
7001-9000	41	13.67%
9001-11000	28	9.33%
11001-15000	18	6%
15001以上	20	6.67%
本题有效填写人次	300	

从这一程度上说,对农民工文化消费的提升是有很大空间可以实现的,除了提高工资水平最受关注的要素之外,还有其他更重要的因素限制了其文化消费水平。同时,这也为今后做好农民工工作,提升其文化消费水平,加快社会融合提供更好的路径和方法。

2. 互联网移动终端的文化消费形式普及,为其提供新的适应方式。

在 300 位受访者中,高达 76.33% 的农民工都使用智能手机、电脑等互联网移动终端进行文化消费。相对来说,传统的通过电视来接收信息的途径下降到 25.67% 左右。电影院、公园、网吧、景点等消费门槛较低的实体场所,选择人数位居中间,其他的实体场所消费人数非常少。

在移动终端上,农民工们所关注的内容,新闻类和休闲娱乐类占比最高,其次是社交类,而对财经、教育等方面关注较少。这就说明农民工整体对社会现象较为关心,但对实体文化消费场所涉猎很少。根据调研统计分析,可以看出:移动终端消费门槛低,时间灵活是他们选择的最主要原因,超负荷劳动致使没有足够时间进行文化消费。根据上海市统计局数据,上海农民工平均周劳动时间达 47.9 小时,按照每日 8 小时标准工作时间计算,每周实际工作 6 天。部分外来农民工反映,他们常以超时劳动来提高收入。根据 300 位农民工的调研结果,他们当中有 60% 在傍晚 17:00 以后下班,甚至有部分的工作时间要延续到深夜 23:00。因此,他们一般进行手机、网络等文化消费的时间都是在晚间和深夜。

杨浦区虬江码头为外来人口的一个集中居住区,其中许多是来自四川籍。调研中发现一个叫"十字线的颤动"的网络写手写作了一部网络穿越小说。小说主人公是一个四川籍的应届毕业生,租住在城乡结合部的棚户区,穿越到 1937 年参加虬江码头的抗战活动。作者重点描述虬江码头区域的环境,并提到家乡四川是没有遭到战火的,希望回到家乡。大致可以推测主人公李雷目前是租住在虬江码头区域。网络文化生活已经成为他们非常重要的一部分。

工作时间决定了其文化消费形式,反过来文化消费作为社交形式的一种也限制了农民工与其他城市群体的深入交流、融合。智能手机的普及使他们可以不再完全依赖同乡、同业团体来适应城市生活。

3. 新生代农民工文化消费内容有所拓展,但仍存在局限。

从下表可以看出,18—30 岁的农民工由于突破了传统农民工所从事的行

表 4:上海农民工年龄与文化消费种类关系

项目 年龄	电视	手机、电脑、pad	电影院	参观景点	公园	购书看书	社区活动室	文化广场	网吧等娱乐场所
18 岁以下	1 (12.5%)	5 (62.5%)	4 (50%)	3 (37.5%)	4 (50%)	1 (12.5%)	0 (0%)	0 (0%)	3 (37.5%)
18~25 岁	15 (17.24%)	71 (81.61%)	34 (39.08%)	23 (26.44%)	22 (25.29%)	16 (18.39%)	1 (1.15%)	11 (12.64%)	20 (22.99%)
26~30 岁	25 (23.36%)	79 (73.83%)	44 (41.12%)	25 (23.36%)	38 (35.51%)	21 (19.63%)	2 (1.87%)	12 (11.21%)	5 (4.67%)
31~40 岁	19 (30.16%)	50 (79.37%)	21 (33.33%)	18 (28.57%)	24 (38.1%)	12 (19.05%)	1 (1.59%)	5 (7.94%)	2 (3.17%)
41~50 岁	10 (40%)	18 (72%)	3 (12%)	2 (8%)	6 (24%)	2 (8%)	1 (4%)	1 (4%)	0 (0%)
51~60 岁	6 (75%)	5 (62.5%)	0 (0%)	0 (0%)	3 (37.5%)	0 (0%)	1 (12.5%)	0 (0%)	0 (0%)
60 岁以上	1 (50%)	1 (50%)	0 (0%)	0 (0%)	0 (0%)	0 (0%)	0 (0%)	0 (0%)	0 (0%)

项目 年龄	游戏厅电玩城	儿童教育项目、场所	游乐场	图书馆	博物馆美术馆	体育馆运动馆	棋牌室	文化馆艺术馆	剧院
18 岁以下	2 (25%)	1 (12.5%)	4 (50%)	0 (0%)	0 (0%)	0 (0%)	1 (12.5%)	0 (0%)	0 (0%)
18~25 岁	12 (13.79%)	2 (2.3%)	23 (26.44%)	11 (12.64%)	6 (6.9%)	12 (13.79%)	5 (5.75%)	8 (9.2%)	3 (3.45%)
26~30 岁	3 (2.8%)	4 (3.74%)	11 (10.28%)	14 (13.08%)	14 (13.08%)	18 (16.82%)	11 (10.28%)	7 (6.54%)	4 (3.74%)
31~40 岁	0 (0%)	10 (15.87%)	5 (7.94%)	3 (4.76%)	4 (6.35%)	12 (19.05%)	6 (9.52%)	4 (6.35%)	0 (0%)
41~50 岁	0 (0%)	2 (8%)	1 (4%)	0 (0%)	1 (4%)	0 (0%)	3 (12%)	0 (0%)	0 (0%)
51~60 岁	0 (0%)	0 (0%)	0 (0%)	0 (0%)	0 (0%)	0 (0%)	1 (12.5%)	0 (0%)	0 (0%)
60 岁以上	0 (0%)	0 (0%)	0 (0%)	0 (0%)	0 (0%)	0 (0%)	0 (0%)	0 (0%)	0 (0%)

业，他们的文化消费样式也呈现出多样化。

调研对象中 19.98% 的人会参观博物馆、美术馆，进行体育馆、运动场馆文化消费的比例占到 30.61%，他们都是在 18—30 岁之间的新生代农民工。这一群体，去往文化馆、艺术馆的比例也较其他群体高，购书的比例占到整个调研对象的 38.68%，去图书馆等相关场所的比例占 25.72%。此外，健身、美容、旅游等新生代农民工都相当关注。这就说明新生代农民工在学习、汲取知识方面存在一定的需求，对包括审美、健康在内的高品质生活有追求的倾向和动力。

另一方面，他们虽然对博物馆、电影、体育馆、文化广场、书店等场所比传统农民工更加感兴趣，但对歌剧、话剧、交响乐、美术展等高雅艺术类型仍然处在空白状态。通过调研发现原因主要在于：价格太高、觉得没必要进行这个花费，以及不了解、不懂欣赏等。

40 岁以上的农民工比他们初到上海时文化消费的类型有了很大的拓展。主要倾向于教育方面，以及与教育相关的旅游、展览等，原因在于子女养育问题促使他们文化消费类型有了转型。但另一方面，他们也不知道如何拓展、寻找更高层次的文化消费。

就文化消费的内容来看，新老农民工对高层次的文化消费都出于严重缺乏状态，除了经济原因外最主要的是消费观、欣赏水平跟不上，以及缺乏了解的途径。

三、文化消费背后的社会融入状况

1. 社会融入程度低与很少参加社区等公共基层文化活动互为因果。

在所有研究对象中，只有 2% 的人会参加社区、居委等形式的公共文化活动。这一现象与当前上海农民工的社会融入存在一定的相关性。

本次调研中，研究者设计了有关社会适应的问题，包括平时进行文化消费时选择的同伴有哪些，以及在上海的社交网络中本地人占多少比例。结果显示，41—50 岁、50—60 岁的老一代农民工选择同乡的比例最高，其次是 25 岁以下来到上海不久的最新一代农民工。而26—40岁中间的农民工选择同乡一起文化消费的比例最低，他们大多会选择与朋友、同事、其他伙伴同行。同时，这项调查与他们与本地人交往的程度是相一致的，25岁以下、40岁以上两个年龄段群体中社会关系中本地人几乎没有。

表5：上海农民工年龄与进行文化消费时选择同伴的情况

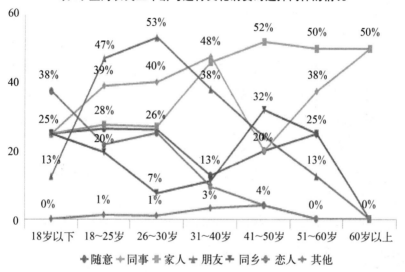

这就表明了很重要的一点，老一代农民工和最新一代农民工在上海的社交网络比较单一，还是以同乡为主。在他们的社交关系中，乡缘依然占主导位置，在上海的社会融入程度很低。

社区等基层免费的文化活动项目是城市市民最先最易接触到的文化消费项目，是居民文化消费的最低保障。目前上海各个城区都大力推动社区文化服务功能，加大服务种类和力度的改善。但是由于农民工的居住条件、消费习惯、社会心理等原因，导致他们很少参与到其中。在本次调研对象当中，90.33%的农民工是农村户口。其余9.67%是在近5年以内通过在家乡中小城市购置房产，从而将户口迁至城市。但是，这一部分人消费心理和社会文化观念仍然具备农村的特征。在居住形式上，有41.67%的农民工与他人合租，33.67%的农民工独租，其他大多是群租、用人单位提供租住、借住等形式。居住条件和农村户口带来所带来的长期消费习惯和心理的落差,导致他们对城市的社会融入程度低,很少利用城市基层公共文化设施这一现象。

从整体上讲,居住条件和农村户口带来所带来的长期消费习惯和心理的落差,导致他们很少利用城市基层公共文化设施这一现象。

以上文虬江码头地段农民工王某居住地为例,这一地段总的来说比较封闭,东南北三面分别是黄浦江、翔殷路(隧道)、共青森林公园,而西面也是条繁忙的军工路所阻隔。该区域内有多处机械厂、两处工业园、船务公司等,因此也分布着大量的农民工。如图,他们主要分布在虬江码头路东西两侧以及民星路东段北侧,王某就是居住在后者。从空间上看,这里除了一家四川人开的生活超市与面馆外,几乎没有其他娱乐、文化设施。在虬江码头路东侧是虬江居委会以及五角场镇外来务工人员服务中心在这里设立的进城务工人员之家,西侧是两处社区公共运动场,也是这一地块中唯一的休闲场所,但实际上他们很少利用,更没有与其他区域人群的互动。王某的孩子上小学需要上兴趣班,也是开车送到将近10公里以外的虹口。可见,农民工居住区在空间上就很难参与基层文化活动,也带来社会融入度低。

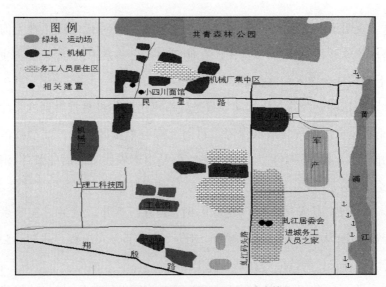

图1　虬江码头周边农民工与工厂分布情况

上海,是新生代农民工极其向往的城市。已有的调查显示,在"我喜欢我现在居住的城市"、"我关注我现在居住城市的变化"、"我很愿意融入本地人当中"、"我觉得本地人愿意接受我成为其中一员"等选项中,新生代农民工都给出了极高的肯定,其比例全部超过88%以上。其中,"我喜欢我现在居住的城市"的比例最高,为 97.5%;"我关注我现在居住城市的变化"也达到了95.5%;而"我很愿意融入本地人当中"为 94.8%。有 73%的新生代农民工明确表示,希望能在上海长期居住,从而用自身的努力,在城市中实现自己的梦想。不过,通过调查发现,新生代农民工虽然表达出了强烈的在沪长期居住的愿望,但在实际中,其融入城市生活依然存在着许多不足。①

2. 社会心理隔阂下农民工文化消费观念的转变与保守。

从调研统计的下表中可以看出,非常同意"我的工资足够让我放心进行文化消费"的农民工只占8%,比较同意的有17%,大部分人表示不赞同。他们认为工资水平和工作时间影响了他们的文化消费水平,同时也认为收入水平最大程度上决定了文化消费观念和品位。

60%以上的农民工认为"不同收入水平的人应当有不同层次的文化消费品味",只有 10%的人认为经济收入不能单独决定文化消费的品位。

在调研中,笔者对居住在杨浦区某农民工聚居区进行集中访谈,其中来自四川的王某 42 岁,从事机械装配行业。在上海工作约 15 年,全家居住在厂房搭建的临时居住点。王某认为:他的工资在每月 7 000 元左右,厂家提供集体住宿,但他会买书、参观博物馆等文化场馆,与孩子一起学习。除此之外,他自己会阅读一些哲学、佛学、古典文学的书籍,他说自己的学历就是初中,但是非常喜欢看一些感兴趣的读物。在他看来,一个人的文化消费的品位与工资水平没有直接的关系,而是个人修养的体现。

事实上,王某的文化消费观念有一定的代表性,40 岁以上的农民工比他们初到上海时文化消费的类型有了很大的拓展。主要倾向于教育方面,以及与教育相关的旅游、展览等,原因在于子女养育问题促使他们文化消费类型有了转型。

---

① http://sh.bendibao.com/news/2017417/179758.shtm。

表 6：上海农民工对工资水平与文化消费品位关系的看法

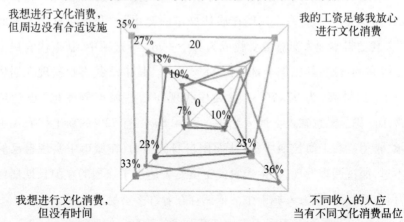

在受访的对象中，月工资在 7 000 元以上的农民工占到 35.67%。总的来说，他们的工资水平普遍较低，这在很大程度上限定了他们的消费观念。但是，身份认同影响下社会心理的隔阂才是决定他们文化消费观念的关键要素。例如在对杨浦区某中介公司职员赵某进行深度访谈时了解到，他的工资水平一个月可以达到 15 000 元左右，但是他的文化消费观念依然很保守。除了自己爱好打球，偶尔去附近的球场运动外，他所有的文化娱乐时间都是手机。他认为：他自己是农村人，在上海挣钱只是为了回老家买房，或者运气好了在上海买房。但是从来不认为自己是上海人，将来也没有可能成为上海人。

文化消费的品位直接决定了消费的类型和内容，而决定文化消费品位的因素有很多，受访者的学历水平、从事的行业、生长环境都很重要。

在受访者中，只有 7.33% 从事教育、投资理财等领域，其他几乎全部是从事制造业、建筑业、餐饮等生活服务、中介咨询、物流安保等行业。学历上，初中、高中、职高技校、大学专科的比重最大。他们由于文化水平相对较低，且多从事服务行业，对身份认同仍然保守，认为自己是农村人口。当然，这种社会心理的隔阂是由中国长期以来包括户籍制度在内的城乡二元体制带来的，它直接导致进城农民工不知文化消费、不愿文化消费、不敢文化消费。

表 7：上海农民工学历水平比例

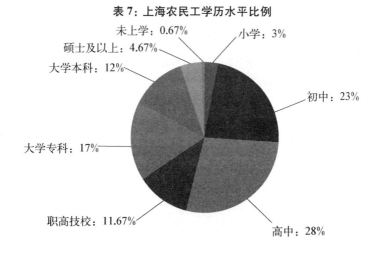

四、相关理论指导下的问题分析及对策、建议

1. 根据实际情况,适当提供具有地域特色的文化消费项目。

根据调研,90% 以上的农民工认为包含家乡要素的文化消费项目,他们会更加偏爱,这就提示农民工的文化消费不可能完全脱离其早期生长环境而独立存在。具有家乡要素的文化类型,使他们更有安全感,并帮助他们适应城市生活。

近代以来,上海城市分别经历了 19 世纪末至 20 世纪前期、20 世纪 80—90年代、21 世纪初的三次移民浪潮。各行各业的外省移民进入上海城市,其文化生活往往秉承籍贯地的传统,以帮助他们适应城市社会。从历史上来看,近代上海开埠以后吸收的大量外省移民,除商人外,大部分是失地或者弃地的农民,但他们与城市间的隔阂较浅。直到上世纪八九十年代,城市化大规模开展,以及计划经济体制下城乡二元结构的形成,导致农村户口和城市户口在待遇上有很大差别。纺织业、建筑业等大力发展,大量农民工来到上海。这两个阶段,进入上海的农民工大多是通过同乡组织或者同业行会等社会组织适应新的城市生活,他们的文化生活内容最多的就是看地方戏、电影、群体聚会等消费活动。这当中,文化消费行为是其主动选择的社会活动,能反映其对自身及社会某一领域的认同。

进入新世纪，政府文化服务功能提升，所提供的基层文化服务更加多元，同时互联网手机终端带来了消费形式的转变，使得农民工的文化生活有所升级，主观的文化消费行为更加明显。

因此，在政府为农民工提供的文化消费类型时，不仅要引导他们参与城市文化类型，还要承认文化差异的存在，为他们提供不同形式的文化活动，满足群众多样性需求。提供多种类、多层次的文化消费供给；高雅艺术的普及、市民化，促使农民工从被动地通过乡土文化来适应城市生活，转变为主动地参与到城市社区文化生活中去。

2. 构建城市空间理论框架下的农民工社交网络是带动农民工文化消费的有效途径。

在调查问卷发放过程中遇到很大阻力，表现出网络问卷传播远远慢于纸质问卷。尽管互联网手机终端的使用已经十分普遍，但在农民工的社交网络中互联网并不能完全代替传统的社交网络。正是如此，才反映出农民工与城市是存在隔离的。不仅仅表现在物理空间上，更主要的是网络关系和社会文化心理层面。在文化消费时所选择的伙伴上和社交网络中，农民工绝大多数几乎不会参与到上海本地人的社交网络中，仅一成人表示与上海户籍市民来往最多，八成以上的交往对象依然是外地户籍为主。大多选择与同事、同乡、家人等进行一起文化消费。

社会融入限制了农民工的文化消费升级，但反过来拓展农民工在城市的社交网络以加快社会融入，也是带动其进行文化消费的一条路径。而拓展社交网络最重要的前提除了实现布迪厄所提社会空间的公平，还要在物理空间上农民工与城市其他群体具有平等性。

在列斐伏尔对空间的论述中，认为现代哲学已经把空间定位为一个"精神的场所"，并认为空间是社会关系的映射。① 由于工作时间的原因以及空间使用的限制，许多农民工通过时间差来换取对空间的使用，在空间的使用上他们与普通的上班族可能没有时间上的交叉点，也不可能产生任何"不必要"的交

① Lefebvre. The Production of Space [M]. Wiley-Blackwell,1991. (146).

往。一些文化空间打上城乡二元体制的烙印,在空间上进行区隔。因此,在文化消费时间上,许多农民工选择在夜晚或深夜,甚至没有任何时间参与消费。在这一空间使用模式基础上建立起来的社交网络是单一的、隔离的,阻碍了社会流动,影响了社会融合的进程。

对此,上海社区应该发挥基层组织的优势,鼓励新生代农民工参与社区生活和社区自治,增加他们与本地人的交往和交流机会,增进彼此互相了解和理解。在此基础上,公共文化空间实现低门槛开放,为农民工与其他城市群体提供平等交流的空间。

3. 加强文化心理疏导,提升基层公共文化服务功能。

农民工消费心理的转变是释放农民工文化消费潜力的根本。扭转农民工文化消费观念,让文化消费从生活中的"调味品"向"必需品"转换,从源头上释放文化消费潜力。因此,第一,要引导农民工树立正确的文化观。依托现代媒介等传播载体开展健康文化宣传活动。第二,要缓解现存文化消费中的文化焦虑。文化焦虑是文化矛盾的社会体现,折射出文化认同危机。在中国居民消费转型时期,必须加快建立新的文化消费观、新的行为范导;平衡多元文化冲突,满足进城农民工新的文化价值诉求,使农民工群众敢消费、爱消费。

提升基层公共文化服务功能,打造触手可及的文化消费场所,提供量身打造的个性化文化消费类型。引导培育不同的文化消费群体,根据个体特征,形成多元文化消费结构。如针对高收入农民工群体消费群,提供高档精品的文化消费产品,实施个性化文化消费模式;针对中等和低收入群体,提供大众消费模式。利用"互联网+"提供多样化文化产品的同时,也要拓展文化线上消费,提供多时段文化消费项目供给,使大多数农民工都有机会接触线上文化产品。

政府应该扮演引导文化消费的角色。让高雅艺术的普及化、市民化,拓展高雅文化消费项目的宣传途径,在基层社区提供免费的、身边的高雅消费项目。如定时开展一些免费画展、举办读书阅读活动、全民健身、书法比赛等等,让农民工切身感受文化的魅力。2018 年 1 月 15 日《今日头条》的一篇文章《寻找 Wi-Fi:地铁口"蹭网"农民工走红背后》,来自河南周口的老葛在地铁站

"蹭"免费 Wi-Fi 和家人视频通话。因此，文化消费相关的公共设施例如公共网络等既是目前文化消费形势的短板，也是今后提升农民工文化消费的突破点所在。利用网络这种最便捷的方式去让农民工了解文化消费、参与文化消费。

文化消费作为现阶段经济增长力最大的消费形式，不仅催生经济结构升级，也带动城市空间的合理转型。在此过程中，不同社会群体的文化消费呈现出很大的不同，但反过来文化消费也一定程度上对不同群体产生自然区分。新时代上海城市要想解决文化发展的不平衡不充分、打造高品质生活，就必须重视所有群体的消费升级。农民工由于户籍和原生文化的限制，消极参与城市社会生活是他们文化消费水平受限的重要原因，同时也是解决目前许多城市社会问题的突破口。

三、城 区 实 践

闵行区群众文艺团队参与
基层社会治理的实现路径研究

杨继桢[*]

摘　要　基层群众文艺团队建设作为 2018 年闵行区督查工作的重点,其参与
　　　　基层社会治理工作在理论和实践两个层面均具有创新意义与价值。
　　　　因此,在因兴趣自发形成、组织执行力强、设队长负责人等为特点的
　　　　多样化群文团队基础上,闵行区通过在政府层面搭框架、理基础,建
　　　　平台、顺机制,树典型、做推广等方面的探索,以及在群众文艺团队参
　　　　与并承接社区文化工作、全面参与社区公益活动、加强团队内部建设
　　　　管理、开展创造性转化和创新性发展文艺创作等方面的实践,在群文
　　　　团队参与基层社会治理方面取得了一定的成绩。针对活动经费、现
　　　　状梳理、动态追踪、展示平台、社会认同等方面的问题,未来,闵行区
　　　　群文团队参与基层社会治理应着重在如下方面逐步完善:成立群众

---

* 本文系上海市闵行区 2018 年社会科学课题(第一批)"闵行区群众文艺团队参与基层社会治理的实现路径"(课题编号:G180115)成果之一。杨继桢,上海市闵行区文化广播影视管理局局长。

文艺团队推广联盟、加快群众文体团队区域联动、加强群众文艺团队
建设管理、实现群众文艺团队创新发展以及营造一揽子全方位宣传
氛围等。

关键词 群众文艺团队 基层社会治理 闵行区

引 言

近年来,群众文艺团队呈蓬勃发展之势,参与人群不断扩大,活动内容与
形式也愈发多样,在丰富群众精神文化生活、推进基层文化建设发展等方面发
挥了积极的作用,成为社区里一道靓丽的风景线。从中央到地方,群众性文化
体育活动受到越来越多的关注与支持,群众文艺团队建设作为重要的社会力
量,也成为基层社会治理的一项重要组成部分。在此背景下,2017年的新春伊
始,时任闵行区区委书记赵奇提出,2018年区委将督查包括"深化党建引领下
的社会治理"等的8项重点工作,包括邻里中心建设、网格化管理、市委"1+6"
文件的体制机制基层固化及基层群文团队建设。针对群文团队,赵奇书记特
别指出:"基层群文团队建设继续推进,这既是文化发展,也是基层群众工作的
重要抓手。"

但另一方面,当前的课题研究多聚焦基层社会治理或群众文艺团队建设
的单一内容,鲜有将二者有机结合的研究。而事实上,群众文艺团队作为从群
众中来、到群众中去、开展基层群众工作的有生力量,是构建和谐社会不可忽
视的重要主体,在基层社会治理中具有显著优势,这些优势是政府、文化事业
单位及其他非政府组织无法取代的,具有可行性和必要性。对群众文艺团队
参与基层社会治理进行研究无论从理论上,还是现实层面,均具有创新性。因
此,本文立足于闵行区在相关领域的实践探索,着力对群众文艺团队参与基层
社会治理的实现路径进行研究,以期能够从实践层面为政府相关部门开展基
层治理和群众文艺团队创新发展提供更具参考价值的依据和支撑。

一、研 究 意 义

近年来,闵行区群众文艺团队在呼应需求、补齐短板的逻辑指引下,从活动阵地拓展到活动平台搭建,从团队培训到市民自治,步步踏实,为参与基层社会治理奠定了坚实的基础,具有较大的理论和现实意义。

(一)加强社会主义核心价值体系建设

闵行区在提升全区群众文艺团队素养的基础上,以"党建引领团队、党员凝聚群众、团队推动自治"为目标,发挥团队中的党员、党组织的凝聚力与号召力,并要求各村(居)、街镇党员干部引导群众文艺团队积极参与社区文化活动的组织与管理,为基层自治带来文化正能量,把党建贯穿于群众文艺工作之中,夯实了社会主义核心价值体系建设。

(二)文化体制改革发展的需要

基层群众自治是新世纪以来我国文化体制改革的重要内容和文化建设的重要目标,群众文艺团队参与基层社会治理作为激发基层公共文化的重要举措,闵行区对其中涉及的各种实践问题进行探索和研究,为文化体制改革提供借鉴。

(三)丰富社会治理和公共文化服务体系理论研究

社会力量参与公共文化服务是近年来兴起的领域,其政策与实践活动日益丰富,越来越多的公共文化服务领域,甚至是社会治理等公共服务服务领域都向其敞开了大门,群众文艺团队作为一支重要的社会力量,也正在以更为多元的形式参与到其中,形成了许多实践经验,亟需提炼总结。而闵行区,从群众文艺团队参与基层社会治理的理念树立、党建引领、团队建设、平台搭建、制度保障等角度出发,全面审视当前基层公共文化事业的发展,并尝试结合闵行实际,用适用性的方法和途径,探索符合我国特色的群众文艺团队参与基层社会治理的制度,能够为我国当前社会治理和公共文化服务体系的建设提供理论支持。

（四）为公共文化服务政策完备提供支撑

实践的创新发展需要制度设计研究为其提供支撑，从而更好地指导未来发展。目前,已经出台的《中共闵行区委关于加强党建引领下的基层公共文化服务的指导意见》《群文团队参与社会治理操作手册》等均是相关领域的制度设计研究成果,涉及群文骨干参与社会治理的内容。可以说,本研究从实际问题出发,其成果又用于指导实践,必将为公共文化政策法规体系的进一步完善提供理论依据和实践支撑。

二、闵行区群众文艺团体参与基层 社会治理的现实基础

2016 年 10 月,闵行区文广局对全区群众文体团队建设情况进行新一轮排摸统计。

（一）团队现状

由表 1 可知,闵行全区 14 个街镇(工业区)109 个村、384 个居共有登记在册的群众文体团队 3 228 支(其中文艺团队 1 825 支,80 支区级特色群文团队),全年共参与区各类群文活动达 300 万人次,年均获得国家级、市级群文赛事奖项 70 余次,并通过各媒体宣传报道、各种文体活动提升群众文艺团队骨干的社会影响力,使其成为群众工作的重要抓手,为其参与基层社会治理打下了坚实的基础。

表 1　闵行区群众文体团队梳理表（制表时间：2016 年 10 月）

单　位	村	居	文艺团队	体育团队	团队总数
莘庄工业区	0	10	42	10	52
古美路街道	0	39	180	99	279
江川路街道	0	43	140	96	236

单 位	村	居	文艺团队	体育团队	团队总数
新虹街道	7	12	24	24	48
浦锦街道	7	21	103	78	181
虹桥镇	0	33	105	30	135
浦江镇	31	24	141	96	237
吴泾镇	6	17	65	51	116
马桥镇	8	8	53	53	106
颛桥镇	14	3	137	104	241
梅陇镇	9	53	410	301	711
莘庄镇	2	53	97	188	285
华漕镇	16	13	80	65	145
七宝镇	9	55	248	208	456
总 计	109	384	1 825	1 403	3 228

（二）团队特点

经过多年发展,闵行区群众文艺团队已经具备了以下主要特点:

一是团队因兴趣自发形成、类型多样。闵行区的群众文艺团队大多由群众自发组织,能定期开展文体活动,团队主要类型有沪剧、广场舞、合唱、乒乓球、太极拳等类型。

二是团队组织执行力强。团队成员一般为 15—30 人左右,年龄在 40—65 岁之间,团队参加活动的积极性高,组织性强。如近年来,闵行区依托上海市民文化节,吸引各类社会主体参与,不断开辟群文团队展示平台,"金秋闵行"上海合唱节、"金平之夜"广场文化节等活动平台不但吸引了全区群文团队的参与,也得到了媒体的广泛关注,"闵行大妈"开始唱出了欢乐,跳出了名气。2017 年 1 月,东方卫视元宵晚会导演组找到闵行区文广局,邀请 350 个广场舞阿姨参与元宵晚会的节目录制,由莘庄、吴泾、梅陇、华漕、江川 5 个街镇近 20 个广场舞团队参加节目录制,广场舞团同时又被央视春晚上海分会场的导演组相中参加央视春晚节目录制,展现出闵行区群众文艺团队较高的艺术水准和强大的凝聚力、组织执行力。

三是团队设队长负责人。随着群文团队地发展壮大,群文骨干队伍也逐渐发展起来,群文骨干队伍以群文团队负责人为主体。全区的每支团队中均有 2—3 个组织者(队长),他(她)们擅长组织群众,热心团队建设工作,在团队中拥有较强的组织力和号召力,在社区群众中也有一定影响力。与此同时,很多团队的队长不仅组织水平高、专业技术好,还具备自媒体传播技能,如夏朵居委的广场舞团队,参加活动后都会编辑微信美文,发放朋友圈。2016 年,闵行区委托第三方机构对闵行区群众文体活动基本情况、居民关于社区公共文化服务的满意度、参与度和获得感进行调研,受访居民对文化团队负责人好评率为 99.62%(见图 1)。

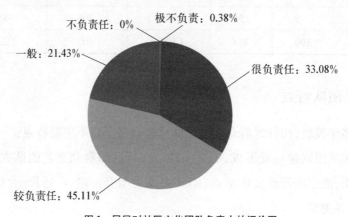

图1　居民对社区文化团队负责人的评价图

被调查群众普遍认为,文化服务团队能够提供令他们满意的文化活动,团体负责人也具有将文体团队管理建设得更好的能力。

三、闵行区群众文艺团队参与基层社会治理的实践探索及依然存在的问题

近年来,随着闵行区群众文艺团队自身的发展及政府对各类群文活动展

示平台的搭建、扶持,群文团队在团队建设、团队展示等方面展现出蓬勃的生机与活力,并在此基础上,发挥群文团队的优势,积极尝试探索其参与基层社会治理的各项工作。

（一）政府层面的探索

根据闵行区委、区府相关工作要求,区文广局以"服务基层、引领示范"为理念,从群众文艺团队建设政策保障、组织架构、平台建设、评优扶持等方面入手,进行了全方位地探索和实践。

1. 搭框架,理基础

2016 年起,闵行区文广局以政策保障为前提,积极构建文艺团队建设网络,为文艺团队参与社会治理打下坚实基础。

（1）解读政策,细化执行

依据《中共闵行区委关于加强党建引领下的基层公共文化服务的指导意见》（闵委发〔2016〕26 号）,制定《文体团队参与社会治理村（居）操作手册》,将基层公共文化服务体系建设与深化党建引领基层社会治理长效工作机制相结合,要求各街镇、各村居加强基层文体团队建设的扶持与投入,对文体团队的扶持资金、场地设施、活动形式、活动频率等方面都作了量化要求,为文体团队的发展、团队骨干的培育提供政策依据。2017 年 4 月—5 月,对全区 14 个镇（街道、工业区）居村书记开展《党建引领下的文体团队参与社会治理工作》专题培训,以各镇（街道、工业区）文体中心为抓手,进一步明确居村文化工作要求。同时,受莘庄工业区、梅陇镇、马桥镇、莘庄镇、新虹街道、浦锦街道、华漕镇的邀请,又组织对该区域内的居村副书记、居村文化干部进行培训,将相关工作要求传达基层操作人员层面,进一步夯实公共文化服务第四级（居村级）网络建设。该培训共计 14 批次,近 2 000 人参加。

（2）党建引领,夯实基础

闵行区要求各村（居）、各街镇党员干部与辖区内文体团队建立对口联系制度,及时了解文体团队发展现状及需求,跟进文体团队建设;鼓励条件成熟的文体团队成立团队党支部、在团队中推进党员报到制度,以"党建引领团队、党员凝聚群众、团队推动自治"为目标,发挥团队中的党员、党组织的凝聚力与号召力;要求各村(居)、街镇党员干部引导文体团队积极参与社区文化活动的组织与管理,为社区自治带来文化正能量,把党建贯穿于文艺工作和群众工作之中。当前,梅陇镇、马桥镇、新虹街道、江川路街道、浦锦街道等街镇已经落实居村干部与文体团队对口联系制度,在辖区内广泛发动文体团队中的党员参与社区相关工作。

2. 建平台,顺机制

区文广局以搭建公共文化服务平台、展示平台为抓手,丰富市民群众文化生活,提升文体团队专业素养,为文体团队参与社会治理明确方向、理顺机制、充实内容。

(1) 搭建服务平台,丰富团队生活

一是推进公共文化资源四级配送工作,为文体团队建设提供丰富的文化资源。2017 年,闵行区文广局进一步延伸公共文化资源配送的触角,将区级文化配送资源(包括文艺演出、文艺导赏、展览展示、特色活动等)送到村(居)层面,第一批区级文化资源配送至四级文化空间占比到了 32%,为基层文体团队享受专业的文化资源提供便利。二是推进文化条线业务干部下基层服务,为文体团队量身定制服务菜单。要求区群艺馆业务干部开展对口联系街镇工作,每位干部对口联系 1—2 个街镇,定期开展走访调研、业务指导工作,鼓励业务干部与街镇文体团队结对子,为团队量身定制服务菜单。

(2) 搭建展示平台,提升专业素养

一是搭建各类文体团队展示平台,提升团队专业素养。根据文体团队展示需求,区文广局积极搭建各类群文展示平台,区级层面有上海合唱节、浦江沪剧节、"金平之夜"广场文化节、"金秋闵行"市民文化节、"激情闵行"巡演、"文化春雨邻里行"等品牌文化活动;镇级层面有"一镇一品"活动平台,如虹桥"百姓秀"、"风从古美来"等;村(居)层面要求各村(居)委至少打造 3 个文体活动平台,活动覆盖每周 1 次。让文体团队及其骨干在各类平台展示中得到锻炼提升,也增强团队的社区亲和力、感染力与吸引力,提高团队骨干社区影响力。

二是引导优秀的群众文体团队参与重大活动的组织工作,提升团队管理策划能力。如闵行区市民文化广场管理协会自 2015 年成立以来,在相关部门的指导下,已成功主办两届区级广场舞大赛、"金平之夜"广场文化节等活动;上海合唱艺术中心汇集全区优秀合唱团队,积极参与第五届上海合唱节、第六届上海合唱节的组织工作,依托中心丰富的专家资源库及合唱节平台,全面提升闵行合唱团队的专业水准和组织能力。

3. 树典型,做推广

文体团队多由群众自发组成,社区文艺爱好者因着同一个爱好走到一起,开展活动、自娱自乐,这种原生性决定了大部分的文体团队有着较好的"自治基础","管好自己的队伍,守好自己的摊子"是优秀文体团队的立足之本,几乎每个文体骨干都有一套自己的管理心得。闵行区文广局根据团队"原生性"的特点,在推进文体团队参与社会治理工作中,在搭框架、理基础,建平台、顺机制的基础上,更注重优秀团队典型案例的挖掘与提炼,推广优秀做法,实现从文体团队参与社会治理"应知应会"到文体团队参与社会治理"百家争鸣"的转变。

(二)群众文艺团队层面的实践

六年来,闵行区的群众文艺团队建设工作是在不断呼应需求、补齐短板的逻辑指引下顺势展开的,从活动阵地拓展到活动平台搭建,从团队培训到市民自治,依次走来,步步踏实,在区文广局及各街镇文体中心的引导下,群众文艺团队参与社区的活动日益频繁,并极大地推动了团队本身的地位与发展,也为进一步引导他们参与社会治理奠定了坚实的基础。

1. 参与并承接社区文化工作

闵行全区的文化工作者以解决市民参与度感受度为工作龙头,改变作风,下沉服务,以群文骨干为抓手,有效提升了文艺团队的素养与能力。如莘庄工业区文体团队联合成立文体团队服务中心,在群文骨干的积极参与下,各群文团队主动承接工业区各类群团的登记、活动信息报道、场地使用调度、文体推广项目培训展示等工作,进一步提升工业区公共文化服务管理效能;又比如依托闵行区社区广场舞大赛等重要节庆活动,引导条件成熟的群文团队骨干带领团队积极参与社区、街镇文艺演出、文艺策划及指导等活动,丰富社区文艺生活。各种做法极大地增强了更多群文团队主动参与社区工作的积极性,增强了团队的服务力、凝聚力与号召力。

2. 全面参与社区公益活动

闵行区群众文艺团队借助团队中的群文骨干在社会上的影响力,积极组织参与包括拆违建教育、创全活动、安全警示教育、爱国卫生、助残养老活动等各类公益活动,并由此吸引更多的群众走出家门参与社区文化氛围营造,有力地推动了全民素养提升。

3. 加强团队内部建设管理

为进一步提升群众文艺团队水平,促进群众文艺团队建设发展,积极支持并配合当地党委、政府开展的各项工作,全区各群文团队不断加强其团队的内部管理工作,不断提高对团队队员的各项要求。如发挥团队中党员模范带头作用、要求每个队员必须配合街镇社区治理工作(如创全、拆违建工作),当前的江川路街道已成立 53 个群众性团队党支部,全区 40 个文化类社会组织临时党组织的建设工作也在有序推进中。

4. 开展创造性转化和创新性发展的文艺创作

不少群众文艺团队根据身边发生的故事,创作了一些反映当前社区治理中难点问题的原创作品,并将这些特色鲜明、神接地气、传递正能量、群众喜闻乐见的作品在社区进行展演,在推动全区群众精神文化生活不断迈上新台阶的同时,有效地发挥了群众文艺对社区治理中以文化人、以文育人的正能量作用。

(三)存在的瓶颈及问题

无论是团队建设数量,还是团队发展质量,闵行区群众文体团队在整个上海市乃至全国都小有名气。但总体而言,闵行区的群众文艺团队建设依然存在若干问题,阻碍了团队参与基层社会治理工作。

一是活动经费不能满足需求。群众文艺团队的活动经费主要是指团队建设所需的服装、道具、培训等费用,而闵行区的区级、镇级团队扶持资金只能覆盖全区 20%的团队,其他团队建设经费以自筹为主,活动经费不足现象依然显著。

二是系统梳理缺乏。目前,闵行区的村(居)基层群文团队工作还主要是围绕重大节庆、节日来展开活动,偶尔也会会有一些临时性的群团文化活动,具有较大的随意性,全年工作缺乏系统性安排。

三是动态追踪缺失。全区尚未建立起对各类群众文艺团队的更新、团队需求、文体活动的开展的实时追踪,对相关情况掌握的及时性不够,不利于群众文艺团队对基层社会治理工作的参与。

四是展示平台有限。由于 3 228 支群众文体团队的水平有高下、内容有不同,且社会影响、面临的机遇也各有差异,各团队参加区级、市级活动的机会比较有限,更别提参与中央的文化活动、上春晚。但另一方面,各文艺团队都有着上台展示的憧憬和愿望,这就需要政府为其搭建更多的平台,扶持其发展壮大。

五是广泛认同感缺少。群众文艺团队在社会上的普遍印象是自娱自乐的吹拉弹唱,但事实上,随着当前很多团队的创新发展、提升,不少高水平的群众文艺团队开始在文艺舞台上崭露头角。多数的群众文艺团队都希望有更多的人不仅能认同他们"业余水准也有专业范儿"的努力,还希望团队能塑造更为良好的形象,使得到家人及社会对于他们奉献社会、服务他人的方式得到广泛认同,在激发团队成员更大热情的同时,也证明他们自己更大的社会价值。

四、进一步完善群众文艺团队参与基层社会治理"闵行模式"的路径研究

在闵行区群众文艺团队参与基层社会治理的良好基础上,针对当前存在的瓶颈问题,借鉴国内外社会治理的成功经验,从队伍建设发展、平台拓展完善、奖惩评价和权益保障、良好氛围营造等维度着手,探索一条可持续的良性发展路径,最终形成可借鉴、能推广的先行先试成功典范。

（一）全面协调,成立群众文艺团队推广联盟

建立旨在"集聚文艺力量,倡导素养提升,构建和谐社会"的闵行区群众文艺团队推广联盟,是进一步推动闵行区群众文艺团队全面繁荣发展的重要方式,是闵行区群众文艺团队充分展示、参与基层社会发展的综合性大平台。联盟由闵行区文化广播电视管理局、14个街镇(工业区)及部分较大规模群众文艺团队共同发起倡建,为闵行区驻地范围内的街镇(工业区)、村(居)、优秀企事业单位和优秀群众文艺团队牵线搭桥。

闵行区群众文艺团队推广联盟通过沟通协调,积极联合全区所辖基层的优质企事业单位,以"联盟"为纽带,以文体活动为主要阵地,在争取企事业单位最大程度让利给群众文艺团队的基础上,一方面,多方面扩展资金资助渠道,对于申请加入联盟的群众文体团队,但凡加入联盟的团队,均可自创作品参加联盟组织的比赛与展演,在促进群众文艺团队的技能交流的同时,获奖团体还可获得不同程度的奖励,全面助力群众文化活动的开展;另一方面,通过定期组织、策划相应的展演、比赛等,增强公众对群众文化的参与度,加强群众文艺团队对基层社会更多的了解与认知,共同打造闵行群众文化与基层社会治理的全新品牌。

（二）制度为先,加快群众文体团队区域联动

作为一种文化交流样式,在闵行区现有的群众文体团队活动基础上,用制度化形式,将"以整合辖区文化资源为手段、以群众文体互访交流展演为方式、以促进社会和谐为目标"的群众文体团队区域联动活动固化下来,通过研究制定《闵行区群众文体团队区域联动实施方案》,有效整合优质的文体资源在使闵行区基层群众受益的同时,搭建起闵行全区与上海全市、长三角地区乃至全国其他兄弟地市之间的文化交流互惠新平台,吸纳周边区域更多的优秀群众文艺人才参与其中,使得闵行区传统的群众文体团队建设更有组织、有规模、有发展,为闵行区的地域文化注入更多新内涵。

开展区域文化联动必然会与社会多部门产生联系、发生合作,应在《闵行

区群众文体团队区域联动实施方案》中明确各利益相关方的履职责任,除文化、体育、宣传部门的共同主办外,还明确劳动社会保障、卫生、计生、司法等部分在区域联动中的职责,密切群众文体团队与基层社会治理相关各方的联系,也为群众文艺团队参与基层社会治理提供了更多机会、更大平台。

(三)细化标准,加强群众文艺团队建设管理

为进一步鼓励和规范闵行区群众文艺团队参与基层社会治理的行为,为使闵行区基层社会治理更有成效、有作用,必须建立一整套标准体系。

1. 团队建设标准

区级登记注册或备案的群众文艺团队,其成员应不少于 30 人,有稳定的团队负责人(即队长),有一套完整的内部管理制度,能够常年开展文化活动,每年开展公益性文化活动服务不少于 12 次。街镇级登记注册或备案的群众文艺团队,其成员应不少于 15 人,有稳定的团队负责人(即队长),有一套完整的内部管理制度,每年由所在街(镇)文化中心负责指导协调的公益性文化服务活动不少于 6 次;村(居)级等级注册或备案的群众文艺团队,其成员应不少于 10 人,有稳定的团队负责人(即队长),有一套完整的内部管理制度,每年参与各级各类公益性文化服务活动不少于 3 次。

其中,对规模较大、有较强能力的群众文艺团队,鼓励其到民政部门正式登记为民办非营利组织,并且支持其逐步发展成为有品牌有影响力的社会文化组织;对群众自发,具有鲜明"自我表现、自我教育、自我服务"特征的群众文艺团队,则实行区文广局"备案制",由街(镇)文化中心负责协调和帮助本辖区内各类群众文艺团队做好登记报备工作,在消除群众文艺团队的进入门槛的同时,将其纳入政府扶持视野。

2. 团队管理标准

为更好地加强群众文艺团队的建设发展,要求各团队应结合全区工作并立足自身实际,制定包括服务宗旨、团队机构组成与职责、重大事项决议、团员准入与考核、奖惩、财务管理审批等基本制度在内的团队管理标准,从而更加充分地发挥团队成员的积极性,更高效低提升团队执行力,为群众文艺团队参

与基层社会治理提供基本的管理制度保障。

3. 团队培训标准

闵行区文化馆应当负责统筹全区基层群众文化团队的培训工作。其中,区文化馆对全区在民政部门正式登记的群众文艺团队负责人(即队长)开展集中培训,每年不少于 2 期,全年培训时间不少于 4 天;街(镇)文化中心对本辖区内群众自发性的群众文艺团队负责人(或召集人)开展集中培训,每年不少于 2 期,全年培训时间不少于 4 天。

其中,依据《群众文体团队参与社会治理街镇操作办法》《群众文体团队参与社会治理村(居)操作办法》,培训内容应包括团队党员骨干的党建培训、团队专业骨干的组织管理培训、普通团员的专业业务培训等,为群文团队参与基层治理提供意识形态领域的思想政治保障。

4. 团队评估标准

开展全区特色群文团队评比的星级评定制度,研究制定《闵行区群众文体团队星级评定办法》,对各类基层群众文化团队进行区级、街(镇)级、村(居)级的统一评审认定,对符合相应星级条件的基层群众文体团队,由所在区、街(镇)、村(居)相关部门授予星级称号,并对优秀群众文体团队给予一定的奖励扶持:每年评选 50—60 支特色群文团队,用以奖代补的形式扶持团队发展;每年评选 50 个群文团队治理工作先进基层单位,用以奖代补的形式扶持群文团队参与基层社会治理。

(四) 数字手段,实现群众文艺团队创新发展

利用全区的数字文化云平台,建立覆盖全区范围统一的、实时动态的基层群众文体团队的综合管理服务子系统,在彻底摸排全区群众文体团队状况的基础上,建立健全基层群众文体团队管理信息台账制度、信息报送制度、星级评定制度和奖惩制度等,实行实时追踪、动态管理。街(镇)文化中心依托区平台系统,加强对本辖区群众文体团队的日常管理服务,群众文体团队取得的重要成果和奖项应在统一管理服务子系统上进行公示,从激发群文团队不断创新发展。

（五）聚合媒体，营造一揽子全方位宣传氛围

进一步推动群众文艺团队的宣传推广，更好地发挥全媒体的影响力，加大社会对群文团队的认知度和认可度，增强群文团队对基层社会治理的参与度。通过各种多媒体手段进行一揽子宣传，宣传推广的具体内容包括：在当地纸媒上，设立每周1期的群文建设专栏，提供社会了解群众文体活动、群众文化能人及群众文艺团队的平台；在地方电台和电视台上，每周播出10分钟群文团队介绍专题节目；在闵行区门户网站上设置群文建设频道，每两周更新1次；在闵行区的城乡车站、商场、广场等人流密集点投放群文建设公益广告屏。

淮海中路街道公共文化服务效能提升研究

金韶靖　刘　恕*

摘　要　本文从淮海中路的历史背景和发展现状出发,详尽地介绍了淮海中路街道提升公共文化服务效能的一系列做法。如优化公共文化设施空间布局,助力老城区功能转型;创新公共文化服务,提升服务品质;鼓励社会力量参与,引导公共文化服务多元化发展;培育文化品牌,彰显地域特色等。同时,本文还针对进一步提升公共文化服务效能提出了主要路径和对策建议。例如凝聚统筹辖区各类资源,拓展完善"一体多翼"的 10 分钟公共文化服务圈;充实文化服务内涵与覆盖范围;全力打造淮海文化品牌;合力构建淮海文化综合商圈;打造新时期具有"书香淮海"特色的全民阅读体系等。

关键词　淮海中路　公共文化设施　文化品牌　社会力量　阅读

淮海中路街道位于黄浦区,是中国共产党"一大会址"所在地。辖区东起西藏南路,西至重庆南路,南起建国东路,北至金陵东路,地域总面积 1.41 平方公里。街道辖区内分布着企业天地、金钟广场等 20 多栋沪上顶级商务楼宇,拥有 100 多万平方米的商业面积,14 家跨国地区总部,2 600 多家企业,以及上海最著名的时尚地标——"新天地",是商业商务集聚地、时尚生活休闲地和海派文化展示地;同时这里又有各种类型的居民住宅小区,包括旧式弄堂 20 多万平方米,里弄中还有两千多户居民在使用马桶。淮海中路街道实际居住人口不到 5 万,而工作在商务楼宇中的企业白领已接近 10 万。无论在经济方

---

* 金韶靖,上海市黄浦区淮海中路街道办事处党工委书记;刘恕,上海市黄浦区淮海中路街道办事处主任。

面还是社会阶层方面,淮海中路街道都体现出明显的二元结构。不同工作、生活群体所呈现出的多层次、多样化的文化需求,对街道开展社区公共文化服务,不断提出更高的要求。淮海中路街道努力加强文化的活化功能,在社区公共文化建设中推行"文化共创"和"生活共享",激活社会各方力量,整合各级各类资源,打造精神物质双丰收的幸福淮海家园。

一、淮海中路街道提升公共文化服务效能的做法与成效

近年来,淮海中路街道针对辖区"二元结构"发展不平衡、新形势下协调推进风貌保护、环境综合治理任务艰巨等问题,首先坚持"问题意识"——立足居民区和商务楼宇,深入了解各个群体的实际需求,及时发现问题,找出"短板",努力寻找解决问题的有效途径;同时坚持创新驱动的原则——以创新推动发展,以创新谋求未来,适应社区发展新形势、新要求和群众的新关切,以文化"润物细无声"的力量,提升社区活力。

(一)优化公共文化设施空间布局,助力老城区功能转型

党的十九大报告指出,"文化是一个国家、一个民族的灵魂。文化兴国运兴,文化强民族强。"在充分尊重辖区文化底蕴的前提下,淮海中路街道加强文化的活化功能,在公共文化服务体系建设中推行"文化共创"和"生活共享",激活社会各方力量,整合各级各类资源,以人与人的体验、交流为中心,全方位、多元化地服务辖区内各年龄层人群,做到文化服务全覆盖,提高群众文化获得感和满足感,坚定基层群众的文化自信。

1. 改造升级街道现有公共文化设施

淮海中路社区文化活动中心(以下简称"中心")位于黄浦区马当路349号,建筑面积3 583平方米,其中室内面积3 069平方米,屋顶运动场514平方米。中心自2006年2月正式对外开放以来,按照"政府主导、社会支持、各方参与、群众受益"的原则,秉承"幸福淮海 文化惠民"的服务理念,先后推出多

项好活动，好服务，服务人群覆盖率不断拓展。

经过十多年的运转，淮海社区的人口规模、结构和分布等都发生了较大变化，工作人口远远高于实际居住人口，居民老龄化与白领年轻化并存，文化需求呈现多样化的特点，但中心整体环境设施逐渐老化，无法满足社区居民正常使用需求。2016年，淮海中路街道从提升中心文化功能的高度出发，对中心的硬件设施、软件服务等方面进行了全新的改造升级，将一些不符合群众新需求的项目和功能调整出来，置换进一些深受社区居民和白领欢迎的新项目。从功能设置上，文化活动中心原有服务项目27项，改造后，继续保留优化23项，取消4项，新增17项，共计40项。从人员配置上，优化人员结构，新聘了懂专业、善策划的年轻人。从管理上，活动中心梳理完善了8项工作职责、31项工作制度和工作流程，并引进"第三方专业效能评估机制"，加强对中心全委托后的规范化监督管理。改造前，中心的工作侧重于文化服务项目数量的拓展；改造后，根据市、区文化部门的要求和群众的需求，中心一方面不断拓宽文化服务覆盖面，从原来主要服务好社区老人，向商务楼宇白领、驻区单位、辖区学校拓展；另一方面着重打造优质品牌、亮点品牌，将工作重点转移至文化品牌质量。

2. 公共文化设施进入商务楼宇

在全球范围内，城市的转型升级正出现一种新的趋势——强调商务核心功能和高开发强度的CBD（中央商务区）概念正逐渐被重视功能融合、空间范围更大的CAZ（中央活动区）概念所取代。从"CBD"到"CAZ"，意味着空间布局和功能的重构。能够使城市中心地区充满活力，满足新的经济活动和新的生活方式的CAZ模式更契合当今时代和人文的发展，CAZ在继承CBD商业、商务等主要功能的同时，更适应城市发展的需求，更突出功能的多样性，更重视活力要素与提升空间环境品质。CAZ有丰富的功能、足够的密度、适宜的尺度，具有开放、多元、混合等包容性特征，孕育着城市活力的创新基因。

在中国新一轮城市化浪潮中，城市规划呈现出转型升级、功能融合，人文、生态、特色凸显等鲜明特点。在《上海市城市总体规划（2016—2040）》中提出了"全球城市"发展定位和CAZ规划设想等核心理念，CAZ规划不仅融合了中央商务区、中心商业区、休闲娱乐区等功能,而且更加突出人的体验和活动。文化设施进商圈、进商务楼宇的实质,就是从公共文化建设领域,着手从传统 CBD 向 CAZ 转型。

黄浦区在上海"四个中心"建设和卓越全球城市格局中占据核心地位,在上海创新驱动、转型发展中发挥着引领作用。位于黄浦区核心地段的淮海中路街道从空间布局、功能设置、街区样态、内涵发展等方面已经蕴涵了 CAZ 的诸多要素,在新型城市规划理念下,完全可以实现从 CBD 到 CAZ 的转型发展。为了重新焕发老城中心区的活力,近年来淮海中路街道率先探索了文化设施进入商务楼宇。

2016 年,淮海中路社区文化活动中心整合社区学校、社区体育俱乐部、百姓健身房等资源,先后引入上海戏剧学院附属戏曲学院、上海农工民主党等社会力量,初步形成以文化活动中心为主体,以 K11、湖滨道、香港广场、大上海时代广场为辅的"一体四翼"的白领文化服务网点,社区文化服务转型初现。目前线下已形成"1+24+9"公共文化服务阵地,即以社区文化活动中心为主体,24 个多功能综合公共文化空间、9 个白领移动课堂为辅的"一体多翼"的10 分钟公共文化服务圈。线上多点布局,街道运用市、区文化云,街道 APP、公众号等互联网+宣传手段,开通"文化直播间",进一步拓展了配送空间,不断扩大公共文化活动参与度和受益面。

淮海中路街道在香港广场三楼天桥设立传统文化巡展,策划桃花坞年画、御制耕织图、里弄连环画、金山农民画等展览展示,全天免费向公众开放;在企业天地和金钟 WE+社区先行建立了"淮海+"服务站;与金钟 WE+联合办公空间合作,在楼宇内部设立了淮海白领健身点。文化设施"进商圈"更加凸显了以"人"为中心的价值导向,表现为从居住者、就业者到活动者的参与和文化体验;更加强调通过经济、社会、文化活动等综合的公共空间营造实现街区功能拓展及融合,转变相对单一的"两防"工作(防流失、防金融风险)为打造更富吸引力的健康开放、规范有序、充满活力的综合营商环境、工作生活环境、人文文化环境。通过进入商业楼宇的文体设施,不仅拓展了服务网络,更凝聚了一批热心社区活动的白领人士,为下一步开展工作提供了有效的支撑。

（二）创新公共文化服务，提升服务品质

1. 完善四级配送体系

淮海中路街道努力加强与市、区、街道、居委（楼宇）的四级联动，既要把上级部门配送的资源用好，也要把辖区的资源统筹好。

一是加强街道与市、区两级部门的联动，用好上级部门配送的文化资源。每年初，市群艺馆组织的公共文化配送展示，对基层都是一个很好的学习机会。2018年区级公共文化资源配送的10个项目已经下达到街道，并于6月底前组织完成。

二是依托区域化党建平台、淮海+智库、社区文化发展专委会等资源，积极联系共建单位、两新组织、名家工作室等力量，不断充实街道文化服务实力。2016年街道与上海市戏剧家协会、上海戏剧学院戏曲学院签订了共建协议，与非遗传承人詹美燕、画家赵春等共建"淮海名家工作室"，共同推进"剧开心·白领戏聚会"、"曲苑天地"、"塈金彩塑"、"春尚e课"、"偶遇淮海"等文化品牌建设。

淮海中路街道重点做好公共文化配送"三级向四级延伸"，不断提升公共文化配送的针对性、有效性，在辖区内实现了"1+24+9"文化配送布局布点工作，做实"你提文化需求，我送专业服务"的工作理念，着力推进居委综合文化活动室、楼宇文化活动点建设，按基层实际需求配送文化活动。

在社区文化活动中心的支持协助下，图书馆的"送图书，下基层"活动顺利开展，向20个居委定时定点收到配送图书，让更多居民可以就近阅读最新、最想看的书刊杂志。

淮海中路街道还在辖区做好公共文化配送"四级延伸"工作，开展"五送服务"，即通过"送图书、送演出、送服务、送讲座、送辅导"，慰问社区居住的老人、商务楼宇内的白领员工。"五送服务"在辖区设立20个服务点，每年向每个服务点配送文艺活动不少于1场，各类书报服务不少于12次，书报种类不少于1 200本，各类辅导、讲座、服务不少于90次。截至2018年，"五送服务"已经辐射到整个社区，打通了公共文化服务的最后一公里。

2. 开展文化需求调研

2016 年,淮海中路街道通过集中走访楼宇和重点企业,发放调查问卷,召开楼宇负责人联席会议、重点企业家座谈会等形式,启动了淮海中路楼宇需求调查。截止到 2016 年 4 月底,共采集 300 多家企业 1 200 多份有效问卷。问卷结果显示,五成多的白领对参与文化活动热情很高,非常欢迎"文化进楼宇"。而最受白领人士欢迎的文化活动依次为舞蹈、陶艺、非遗文化知识学习、古典音乐赏析、歌舞剧赏析。针对白领人士的上述文化需求,淮海中路街道策划了"白领午间课堂"系列活动,受到白领人士热烈追捧。

2017 年底,淮海中路街道启动新一轮公共文化需求大调研工作。通过走访,发现社区居民对白领午间课堂活动有极大兴趣,而白领人士对刺绣、滑稽戏等社区文化活动也跃跃欲试。在调研的基础上,淮海中路街道开始探索在社区居民和白领阶层的文化需求之间寻找结合点。2018 年初,淮海中路街道推出"漫步·淮海"系列文化活动,通过对调研中了解到的本地区不同阶层的文化需求进行分析,确定了阅读、展览、赛事、非遗手工制作等四大类 17 项近百场活动,覆盖辖区 16 个居委、20 栋主要商务楼宇。

淮海中路街道正持续开展制度化、常态化的公共文化需求调研,还特别针对白领人士开通了线上调研,并将根据调研结果,时刻了解辖区内各阶层人士不断变化的文化需求意向,加强文化供给侧改革,增强专业化托管效能,及时更新、调整、丰富服务内容,落实开展惠民、为民、乐民的文化服务项目,为社区居民、企业白领提供精准服务,以优秀的文化产品和服务宣传上海、宣传黄浦、宣传淮海,推动区域经济社会全面发展。

3. 促进文化服务供需无缝对接

在文化服务进入商圈,创建商务楼宇社区的同时,淮海中路街道提出建设"虚拟社区"的概念,彻底打破地域和时间限制,运用"互联网+",通过街道APP、微信公众号、微信群等信息化手段将日常分散在各个地区、楼宇和企业的白领,通过各类活动,有效地连接起来,打通线上和线下的沟通渠道。政策发布和日常活动通过公众号和微信群得以有效传播,楼宇、企业、企业家、白领等不同群体的诉求都有相应的反馈渠道和解决路径。

淮海中路街道还主动对接市、区两级文化部门提供的"上海市文化云"、"黄浦文化云",以及淮海中路街道 APP 及公众号、文化活动中心官方微博、微信等"互联网+"数字化平台,坚持开放共享理念,实现文化服务"线上线下零距离,精心服务全天候",不断提升文化活动的知晓率、参与率,促进公共文化服务供给与需求的无缝对接,提高文化服务的辐射面和影响力,培育社区的文化认同感。

(三)鼓励社会力量参与,引导公共文化服务多元化发展

1. 整合多方力量共建共享

淮海中路街道在推进商务楼宇社区建设的过程中,从资源共享、优势互补、服务双向、共建双赢的原则出发,先后与瑞安广场、金钟广场等 8 个楼宇签署了共建协议,在文明城区创建、旧区改造、重大项目建设、历史建筑风貌保护、生态环境综合整治等方面达成共识。

针对企业和白领人士文化需求,淮海中路街道加强内部资源整合,积极引进社会专业力量,弥补文化服务的不足。依托华师大出版社、K11 美术馆、言几又书店等专业力量,先后启动"书香淮海·智慧人生"读书会 27 场,辖区400 多人次参与活动,其中迈克尔·杰克逊 7 周年纪念活动暨诗集分享会深受白领欢迎,得到新华社等多家媒体报道。

2017 年 12 月,淮海中路街道与上海市戏剧家协会、上海市戏曲学院举行共建签约仪式,借助市剧协、戏曲学院等专业力量,三方共建"幸福淮海·文化家园",签约活动既是"优势互补、资源共享、互惠互赢、共同发展"的成果,也是深化文化产品和服务供给侧结构性改革,继承和发扬中华民族优秀传统文化,满足人民群众美好生活需要的又一举措,为上海"文化走基层,服务进社区"创新了思路。

2. 探索公共文化设施委托管理模式

2008 年,淮海中路街道按照市、区两级政府关于全面推进社区文化活动中心社会化、专业化管理要求,正式将社区文化活动中心委托非遗传承人韩婷婷进行专业化管理。在文化品牌打造方面,韩婷婷凭借戏曲类国家一级演员的

专业优势,突出了文化中心戏曲亮点,先后创建了"幸福淮海周周演"、"清韵书苑"、"遗风馀韵·非遗文化进社区"、"世博会·中国戏曲文化体验日"等特色品牌。在管理方面,创新了社区文化工作思路,通过"引入名家、创新品牌、输出资源"等手段,将文化活动中心打造成黄浦区先进文化活动中心,既满足原住居民的文化需求,也服务于周边商务楼宇中的白领人士,取得了优异成绩,共获得市级奖项 68 项,区级奖项 49 项。自 2015 年统计媒体报道数以来,年平均媒体报道 144 条,区级媒体报道年均 30 余条,市级媒体报道年均 110 余条,国家级媒体报道年均 3 条。

文化总在"活动"中。街道公共文化服务体系建设以社区文化活动中心为主阵地,通过社会化和专业化的运营和管理,实现了文化活动从物理空间到内容创作到参与体验的全面拓展,极大提升了社区公共文化服务效能。

3. 引入名家参与公共文化服务

2017 年 12 月,淮海中路社区文化活动中心引入赵春先生、詹美燕女士、秦峰先生,设立戏曲、油画、非遗手工三个"淮海名家工作室",并要求每个名家工作室每年组织开展展览、展演活动 1 次以上;开展文化交流活动 1 次以上;每周为社区群众、白领、驻区单位等免费授课 1 次以上;并由文艺名家负责为文化活动中心免费培育群众文化团队,且入驻一年后,所培育团队可参与区、市比赛并获奖 1 次以上。淮海中路社区文化活动中心充分利用"名家工作室"这一平台,共同推进"剧开心·白领戏聚会"、"曲苑天地"、"塈金彩塑"、"春尚 e 课"、"偶遇淮海"等五大文化品牌建设,为辖区社区居民、企业白领和中小学生提供更优质的文化服务,打造精品文化项目,提高社区文化软实力。

除引进名家工作室以外,淮海中路社区文化活动中心还先后邀请大批文艺界知名人士参与文化服务,如戏曲名家茅善玉、潘寅林、秦建国、陈甦萍、高博文等沪上戏曲、曲艺名家到中心献艺;上海昆剧团国家一级演员、戏曲梅花奖得主沈昳丽做客领展企业广场,推出《昆曲是有美感的生活方式》主题讲座;海派剪纸名师孙继海,运用传统民间艺术表现手法,向写字楼中的白领人士传授具有民俗风格的现代剪纸;苏州桃花坞年画工作室的艺术家荞麦在香港广场为白领展示了传统木板套印工艺,现场指导白领人士制作传统年画;荞麦还走访了孝和居委会,与20多位平均年龄达到85岁的社区居民分享桃花坞年画的历史传承。

4. 联合社会组织共同发展

淮海中路街道地处上海市中心,商业发达,文化繁荣,各种文化现象交织,是海派文化气质的浓缩代表。有别于传统居民,目前辖区的职业人群呈现"三多"特点:高学历人才多、创业创新人才多、新上海人多。面对职业群体文化需求个性化、高端化、多样化的特征,街道自身的力量显得捉襟见肘。为此,淮海中路街道与各类社会组织开展广泛的合作,催生出一批高质量的文化服务项目,如街道与瑞安房地产合作,启动白领剪纸午间课堂;与卓维700合作,启动白领陶艺周末课堂;与春美术馆合作,启动白领油画晚间课堂。同时,部分企业也主动走进居民区,服务百姓。中银保险、雄狮旅行社、膳魔师、楷亚锐衡等辖区企业,结合自身特点参与社区服务,如雄狮旅行社作为台湾省最大的旅行社,结合辖区老年居民多的特点,专门设计了防范旅游风险的讲座,深受居民欢迎。

文化服务进入商务楼宇的核心,是在传统行政力量相对薄弱,社区陌生化、流动性极高的区域,通过文化项目引导人和人之间的有效沟通和联系。引导企业白领参与文化活动,不是简单的发动群众,而是以政府购买,项目运作的方式,激活社会组织的活力,引导企业反哺社区,激发白领"服务社区即是服务自己"的意识,推动社区治理多元化,打造社区治理人人有责,人人尽责的命运共同体,增强社区凝聚力。

5. 培养本地文艺人才

淮海中路街道积极挖掘百姓身边的文化人才。辖区内很多老人年轻时在单位就是文化达人,也愿意为社区做出奉献,目前街道在居民区已经推荐了4位民间文化达人,共同参与街道的文化服务。

淮海中路社区文化活动中心重视文艺团队建设,以培育戏曲类团队为主,邀请名家名校作对口辅导。文化活动中心为文艺团队提供排练及活动场地,并在辅导和节目创排上提供一定的资金保障,力求使团队年轻化,新颖化。在团队管理方面,中心建立统一有效的管理制度,与活动团队签订管理协议,按照严格的团队审核制度划分团队等级,使团队更加规范化,促进团队可持续发展。

淮海中路社区文化活动中心团队建设取得积极进展,中心组织的社区海燕合唱队、姐妹花舞蹈队,创排群文节目,参与上海黄浦区社区科普文艺汇演活动,获得优异成绩;中心"戏曲玩偶"手工制作团队参加 2017 市民文化节"创客大赛",入围上海市总决赛。

(四)培育文化品牌,彰显地域特色

1. 打造特色文化品牌

红色文化传承　淮海中路街道作为"中共一大会址"所在地,是"红色源头一平方公里"的中心区域。淮海中路秉承社区特有的红色文化底蕴,聆听时代声音,倡导讲品位、讲格调、讲责任,坚持正确舆论导向,积极培育和践行社会主义核心价值观。

近年来,淮海中路街道着手对辖区内历史建筑、历史人物、历史故事进行梳理,出版相关图书,尽最大可能挖掘蕴藏在革命场馆、历史街区中的红色基因,助力辖区文化底蕴的保护,历史文脉的传承,用人文精神重温时代经典,传承红色记忆,感悟传统文化魅力,共建幸福淮海家园。目前图书已完成基本架构、文字编辑和图片整理,有望在 2018 年付梓。

白领午间课堂　淮海中路地处上海最繁华的商业区,针对白领阶层的文化需求,街道于 2016 年 6 月 8 日启动了"白领午间课堂",服务于辖区内 20 个主要商务楼宇内的白领员工。该项目与辖区内的商务楼宇合作,以非遗义化之舟为核心,逐步形成政策解读、非遗手工、时尚生活、读书会等四大类课程,包含剪纸、陶艺、油画、读书会等活动,2016 年共组织各类活动 147 场,5 300 多人次直接参与,近三万人次参与互动,不仅凝聚了人气,丰富了白领生活,而且为街道与楼宇、企业的合作探索出一条多方共赢的新模式。这一文化品牌被评为 2016 年上海市公共文化创新项目。

漫步·淮海　2018 年,淮海中路推出全新的公共文化服务品牌"漫步·淮海",这是"白领午间课堂"的升级和拓展。街道根据公共文化需求调研结果,以"1+2+4+12"模式,即每年出版一本书,组织两场体育赛事,举办春夏秋冬四季展览,策划 12 类若干场次非遗手工课堂活动,按照一年四季十二个月

设计文化活动内容，集体验、学习、分享、展示等服务手段于一体，满足社区居民和城市白领多样化的文化需求。"漫步·淮海"系列文化活动通过文化云、街道及相关活动方的公众号进行信息发布，吸引了上至高龄老人，下至学龄前儿童报名参与活动，受众面已经扩展到全上海。

2. 支持原有品牌向精品化发展

文化品牌的营造，既是策划者认识、实践、完善的过程，更是群众认知、接纳、欣赏的过程。近年来，淮海中路街道人口构成呈现出新的特点，社区服务对象从以原住居民为主，以中老年人为主，转变为以青年从业者（白领）和少儿为主，兼顾老年居民；文化服务的形式，从以文艺娱乐为主，转变为以文化创作、鉴赏、学习、体验、体育健身为主。结合上述变化，淮海中路社区文化活动中心突出戏曲亮点，分别策划适合社区居民、楼宇白领及未成年人的专属戏曲品牌，将中心打造成具有戏曲特色的上海知名文化活动中心。

淮海中路社区文化活动中心获得黄浦区公益性文化专项资金资助，推出戏曲特色三年计划，由"戏舞青春"、"韵动淮海"、"菊坛新蕊"三部分组成，邀请上海戏剧学院附属戏曲学校身段老师、国家二级演员李燕、上海戏剧学院附属戏曲学校青年骨干教师、武功专业教研组组长邱君殿、上海越剧院青年演员沈艳等到社区授课，分别针对白领、社区居民及少年儿童开展戏曲舞蹈、戏曲体验、"戏·文 e 讲堂"戏曲导赏讲座等一系列活动，向社区群众弘扬中华传统文化。其中，"戏舞青春"，面向商务楼宇中的白领员工传授"戏曲韵律操"，受到了白领的热烈回应；"韵动淮海"是面向社区居民的戏曲韵律操培训，在社区群众中如火如荼地持续开展；"菊坛新蕊"借用社区学校场地，开展了 8 场暑期少儿戏曲体验班，得到了家长和小朋友的一致好评，为今后少儿戏曲班的开办奠定了基础。

二、进一步提升公共文化服务效能的主要路径和对策建议

结合上海市、黄浦区的公共文化发展愿景与规划，根据淮海中路街道的发

展实际和总体目标要求,未来一段时期,淮海中路街道的公共文化建设重点项目应该以惠及民众、缩小差距、凝聚民心为主旨,继续为淮海中路街道的经济社会发展贡献力量。

(一)凝聚统筹辖区各类资源,拓展完善"一体多翼"的 10 分钟公共文化服务圈

一是加强街道与市、区两级部门的联动,主动学习,用好上次部门配送的文化资源。二是依托区域化党建平台、淮海+智库、社区文化发展专委会等资源,积极联系共建单位、两新组织、名家工作室等力量,不断充实街道服务实力。三是要积极引导和培训居民和楼宇白领的文化自治力量,积极挖掘百姓身边的达人,注重发挥文化团队的凝聚作用,使其在身体力行的情况下,为社区做更大的奉献。推动社区文化活动中心改造,通过引进名家和共建项目的方式,逐步培育出一批品牌项目。

(二)充实文化服务内涵与覆盖范围

一是凸显红色基因。为了更好地挖掘辖区文化资源和历史底蕴,传承红色文化、海派文化、石库门文化等城市历史文化,集中展示"淮海家"的"家谱"和"家训"。街道与高等院校合作,对社区文化资源进行了全面梳理,着力于淮海中路街道社区历史文脉的精准提炼和把握,完成《漫步淮海》的编纂。二是针对辖区的职业人群呈现出的高学历人才多、创业创新人才多、新上海人多的特点,以及职业群体多样化、需求个性化和高端化的特性,推动街道社区文化活动中心、社区学校、体育健身俱乐部等自身资源转型发展的基础上,与辖区楼宇合作,以非遗文化之舟为核心,逐步形成政策解读、非遗手工、时尚生活、读书会等四大类课程,在大上海时代广场等 5 个楼宇,挂牌成立"楼宇平安工作室",使得服务楼宇、服务企业等三大品牌活动深入开展。此外,街道还将白领午间门诊首次搬进楼宇,已有越来越多的企业白领申请了该服务。而针对白领普遍反映就餐难、就餐贵的问题,淮海中路街道联合上实集团推出了金钟白领食堂,逐步扩大对外就餐规模,不仅方便了楼宇内的白领,也给周边楼宇

的白领带来了实惠,有效增强了社区归属感。在此基础上,街道进一步解决白领的就餐难题,在有效布局前提下,逐步扩展白领食堂数量,进一步推进文化发展与经济发展、社区改造的深度融合。

(三)全力打造淮海文化品牌

品牌文化是一个地区的内核与灵魂,承载着地方精神品格和理想追求,是增强文化软实力的重要依托。在用足用好淮海中路街道丰富的红色文化、海派文化、江南文化等宝贵资源的基础上,通过品牌文化巡展能够有效提升淮海中路街道公共文化服务的辐射力和影响力,强化其核心价值观宣传引导和文化氛围营造方面的功能和任务。

1. 红色文化品牌

依托中共一大会址等党的诞生地这一独有的红色文化资源,并结合全市"开天辟地——党的诞生地发掘宣传工程"、理论研究传播品牌建设等两大专项行动,以党建为引领,全面摸清淮海中路街道所辖红色文化资源基本情况,特别是建党过程和党中央在上海领导全国革命的历史遗址遗迹情况。与此同时,全面收集中国共产党早期组织成立、建党过程、建档初期的历史史料,深入挖掘提炼体现中国共产党人奋斗精神的生动素材。在此基础上,把红色血脉和城市文脉相结合,通过精心组织、全方位宣传,推动面向辖区居委、楼宇商圈及广大游客的红色文化为主题的"红色经典演出周"等品牌系列活动全面开展,着力建设好、守护好中国共产党人的精神家园,着力在习近平新时代中国特色社会主义思想研究传播上走在全国前列。在与中共一大会址纪念馆签订《共迎党建百年三年行动项目计划》的基础上,共同守护好党的诞生地、建设好中国共产党人的精神家园,传承好红色基因,赓续红色血脉,向建党一百周年献礼。具体推动措施包括:共同维护中共一大会址纪念馆安全有序运行、共同开发利用中共一大会址丰富的党性教育资源、共同研究探索党建引领社会治理的新模式等。

2. 江南传统文化品牌

以江南文化遗产保护与宣传为重点,加快推进江南文化的发掘整理,一方面,加强对辖区内包括"尚贤坊"、"法藏讲寺"等在内的石库门里弄建筑、优秀历史建筑、历史文化街区、历史文化风貌区的保护力度;另一方面,集聚长三角乃至全国的资源与力量,通过"海上吴韵淮海行评弹专场"、"五月粽飘香"、"文话 e 讲堂"、"桃花坞木版年画"等形式多样的系列巡展巡演活动,向辖区内的受众开展广泛的江南传统文化宣传,赋予中华优秀传统文化、江南文化新的时代内涵和现代表现形式,引导人们从正确认知历史中走向未来,从延续文化血脉中开拓前进。

3. 海派文化品牌

全面梳理街道辖区内的上海著名历史事件,通过打造百姓戏舞情、白领戏曲节、"沪言暖语"白领沪语大课堂等品牌系列活动,着力打造一批全市、全国乃至全球知名的海派文化品牌,传承好上海优秀的文化基因,提升上海人文历史品牌形象,充分展示和弘扬上海城市海纳百川、追求卓越、开明睿智、大气谦和的精神以及中西融汇、多元并存、兼收并蓄、引领风尚的海派文化,成为凸显上海城市的文化特质、人文内涵的重要组成部分。

(四)合力构建淮海文化综合商圈

文化进商圈,对观赏人员没有限制,让所有漫步商圈的社会群体都能够停下脚步,近距离感受文化的气息、体验文化氛围,既能营造良好的淮海文化氛围,提高辖区内的生活品质,又能在一定程度上扩大淮海商圈的影响力,打造更好的营商环境,为入驻企业带来更多的经济利益,引领传统商业提档升级,最大程度地实现经济与社会利益的双赢局面。针对淮海中路街道高档商务楼宇集中、白领青睐的区位特点,街道在加强营商环境的同时,将特色文化元素植入其中,在此前"一体四翼"的基础上,不断拓展,着力打造一个以街道社区文化活动中心为主体,以 K11、湖滨道、香港广场、大上海时代广场、中环广场、力宝广场等为辅的"一体六翼"的大型文化商圈,使其成为全上海最美丽、最摩登、最有内涵和有"腔调"的浪漫之地。

联合各商圈,根据楼宇与商圈入驻企业的特点,设计不同类型与内容的活动,策划启动淮海白领物件文化周系列活动,将街道时下组织举办的各类文化活动与辖区文化活动结合在一起,作为白领午间课堂内容集中展示,并在此基础上,结合商圈白领的作息时间和课堂内容特点,设置不同内容的周末课堂和晚间课堂,如结合 K11 美术馆的当季展览内容,开设各类包包造型的剪纸课堂等。与华师大出版社合作,启动"幸福淮海·智慧人生"读书会,定期在不同商圈组织开展不同主题的阅读分享会。这样既照顾了商圈的企业诉求,又激活了活动的新鲜度和层次感。商圈是淮海中路街道的重要组成部分,主要由入驻企业和白领构成,他们不仅是商圈文化简单的参与和发动者,他们更是商圈文化能够持续健康发展的主力军。街道要努力调动其积极性,发挥其主人翁的意识,充分挖掘、利用入驻企业和白领的资源优势,以政府购买、项目运作的方式,使其主动参与到文化商圈举办的各项活动中,激发他们的凝聚力、向心力和责任感,推进商圈文化的多元较快发展。

（五）打造新时期具有"书香淮海"特色的全民阅读体系

随着全社会对阅读关注地日益升温,阅读推广日益得到各方追捧。社区作为全民阅读工作的重要基层文化机构,随着城镇化加速推进、群众文化素质地大幅提高以及现代信息技术地广泛应用,打造新时期具有"书香淮海"特色的全民阅读体系,是淮海中路街道全面深化改革、创新体制机制的探索实践,是满足人民群众对公共阅读服务新诉求的重要举措,主要包括以下几方面内容。

1. 整合阅读设施

阅读设施整合、集成了分散在不同层级、不同系统的公共文化设施资源,与各级重大文化惠民工程相衔接,实现公益性阅读设施与消费性阅读设施并重,着力倡导开展全民形成阅读新风尚,提高全民文化素质。具体而言,"书香淮海"的阅读设施要以阅读空间的体系化设置为目标,主要包括社区文化活动中心、社区书屋、职工书屋、学校(幼儿园)图书馆、公共电子阅览室、东方社区信息苑、多媒体阅报屏、书店报亭、大型商圈阅读角等基础设施。

2. 挖掘阅读资源

阅读资源是全民阅读体系的重要支撑和保障,阅读资源的规模、结构、适应性和吸引力决定了公众持续参与全民阅读的热情和动力。"书香淮海"体系中的阅读资源是指与淮海中路街道相适应的阅读产品、阅读资源供给,主要包括社区文化活动中心、社区书屋、职工书屋、学校(幼儿园)图书馆等拥有的各种载体、各种类型的资源总量、人均拥有量和年度更新量,以及红色街区资源组成的具有区域特色的阅读资源。

3. 开展阅读活动

阅读活动是以每年"一本书,一个社区"的形式,针对不同人群甄选不同主题优秀图书的基础上,开展包括阅读节、讲座活动、展览活动、品牌活动、主题阅读活动、"阅读沙龙"活动和书市等类型多样的活动。

4. 提供阅读服务

阅读服务的目的是为淮海中路街道居民提供多样化、全覆盖、特色化的阅读服务,促进全民阅读活动的开展和推广。其中,多样化是指阅读服务设计公共阅读设施免费开放、编制导读推荐书目、书店特色服务等各类型服务,形式多样化;全覆盖是指阅读服务的设计充分考虑了覆盖全民的阅读服务提供;特色化即是针对不同群体推介符合其特点的优秀读物,并据此提供有针对性的服务。

5. 培育阅读组织

阅读组织建设从本质上说是"书香淮海"项目中与"人"密切相关的因素,主要包括专家指导组织、民间阅读组织和阅读推广人队伍建设三个方面,下大力气构建合格的阅读组织,能够为淮海中路街道的全民阅读活动朝着专业化、可持续的方面健康发展提供保障。

6. 营造阅读环境

阅读环境是指"书香淮海"建设项目中对阅读场所环境、外围环境的建设要求,主要包括大众传媒、公益广告等媒体氛围的营造,将其加入阅读场所,能够有效指引完善城市阅读设施体系,加大市场监管力度,净化阅读资源环境等,目的是为淮海居民创造良好的阅读场所和社会环境。

7. 评估阅读成效

阅读成效是衡量与评价"书香淮海"项目的有效途径,主要包括居民阅读率、阅读活动参与率;居民对现状的满意程度;市民对公共阅读设施的利用率和阅读消费能力;居民通过阅读而激发和提升的文化艺术创造力。阅读成效应通过年度定期调研获得,并据此不断调整相关要素内容。

黄浦区明复图书馆的历史渊源与未来展望

王慧 姜勤*

摘 要 黄浦区明复图书馆主楼为明复楼,近90年来,明复楼建筑历经风雨沧桑,无论是作为现代中国第一所公共科学图书馆的中国科学社明复图书馆,还是后来的上海科学图书馆或再后来的卢湾区图书馆,以及现在的黄浦区明复图书馆,都始终在认真践行公共图书馆的社会职责。明复楼建筑见证时代变迁与社会文明进程,图书馆资源从封闭管理与有限开放,逐步走向全开架管理与资源共享。其清晰的发展脉络,彰显出图书馆资源在社会公共文化服务体系中的重要地位与独特价值。2019年明复图书馆将启动修缮工程,引进新设备和新设施,服务也将有新布局新面貌,在"除旧迎新"继往开来之际,回顾其昔日历程,期冀其未来发展,有助于明复图书馆不断提升服务效能,更好地服务于社会,服务于读者。

关键词 明复图书馆 公共图书馆史 公共文化

一、明复图书馆的历史渊源

　　黄浦区明复图书馆坐落于陕西南路235号,馆舍由明复楼、乐乐楼和会心楼及辅楼等建筑组成。其前身为卢湾区图书馆,而明复楼则为更早的中国科

* 王慧,上海市黄浦区明复图书馆馆员、副馆长。发表《公共图书馆的环境氛围》、《弘扬社会主义核心价值观与中小型公共图书馆的阅读推广》、《图书馆阅读推广创新探索》等论文多篇。
姜勤:上海市黄浦区明复图书馆助理馆员,供职于信息辅导部,负责馆刊编辑。近年来关注公共图书馆史和中国科学社社史的研究。发表《我国公共图书馆事业面临的各种挑战与竞争之综述》、《从服务项目的演变看公共图书馆服务的深化与开拓》等论文多篇。

学社明复图书馆旧址(同时也是中国科学社总社办公楼暨《科学》杂志编辑部),会心楼是中国科学社上海总会所旧址,乐乐楼在上世纪九十年代由美籍华人关康才、周乐乐夫妇捐资建造。

追根溯源,黄浦区明复图书馆有两条主线索可循:一是馆舍建筑线。明复楼自1929年动工兴建,于1931年元旦正式开馆至今,先后成为中国科学社明复图书馆、上海科技图书馆、卢湾区图书馆和现在的黄浦区明复图书馆。二是馆员组织线。卢湾区图书馆的前身为成立于1951年的上海市人民图书馆,由旧上海市立图书馆改制而来,再往前还可追溯到原公共租界工部局图书馆。黄浦区明复图书馆的历史可大致划分为四个时期:旧上海时期(1949年之前)、上世纪五十年代时期(卢湾区图书馆成立之前)、卢湾区图书馆时期、明复图书馆时期。

这四个时期的图书馆工作,无论是服务方式还是组织形态,都有着鲜明的时代特征,整个明复图书馆的馆史,为上海公共图书馆事业发展史的研究提供了少有的上佳样本。通过对四个时期图书馆的服务方式与组织形态的异同与经验分析,清晰可见中国图书馆事业的发展脉络与发展方向。由于中国科学社以及《科学》杂志和中国科学社明复图书馆在中国科学发展史上的重要地位和社会影响,在讨论今天的黄浦区明复图书馆馆史时,一般更多的是以馆舍明复楼建筑为主线进行记录和述说。

尽管黄浦区明复图书馆就其组织结构而言,其前身由近至远分别为卢湾区图书馆、市人民图书馆、市立图书馆和工部局图书馆,但对工作实际影响最大的,还是作为有近90年历史的中国科学社明复图书馆旧址的馆舍,馆员们一直以中国科学社的衣钵继承者为荣。

近90年来,明复楼建筑历经风雨沧桑,无论是作为现代中国第一所公共科学图书馆的中国科学社明复图书馆,还是后来的上海科学图书馆或再后来的卢湾区图书馆,以及现在的黄浦区明复图书馆,都始终践行公共图书馆的社会职责。明复楼建筑在近一个世纪以来,见证了时代变迁与社会文明进程,图书馆资源从封闭管理与有限开放,逐步走向全开架管理与资源共享,见证了社会读书风气日益浓厚,读者队伍日益壮大,图书报刊出版事业日益繁荣。其清晰的发展脉络,彰显出图书馆资源在社会公共文化服务体系中的重要地位与独特价值。

二、回顾中国科学社明复图书馆

黄浦区明复图书馆主楼为原中国科学社明复图书馆馆舍,由著名建筑大师刘敦桢设计,1929 年兴建,如今被上海市政府评定为本市优秀历史建筑。主体建筑为钢筋混凝土结构,整体为现代派风格,形体简洁,立面构图严整,二层以上腰线和檐口作几何化纹样装饰。主入口装饰丰富,且装饰纹样具有明显的东方特征。南部三层阅览大厅和办公室与北部五层书库融为一体,书库全钢结构,全部在美国定制,防火防潮。书库配有升降机上下传输图书,是中国第一座按照西方现代图书馆营运模式,采用新式设计建造的科学专业公共图书馆,被蔡元培先生称为"伟大的建筑"。

明复图书馆的创办、建造与开放,离不开中国科学社这一民国时期中国规模最大、影响最广的民间科学团体。1915 年 10 月,胡明复、任鸿隽、杨杏佛、竺可桢、胡适、赵元任等一批留美学生,希望通过创办杂志、图书馆,召唤民众热爱科学,以实现"科学救国"、"教育救国"的梦想。这一批留学生以"格物致知,利用后生"为目标,以"联络同志,研究学问,共图中国科学之发达"为宗旨,在美国成立"科学社",次年定名为"中国科学社",于 1917 年 3 月在教育部注册,成为法人团体。1918 年,中国科学社回迁国内,先在上海大同学院,后在南京东南大学设立办事处,1919 年在南京成贤街设立社所。1928 年总社迁至上海,即今黄浦区明复图书馆会心楼。

中国科学社于 1927 年在南京曾创办了一个中国科学社图书馆,但规模很小,后毁于日军战火。1928 年,中国科学社决定在上海总社所(即今会心楼)旁购地建造图书馆暨社所本部大楼。1929 年 11 月 2 日,在大楼工地举行奠基礼,由孙中山之子孙科题词的奠基碑至今仍镶嵌于明复楼东南处的墙根上。图书馆筹建期间,中国科学社发起人之一的胡明复博士(1891—1927)不幸溺水,英年早逝。时任中央研究院院长,同时兼任中国科学社董事和基金监的蔡元培先生,提议将图书馆命名为明复图书馆,以纪念这位在科学道路上忘我工作的开路小工。

1931年1月1日,图书馆正式建成,向社会开放。明复图书馆是全国第一座公共科技图书馆,也是当时远东最大的图书馆之一,藏书42 777册,以收藏生物学书刊著称,馆长先后为胡刚复、路敏行、刘咸等。明复图书馆大楼,同时也是《科学》杂志编辑部和中国科学社的本部所在地,建成开放后成为当时中国科学界人士重要的活动场所。1956年2月,中国科学社理事会决定将明复图书馆捐献政府,随后正式改组为上海市科技图书馆,后又于1958年并入上海图书馆。原馆舍(即现在的明复楼)由成立于1959年元旦的卢湾区图书馆接受并作为主楼使用,直至更名为黄浦区明复图书馆,明复楼依然是图书馆的主要建筑,继续为读者服务。

三、从中国科学社明复图书馆到
黄浦区明复图书馆

回首中国科学社明复图书馆的历史,不难发现,尽管其戴着"现代中国第一座公共科学图书馆"、"远东最大的图书馆之一"等光环,但实际上据中国科学社撰写的报告显示,其每日的来馆读者并不多。中国科学社于1950年发布的《中国科学社三十八年来的总结报告》中,关于图书馆部分有如下记录:"每天阅读者约二十人。阅读者人数似并不多,但是他们都是工厂的技术人员,或大学生作毕业论文者,或大学教授,因此亦起了很重要的学术研究作用"。另据1940年中国科学社第22届年会报告称:"本馆本为高深研究参考图书馆性质,为免拥挤计,阅读者概限大学高年级生之作毕业论文者。"报告数据显示,1937年冬改换新阅览证,到1940年6月,总计发出428张,抗战三年以来阅览者每天25人,周六周日达四五十人,使仅有40个座位的阅览室"坐无隙地"。

由此可见,昔日的中国科学社明复图书馆阅览证的申领门槛并不低。阅览室仅有座位40个(这固然与当时中国专业性强的藏书资源较为珍贵而侧重保护有关),却为后世留下数以万计的珍贵的旧时科学类出版物,其中进口的外文科学杂志更为少见。同时,中国科学社明复图书馆也不时举办科学演讲活动(相当于今天的科学讲座或科学报告),使明复图书馆成为上海科学界、知识界进行科学交流活动的"地标"性场所。

时至今日,由于中国图书出版事业的繁荣发展,藏书早已不再是一种稀缺资源。公共图书馆的馆藏建设已从保护型逐步向利用型转变,借阅服务已由封闭型逐步向开放型转变。六七十年前的中国科学社明复图书馆的阅览证的申领门槛已不低,对于图书外借则更为严格。而今天的黄浦区明复图书馆早已在二十多年前实现了除了几个专题阅览室和典藏书库外,书架上的藏书全部开架,供读者阅览和外借。读者零门槛入馆阅览报刊和图书,只需一张身份证即可办理借书证。

两个不同时代的"明复图书馆",各有不同的服务社会的立馆之本。如果说上世纪的中国科学社明复图书馆的立馆之本是专业特色馆藏资源,那么当今的黄浦区明复图书馆立馆之本则是丰富而有特色的读者活动。这是出版事业和图书馆事业进步发展使然,也是精神文明建设赋予当代公共图书馆的社会要求。今天的黄浦区明复图书馆常年组织举办的特色活动和特色服务主要有:

(一)"今天·我们读"演读会

黄浦区明复图书馆整合文化资源,与出版机构、社会团体、剧社等单位合作,组织戏剧学院师生、电台电视台主持人、演员、作家、学者等共同参与有声式阅读主题读书活动——"今天·我们读"演读会。它突破传统阅读方式,将具有表演元素的演读融入活动现场,通过专业演员和朗诵爱好者声情并茂的演绎,使书本中的文字鲜活起来,用声音彰显文学作品的艺术魅力,提供"真人版"的听书阅读体验,提高读者的阅读趣味性与便利性,增强阅读推广效果。

此外,精心设计的延伸活动也是"今天·我们读"的亮点之一。如体现植物之美的植物扎染(《1906:英伦乡野手记》);理解香奈儿风格的珍珠项链设计(《香奈儿:举世无双的杰出女性》);玻璃彩绘与小说的关系;设计制作Cathedral glass风格的风铃(《双身记》)等,这些活动让读者从多个角度理解作品,构建有声式、分享式、浸入式、深度化阅读的主题阅读推广活动。

"今天·我们读"作为明复图书馆近年打造的特色活动,吸引大学生、在职员工、文学爱好者等读者群体,突破了以往读书活动以退休老年人为主的模式,使参与阅读活动的读者趋于年轻化。

(二)新世纪国学沙龙

新世纪国学沙龙成立于2006年2月12日,以原卢湾老年大学和瑞金老年学院古典文学班学员中的国学爱好者为基本队伍,并邀请华东政法大学教授、上海市社会学会名誉顾问、著名社会学家章人英教授,原上海社会学会副会长、上海社会科学院社会学研究所所长丁水木教授,华东政法大学教授姜之簏,以及孟宪纾、祝瑞开等大学教授担任国学沙龙咨议、干事。

经过十多年的努力,新世纪国学沙龙基本形成以开办国学知识讲座、组织国学学术交流为主,同时辅以开展以传统文化为主题的知识普及与知识辅导,不拘一格、开放型的知识服务模式,成为学术探讨与交流的讲台,会员和读者学习的平台,弘扬传统优秀文化的舞台,逐渐形成在本市有一定影响,以弘扬中华优秀文化为主旨的教授师资队伍。

2012年起,国学沙龙又联合上海古籍出版社,定期推出专题讲座,通过引进古籍出版社出色的中国文学研究资源,为沙龙会员提供内容丰富的古典文学赏读服务,帮助沙龙会员和读者从专业的角度重新解读传统经典义化,全新审视文学名著。通过十多年的努力,新世纪国学沙龙已成为明复图书馆的特色活动项目,获得了一定的社会效益,开创了以"国学"为主题的市民教育新天地。

(三)石库门特色阅读活动

为推进石库门文化建设,持续打造"石库门"文化品牌,自2013年起,明复图书馆先后举办了"阅读'石库门'"主题征文、作家作品研讨会、"光影中的石库门之旅——席子摄影作品展"、"石库门作家作品展"、"石库门里的记忆——弄堂游戏闹元宵"等主题读书活动。2017年,又开展了"阅读'石库门'"系列主题讲座,邀请专家、学者从不同角度诠释石库门文化,让更多读者领略海派文化。如著名文史专家、上海市历史博物馆研究员薛理勇分享石库门的悲与喜;出版人、同济大学教授王国伟解读城市建筑与文化空间;国画家戴敦邦和作家沈嘉禄共同讲解石库门的生活状态;画家罗希贤讲述连环画中的"石库门之恋"以及知名作家马尚龙与读者共同透视石库门的男男女女,读懂上海人,品味上海情。

石库门系列活动一经推出便获得多方好评,这类结合城市文化特色的阅读活动更能为读者带来认同感与归属感,也成为明复图书馆开展特色活动的新方向。

（四）编辑《读书乐之友》报

《读书乐之友》报创刊于1990年1月,为双月刊,办刊至今已逾28年,至2018年10月共出刊173期。《读书乐之友》报从诞生的第一天起,就受到诸多著名学者的关怀与支持。其报头,为著名图书馆学和版本学专家顾廷龙先生亲笔题名,前《新民晚报》总编丁法章先生也为《读书乐之友》写过文章并题词:"读书可以明志晓理益智";在创刊初期还得到《新民晚报》"读书乐"专版主编曹正文先生亲自指导编辑和排版工作。《读书乐之友》报还倍受老报人冯英子先生的推崇,特在《新民晚报》上撰文介绍。

28年来,《读书乐之友》报在传递读书活动信息的同时,注重挖掘个人与家庭阅读典型。读书积极分子在《读书乐之友》报上发表他们阅读的心得体会,介绍他们的读书成果和读书经验,在各社区广泛发送,为社区精神文明建设添砖加瓦。2014年12月,《读书乐之友》报出版150期,上海作家协会副主席赵丽宏特别为《读书乐之友》书写贺词。为庆贺出刊150期,图书馆组织"我与'读书乐之友'"专栏文章征集活动,陆续在专栏上刊发,其中既有与图书馆有着深厚感情的文化名人、图书馆老专家,也有当初办报的"元老",彼此分享与《读书乐之友》的机缘。阅读的故事,在回顾和期许中继续心灵的交流,在书香与墨香中传递人文的力量。

《读书乐之友》报还为读者提供写作发表的机会,深受读者的喜爱。围绕这块园地,培育了一大批爱阅读、爱写作的积极分子。近两年来先后编辑了市民文化节"百个家庭故事"征集和"海上歌吟"征文获奖作品专刊、《我心中的经典译作》征文优秀作品特刊等。在这块习作园地里,不少知名作家、学者,不计较《读书乐之友》名微位低,不吝赐稿,如赵丽宏、赵长天、陈村等都曾在这里发表过多篇诗歌和散文,更多的上海作家协会会员如丁言昭、管继平、潘真等经常送来稿件支持编辑们的工作,他们的文章为《读书乐之友》报添光增彩,也为广大读者和众多文学爱好者起到示范和指导的作用。

四、展望黄浦区明复图书馆的未来

2012 年因卢湾和黄浦两区合二建一,图书馆更名为黄浦区明复图书馆。根据业务档案资料,以每十年为统计间隔,获得 3 组业务统计数据,其中前两组为卢湾区图书馆时期,第三组为黄浦区明复图书馆时期。数据对比显示,30 年来,图书馆事业展现出快速发展的态势(见下表):

	1997 年	2007 年	2017 年
职工人数	38	40	24
馆藏图书量	36 万	43.74 万	48.69 万
接待读者数	31 500	48 257	66 664
图书借阅数	174 500	131 625	218 111
读书活动次数	69	78	199
活动人数	16 264	6 794	17 990

2017 年各项主要业务数据与卢湾区图书馆时期的 1997 年和 2007 年相比,尽管职工人数大幅减少,但接待读者数、图书借阅数均大幅增加,尤其是读书活动次数和活动人数与 2007 年数据相比更是成倍增长。

究其原因主要有三:一是为促进社会主义文化事业大发展大繁荣,各级政府部门加大对公共图书馆的扶持力度,为图书馆提供了强有力的资金和政策保障；二是城区公共文化空间建设得到社会各界越来越多的支持，为公共图书馆各项业务工作的开展提供了良好的社会环境；三是市民对科学文化知识和读书文化活动的需求日益增长，更为公共图书馆与时俱进的可持续发展不断提供源动力。

除了明复图书馆各项业务得以快速发展的客观外因以外，还有二个内因：其一是职工队伍素质大幅提升。随着"知青"一代老馆员陆续退休，图书馆实现了新老交替，更新换代，职工队伍输入新生力量，平均学历提高，平均年龄下降，其中一些年富力强而富有进取精神、专业能力强的青年职工成为中高层管理干部的主要力量。其二是因更名而回归图书馆主楼明复楼最初使用的馆名，对于明复图书馆馆名背后所蕴含的人文历史传承的意义，以及中国科学社众多科学大师留给后代的"科学救国"、"文化济世"和"开路小工"等宝贵精神财富，潜移默化地影响和感染了在明复楼工作的年轻一代馆员们，激励他们不忘初心，奋发有为。恢复"明复图书馆"原名，不是简单的回归，而是在新的历史起点上的再出发。

明复楼建筑始建于 1929 年，2019 年将闭馆半年，进行大楼建成以来最大规模的改建修缮工程，同时也将迎来明复楼建造奠基 90 周年纪念。明复楼建筑通过改建修缮，将引进新设备新设施，服务也将有新布局新面貌，在这即将"除旧迎新"继往开来之际，回顾昔日历程，期冀未来发展，有助于明复图书馆不断探索提升服务效能，更好地服务于社会，服务于读者。

修缮后明复楼在恢复原有风貌、保留原有建筑功能的同时，将大幅提升现代服务功能，呈现以下几个新变化：

（一）开设 24 小时自助图书馆

通过自动柜员机可为读者提供不分昼夜的自动化图书借还服务，以及读者办证、书目检索等服务，将图书自动化管理先进科技运用于读者服务工作中，让读者享受更便利的公共文化资源服务。

（二）开设以海派文化为主题的阅览室

海派文化是上海城市文化的精髓，是上海城市文明的基础，孕育了"海纳百川、追求卓越、开明睿智、大气谦和"的新上海城市精神,开设该主题阅览室,通过收集、整理和保存、利用海派文化专题书籍,达到积极宣传、弘扬和传承海派文化的目的。

(三)重新开设少儿图书阅览室

原先卢湾区图书馆设有独立的少儿分馆(1979 年成立),位于复兴中路595 号。2006 年,为配合建成开放和文化广场周边整体改造,原少儿分馆馆舍拆除,相关业务和大部分少儿读物移交给正同期新建、隶属教育局的区青少年文化活动中心(建国中路 157 号)。经过 2019 年改建修缮工程,明复图书馆计划于乐乐楼开设少儿图书阅览室,以"绘本馆"的形式为少儿读者服务。

(四)将报刊阅览室由乐乐楼迁回明复楼

明复图书馆注意到,不同年龄段读者的阅读习惯有很大差别,如今在报刊阅览室阅读报纸杂志的读者呈老龄化趋势,为方便老年读者,因此将报刊阅览室改设到明复楼一楼;同时由于过去各种过期期刊存放在明复楼一楼书库,对原先在乐乐楼报刊阅览室需要查找过刊资料的读者造成不便,而随着未来服务布局的调整,这个问题有望解决。以人为本,读者至上的服务宗旨,在这一服务布局调整方案中得到充分体现。

结 束 语

诚如前文所述,黄浦区明复图书馆的历史脉络,存在着中国科学社与工部局图书馆两个源头,存在馆舍建筑和馆员组织这两条历史线索,而这两条文脉交汇于卢湾区图书馆,也最终形成今天的黄浦区明复图书馆的基础,成为本区域公共文化空间的重要组成部分之一。

相比中国科学社明复图书馆和后来的卢湾区图书馆,黄浦区明复图书馆处于最好的时代。首先是政府扶持,《公共图书馆法》于 2018 年元旦正式实施,公共图书馆各项业务工作更是获得政策与法律的保护。其次是社会重视,无论是文化管理部门还是社会各界,越来越重视城市公共文化空间建设;公共图书馆在城市文化空间中的作用是以构筑阅读空间的形态存在,黄浦区明复图书馆一方面通过馆舍修缮为读者提供更舒适的阅读空间环境;另一方面,通过街道总分馆建设,将服务的领地空间延伸到各个社区,通过设立社会服务点与图书集体外借,与企业、医院、研究所、职业院校共同打造职工和学生的阅读空间,使之成为企业文化或校园文化的组成部分。最后是科技支持,当今图书馆,获得越来越多的先进信息科技和图书管理自动化技术的支援,在为图书馆各项业务工作提供便利的同时,也时刻激励着公共图书馆为读者、为社会提供更好、更优、更多的服务。

承前启后,继往开来,不忘初心,砥砺前行。黄浦区明复图书馆永远在前行的路上。

主要参考资料:

[1] 黄浦区明复图书馆档案室相关档案资料
[2] 黄浦区明复图书馆"中国科学社明复图书馆旧址史料陈列室"相关档案资料
[3] 张伟英:《历史回顾 探索实践》,《卢湾区图书馆成立四十五周年纪念论文集》,中国社会出版社,2004 年 11 月版。
[4] 林丽成、张立言、张剑:《中国科学社档案资料整理与研究: 发展历程史料》,上海科学技术出版社,2015 年 10 月版。
[5] 何品、王良镭:《中国科学社档案资料整理与研究: 董理事会会议记录》,上海科学技术出版社,2017 年 11 月版。
[6] 张剑:《另一种抗战: 抗战期间以秉志为核心的中国科学社同仁在上海》,《中国科技史杂志》2012 年第 2 期。

文化企业参与公共文化
服务供给的探索与实践
——以喜马拉雅 FM 音频分享平台为例

常方舟*

摘　要　文化创新对现阶段公共文化服务供给提出了新的更高的要求。为了
迎合丰富多样的文化需求,文化产业与公共文化服务深度融合成为
破解公共文化供给难题的新途径。文化产业尤其是新兴文化业态企
业,在形塑多主体、多层次、多形式的供给格局方面具有创新优势。
本文基于上海网络视听文化企业喜马拉雅 FM 音频分享平台参与公
共文化服务供给的实践个案,分析归纳文化企业创新公共文化服务
供给模式带来的积极效应和存在的问题,并就未来促进文化产业与
公共文化服务深度融合提供有针对性的对策建议。

关键词　文化产业　文化企业　公共文化服务　供给

一、文化产业与公共文化服务供给主体的多元化

改革开放以来,人民群众的精神文化需求经历了深刻变化,公共文化服务的
供给也处在复杂变动的状态。目前,尽管政府部门及其延伸的文化事业单位仍
然是公共文化服务的供给主体,为了满足人民群众日益丰富的优质精神文化需
求,公共文化服务供给模式不断进行调整,着力提升服务能效,增进民生福祉。
文化产业与公共文化服务深度融合的提出,旨在通过多主体的协同合作和行动联

---

*　常方舟,上海社会科学院文学研究所助理研究员。

合,实现公共文化服务治理绩效优化的目标。文化产业参与公共文化服务供给,是突破现有公共文化服务功能制约、迈出深度融合实质性步伐的实践举措。

（1）当前文化产业和公共文化服务融合发展的现状

自党的十八届三中全会首次引入"构建公共文化服务体系"的提法、十六届中央委员会第六次全体会议提出加快建立覆盖全社会的公共文化服务体系以来,公益性的公共文化服务体系得到了长足发展,成为国家治理体系的重要组成部分,包括先进文化理论研究服务体系、文艺精品创作服务体系、文化知识传授服务体系、文化传播服务体系、文化娱乐服务体系、文化传承服务体系、农村文化服务体系在内的各项工作持续深入推进,文化惠民工程结出累累硕果。由于公共文化服务体系涵盖的主要是面向大众的公益性内容,为充分保障公民的文化权利,政府部门和文化事业单位在相当长的一段时间内始终是供给公共文化服务体系的主要行政主体,甚至是唯一主体。随着文化的经济属性逐渐得到认知,面对公共文化服务需求和结构的多样化,单纯通过行政事业单位承担公共文化服务和产品的供给难免力有未逮,繁荣发展的文化产业在参与公共文化服务体系方面发挥作用的可能性和实际效用也日益显现。伴随国家文化行政管理体制的改革进程,鼓励多元社会力量参与公共文化服务体系建设,在文化事业适当引入市场机制,促进公共文化服务发展的社会化、市场化发展,成为解决这一矛盾的基本路径。

另一方面,文化产业是公共文化发展的驱动因素之一,《关于加快构建现代公共文化服务体系的意见》首次明确了文化产业和公共文化服务融合发展的要求。对此,已有学者进行了充分的解读:"公共文化是我国公民文化权的最基本的保障,文化产业是公共文化发展的最强劲支撑和推动力,两者之间互相支撑,特别是在公共文化内容的提升上,文化产业更是可以大有作为,公共文化的社会化,也需要文化产业有更多的更现代化和人性化的服务、表现,因此公共文化服务与文化产业要融合发展"①。为扩大公共文化服务供给范围、

---

① 范周:文化产业和公共文化如何融合发展［EB/OL］. http://culture. people. com. cn/n/2015/1111/c172318－27801805. html.

提升供给效能,促进其与文化产业的有机融合,较之公共文化服务市场化供给模式走得更远,其存在的风险与效益也有待进一步评估和分析。

从理论预设来看,多元主体协同供给是丰富公共文化服务供给的合理路径,其积极意义体现在:有效分摊政府部门及作为其延伸的事业单位完善公共文化服务体系的负担,切实提升公共文化服务质量,优化配置公共文化服务资源,更能满足多元主体利益相关者的文化诉求,兼顾社会效益和经济效益。在实际操作层面,多元主体协同供给公共文化服务实践活动已有不少,但普遍存在着动力不足、调和不力、主体性不强、利用率不高、覆盖面有限、供需错位等缺陷。文化产业和公共文化服务融合发展打开了实现多元主体协同供给模式的另一条通路,或许能够为上述显性问题提供新的解决思路。与此同时,两者的融合发展对文化治理体制和能力提出了更高的要求。相对于其他产业,文化产业自有与意识形态相联结的特殊性,需要审慎对待。此外,文化产业的经济属性相对突出,在其与公共文化服务融合发展的过程中尤其需要坚持"以人民为中心"的导向,以满足人民群众文化需求为本原,将确保公益性和公平性摆在最优先的位置。

目前,文化产业与公共文化服务融合发展的相关具体政策尚未出台,两者融合发展的方式和路径仍处于积极探索阶段。文化产业与公共文化服务融合发展的重点在于培育新型文化业态,扩大和引领文化消费内容,削减不同地区文化发展格局的差距,促进公共文化服务体系的均等性。就已有的实践案例来看,文化和旅游产业的结合、文化和科技因素的融合,都是文化产业参与公共文化服务供给的重要支点。

(2)上海网络视听文化产业与公共文化服务融合发展的契机

上海城市最新发展规划提出建设卓越的全球城市以及生态之城、人文之城和创新之城等目标,对城市公共文化的发展提出了更高的要求。在深化文化事业体制改革方面,上海始终保持先行先试,争取在全国率先建成现代文化管理体制、现代文化市场体系、现代公共文化服务体系和现代文化传播体系。为加快建设创新文化高地,上海市委要求全力打响上海服务、上海制造、上海购物、上海文化四大品牌,立足新时代新需求,打造更多引领消费潮流、具有强烈时代气息和鲜明上海特色的新品牌。充分调动政府、企业、社会组织和公众等多方力量积极参与和推动公共文化的发展，需要遴选和培育一批具有文化战略意义的文化机构和文化企业。

吸引社会资本进入公共文化领域，增强公共文化服务发展的动力，有助于促进文化事业和文化产业协调发展。民营文化企业正日益成为文化产业繁荣发展的主力军，文化企业参与公共文化服务供给，也是响应文化产业和公共文化服务融合发展的有效举措。从文化企业自身发展的角度而言，参与构建城市现代公共文化服务体系，不仅能够体现企业的社会责任担当，提升企业的文化品牌形象，也能为带动产业的整体发展打开思路。在有效迎合和对接新形势下的文化消费需求趋势方面，上海网络视听文化企业作出了一系列的积极探索，反映了数字网络环境下文化产业和公共文化服务融合对接的广泛前景。立足自身产业发展，网络视听文化企业不断创新文化产品和服务形态，助力营造现代文化传播体系，创新公共文化服务内容与形式，为文化企业参与公共文化服务供给的命题提供了可资借鉴和分析的实例。

在全国范围内，上海网络视听文化产业具有先发优势。新世纪初，上海即为全国范围最重要的网络视听产业重镇之一。2003 年，上海广电（集团）有限公司即获得了全国首批、上海第一张《信息网络传播视听节目许可证》。2005年，上海电视台获得了全国第一张手机电视和 IPTV 许可证。2010 年 2 月，广电总局批准了上海市文广影视局与紫竹国家高新区共同建设全国首个国家级网络视听产业基地。随着大量民营网络视听企业的出现，上海早已形成了网络视听新媒体产业发展的完整产业链，并在各垂直领域龙头企业的引领下，进入了网络视听文化产业的高速发展阶段。《关于加快本市文化创意产业创新发展的若干意见》（"文创 50 条"）明确提到引领网络视听产业的发展意见：第10 条"实施网络文化提升计划"指出，要提升中国（上海）网络视听产业基地服务能级和集聚效应，办好中国网络视听产业论坛；第 11 条"培育网络文化龙头企业"提出，要着力扶持一批网络文学、网络视听等优势领域领军企业，解决重点企业发展中遇到的难点和突出问题；第 28 条"提升文化创意园区发展能级"提到要深化部市共建，强化中国（上海）网络视听产业基地等在内的国家级基地的引领示范作用。巩固国内网络文化龙头地位,扶持网络视听优势领域领军企业,确保网络视听产业的健康、快速发展,是上海文化品牌在全国乃至全球扩大影响力的重要基础。

根据中国网络视听节目服务协会发布的《2017 中国网络视听发展研究报告》,喜马拉雅独占移动音频产业的第一梯队。作为网络视听文化产业音频分享领域的独角兽企业,喜马拉雅在参与公共文化服务供给方面进行了诸多有益的尝试,对同类文化产业和文化企业探索成为公共文化服务体系的一部分具有一定的参考价值,下文将基于喜马拉雅音频分享平台参与公共文化服务供给的实践,结合具体案例揭示这些活动对未来进一步推进文化产业和公共文化服务融合的启示,并分析可能存在的风险和问题。

二、喜马拉雅音频分享平台参与
公共文化服务供给的实践

上海证大喜马拉雅网络科技有限公司成立于 2012 年 8 月。2013 年 3 月,喜马拉雅 APP 上线。截止到 2017 年年底,喜马拉雅手机 APP 激活用户数已超过 4.5 亿,每天新增手机用户约 30—50 万人,活跃用户每天收听时长达 128 分钟,主播人数超过 500 万,其中 20 万为大 V,拥有上亿条音频内容,占据国内音频行业 73% 的市场份额,不仅是中国第一音频分享平台,其用户规模体量在全球同类平台亦排名首位。目前,喜马拉雅平台上有超过 20 万自媒体大咖、超过 5 000 位行业精英、超过 500 位明星入驻开设电台,另有超过 200 家媒体、800 家机构、2 000 家品牌、2 000 所高校和 1 000 家广播台也入驻了喜马拉雅 FM。

作为互联网音频领域的头部平台,在夯实经济收益的同时,喜马拉雅把社会效益放在同等重要的位置,积极践行企业社会责任,充分发挥互联网音频的独特优势,极大地丰富和创新了公共文化服务的内容和形式。网络视听文化企业拥有海量优质音频内容、强大的分发渠道及亿万大数据支撑,使其能够更好地为网络文化扶贫及网络公益事业服务,为用户提供优质的、丰富的、个性化的文化产品,同时帮助有志于从事音频内容创业的人们实现创业梦想;运用

数字网络技术的伴随性、轻量化、易传播等特征,使网络文化能够快速普及和传播,尤其是覆盖偏远地区人群、老年人、儿童、残障人士等特殊人群;以平台为基础,与国内文化机构、文化企业、文化事业单位展开共建合作。为此,喜马拉雅 FM 在公共文化服务供给方面的实践主要集中在以下方面。

(一)打造网络文化平台,发挥文化扶贫功能

1. 推广弘扬中华优秀传统文化

喜马拉雅 FM 与教育部中央电化教育馆达成战略合作,邀请文学界泰斗叶嘉莹先生精心制作了诗词类赏析节目《诗览众山小》;与著名评书表演艺术家单田芳合作,共同筹建"单田芳传承学院";通过数字化技术与诸多艺术大师、非物质文化遗产传承人合作,共同打造线上音频传承学院,如邀请余派第四代传人王佩瑜入驻平台普及京剧艺术;与《中国诗词大会》节目及主讲嘉宾深度合作,上线一批中国古典诗词文化类精品节目,如蒙曼专门开设唐诗分享节目——《蒙曼品最美唐诗》,截至目前收听量达到 1 745.9 万次,郦波开设的《郦波品千古最美情诗》,收听量达到 754.5 万次。

2. "大师课"引领直通顶级学府

互联网视听产业与教育的业态融合,创生了"慕课"(Massive Open Online Courses,MOOC)的概念,深刻地改变了教育习得的传统方式。喜马拉雅 FM 适时推出"大师课"精品专栏节目,邀请耶鲁大学、北京大学、清华大学、复旦大学等名师教授开设专业课程。"大师课"作为慕课教育的典型产品,其宗旨在于"拆掉名校围墙,大师就在耳畔",打破了授课的时间和空间限制,满足了更多受众获取精品知识的需求,助力学习型社会的建设。慕课教育形式表征了信息技术和教育的深度融合,借助各类课程的远程虚拟再现,在一定程度上能够有效改善优质教育资源不充分、不平衡的状态,从长远来看也有望推动教育人才培养模式的变革。

3. 推出"互联网音频+科普"专线频道

喜马拉雅 FM 特别开设了"科普"频道,上传了 6 555 个科普相关专辑,共计 108 284 条音频内容,累计播放量超过 2.2 亿次。科普频道的内容针对不同

年龄段,尤其是各个时期青少年儿童可习得的科普知识,细分知识类别,包括宇宙天文知识、地理动植物、日常健康养生等等。通过大数据、物联网及人工智能技术,彻底改变科普传播方式,使公众不再被动接受,而是能够充分利用碎片时间学习科普知识,甚至激发受众主动对外传播科普知识。

(二)提供网络公益产品,满足特殊文化需求

技术进步推动了社会人群对知识信息需求的快速增长。相关统计数据表明,目前我国视障人群约 1 700 万人,留守儿童人数达到 902 万,老年人群达到 2.2 亿,这些特殊人群的精神需求和文化消费同样需要拓展和更新。在智能硬件模块,喜马拉雅 FM 作为内容生产供给方与硬件制造商开展战略合作,推出人工智能产品小雅 AI 音箱,通过平台海量的音频文化内容,积极与政府及公益组织联合开展针对留守儿童、视障人群、老人等弱势群体的网络公益活动,让更多特殊人群享受到优质公共文化产品及服务。

1. 声音阅读陪伴留守儿童

2017 年 4 月,喜马拉雅联合"四川发布"发起"六一献礼:与乡村孩童共读"活动,特别邀请多功乡罗代小学、乐英乡幸福小学等四川 10 所村小的学生、老师与城市小学生、社会各界爱心人士一起共读,用声音传递爱心,让城市与乡村相连。8 月,喜马拉雅 FM 携手蚂蚁金服共同发起"声音的力量"公益活动,陪伴全国 447 区县的 96 万留守儿童微笑入眠,寻找 1 001 条声音收录进爱心专辑"最有力量的声音"进行售卖,所得款项也悉数捐赠给"新 1001 夜"公益项目。11 月,与中国少年儿童发展服务中心、中国青少年宫协会联合发起"红领巾爱心行动"——喜马拉雅情暖童心众读关爱行动,让边疆民族地区的孩子,尤其是留守儿童体验阅读的乐趣。

2. 服务残疾人等弱势群体

2017 年 8 月 9 日,喜马拉雅与中国盲文出版社签订《盲人数字有声阅读》战略合作框架协议,将平台的有声内容无偿支持盲人数字有声阅读工程。喜马拉雅 FM 长期开展"无障碍电影"声音公益项目,志愿者走进电影院、图书馆、社区文化馆等,帮助视障人群"看电影"。发起"关注盲童"等活动,向盲校语音图书

馆捐赠适合盲童学习的有声读物。2017年12月,联合中国少年儿童发展服务中心共同发起"情暖童心,众读关爱行动",为留守儿童送上暖心的音频节目。

2018年1月22日—26日,喜马拉雅与北京市朝阳区残联合作开展首届互联网残疾人主播培训。喜马拉雅组建专业导师团,为学员们讲解互联网音频政策法规、音频节目内容搭建与推广、声音训练和语言表达、音频剪辑和编辑等课程,帮助20多位残疾人学员了解制作互联网音频节目的基本技巧和方法。培训后,朝阳区残联和喜马拉雅针对残疾人的特点定制了个性化的培养方案,帮助他们在互联网平台上打造属于自己的主播节目。5月,喜马拉雅与北京市东城区残联也在合力打造残疾人网络主播培训基地,将类似模式推广到更多地区。可以预见的是,喜马拉雅FM将和更多机构组织共同努力,继续开展残疾人主播培训项目,真正实现更多残疾人主播的成功孵化。

3. 关爱老年人精神生活

2017年下半年起,喜马拉雅与上海师范大学"智慧老人"公益项目合作,走进上海社区和老年大学,为老人免费讲解喜马拉雅APP及小雅AI音箱的使用方法,帮助老人们利用智能手机及人工智能产品收听自己喜欢的节目内容,满足老年人群的精神文化需求。

4. 扶贫扶创扶智扶志

2018年1月11日,喜马拉雅"春声"音频IP发布会一次性释放了近20个超级IP。20日,喜马拉雅正式公布"万人十亿 新声计划",预计投入三个十亿,从资金、流量及创业孵化三个层面全面扶植音频内容创业者,帮助创业者实现变现。在各地扶贫办的支持和协助下,喜马拉雅正在动员各方力量,探索将配备AI音箱作为扶贫工作中扶智扶志的新模式,用声音帮助更多贫困人群创造美好生活。

（三）建立共建共享机制,实现文化普惠诉求

喜马拉雅FM平台积极寻求与全国公共文化服务机构合作,构建起数字资源共建共享长效机制。2017年8月,喜马拉雅发起"汇聚声音的力量,共筑精神家园"的主题文化传播项目,汇聚包括图书馆、美术馆、博物馆、剧院、国学机

构、文化媒体等八类文化服务机构,打造以"汇聚声音力量,共筑精神家园"为主题的"文化传播联盟阵地",以互联网新媒体的方式,通过声音让优秀文化传播得更广更快,也让更多人能够方便及时地学习优秀文化,增添文化自信,共促数字文化创意产业加速发展。此外,喜马拉雅 FM 开设了文化传播联盟电台专区,凡是符合具备文化传播属性的、有至少一档稳定的文化类节目的、具有一定文化影响力的文化机构,以 H5 的形式集中展示入驻的文化机构。在这些文化机构中,图书馆包括中国国家图书馆、上海图书馆、首都图书馆、浦东图书馆、嘉定图书馆、朝阳区图书馆等,美术馆包括中国美术馆、上海外滩美术馆、余德耀美术馆、龙美术馆、中国美术馆等,博物馆包括中国国家博物馆、上海博物馆、南京博物院、福建博物馆等,剧院包括国家大剧院、上海大剧院、上海国际艺术节、文化广场、中华艺术宫、上海东方艺术中心等,文化讲坛包括百家讲坛、文汇讲堂、中华文汇大讲堂、东方讲坛、SELE 讲坛、听道讲坛等,文化媒体包括国家人文历史、环球人物、博物杂志、传承网等,国学机构包括国学新知、中成书院、致良知四合院等。举例来说,2017 年喜马拉雅 FM 与上海图书馆联合推出《上图讲座》,截至目前总收听量已达 447.1 万次。

此外,喜马拉雅开发了基于手机等智能客户端的全民朗读系统,让用户能够在手机上朗读、投稿和参加朗读活动,并运用这一朗读活动管理系统,先后组织和推动了上海市"中小学中华诵读经典行动"以及"你心中的上海文化记忆"故事演绎活动。上海市浦东新区唐镇唐丰苑社区家门口服务站落地了首个"喜马拉雅有声图书馆",社区用户只要用手机扫一扫二维码,就可以方便地收听平台上的音频节目和有声书。有声图书馆还将持续落地在图书馆、博物馆、商场、景区、街道、地铁站等公共空间,随时随地为用户提供有声内容,力求满足随取随用的社会化场景多元需求。

三、文化企业创新公共文化服务
供给模式的启示及问题

以喜马拉雅 FM 为代表的上海网络视听文化产业龙头企业,充分结合产业自身特点和企业产品设计,极大地创新了公共文化服务供给内容和形式,展现了文化企业参与公共文化服务的多层次渠道和丰富可能性,揭示了新兴文化产业积极参与公共文化服务供给的正面效应和积极作用,这一实践带来的启发性意义主要体现在以下方面。

一是多元主体协同参与公共文化服务供给,有助于形成融合发展的双赢和多赢局面。以上海网络视听文化产业为例,该文化产业正处于高速增长期,全产业链齐头并进,在全国保有领先的产业地位与市场影响力,为上海文化品牌的树立奠定了较为坚实的先发条件。网络视听技术的日新月异深刻改变了人们获取信息和日常娱乐活动的方式,文化企业应抓住文创产业发展的有利契机,依托技术进步,拓展"文化+"新思维,发展"人工智能+"新战略,拓宽信息文化等新型消费空间,尝试将公共领域的文化治理实践和个性化的感性文化体验相结合,有望带动服务型消费快速增长。文化企业尤其是新兴文化产业领域的文化企业,在满足人们多样化和体验化消费需求、引领消费结构升级的同时,也推动企业积极履行承担社会责任、追求社会效益和经济效益统一的良好愿景。

二是文化企业能够补足现有公共文化服务供给的短板,缓解公共文化产品供需的结构性问题。在过往,公共文化服务的行政驱动因素较为明显,对文化市场动向反应不够灵敏,创新性也相对薄弱,从供给端出发的总体倾向导致了公共文化服务存在相对的滞后性。另一方面,文化企业密切关注市场动向,以消费需求为导向,更加贴近用户,对公共文化服务和产品的需求更为敏感。文化企业参与供给的公共文化服务往往能够做到精准发力,客观上提升了公共文化服务的供给能力,持续释放创意文化发展活力,在一定程度上能够有效化解公共文化服务供需结构的失衡和错配矛盾,深化公共文化服务的供给侧改革。比如,城乡媒介资源往往分布不均,加剧了城乡地区发展的不平衡性,网络视听文化产业的公共文化服务能够及时疏通农民公共利益表达渠道,提升农民群众的公共意识,帮助维护农民的合法权益,解决扶贫创业的迫切现实需求,增进公共文化服务的平等性。

三是明确多主体协同是实现文化产业和公共文化服务深度融合的落地方

向。公共文化服务供给内容多元、数量庞大,面对文化需求的日益多样化,仅仅依靠文化事业机构已是捉襟见肘,改革公共文化服务供给体制、促成多主体协同联合参与是解决新时代社会主要矛盾的必然选择。为了优化公共文化服务供给环境,需要广泛推行多主体协同共建机制,增强利益相关方的协商交流和协调整合,搭建合作供给网络,真正构建起以政府为主导、企事业为主体、社会组织和公众参与的公共文化治理体系。凝聚各方力量,推动具有带动和辐射效应的开放性项目,争取覆盖更多人群。

与此同时,从上述实践活动和案例可以看出,文化企业参与公共文化服务供给仍处于早期试水阶段,文化企业供给公共文化服务的规模和方式随机性比较大,尚未形成长效成熟的供给机制和模式,需要进一步明确文化产业和公共文化服务深度融合的发展侧重点,确定相关工作管理体制,积极探索并逐步形成文化企业和公共文化服务相互衔接的政策支持体系,避免可能出现的负面影响,削弱潜在风险。就已有实践来看,文化产业和文化事业在公共文化服务供给的占比需要宏观调控,两者之间的共建共享空间有待提升。

一是文化产业参与公共文化服务供给的地位和作用需要进一步明确。公共文化服务的公益性和文化产业的市场性之间存在着一定程度的矛盾,过度产业化势必会导致公共价值的削弱,从而可能引发文化消费的商品属性发生消极性的逆转。为此,需要规范文化产业参与公共文化服务的程度和频次。公共文化服务的根本诉求在于满足人民群众的精神文化需求,要警惕其为产品利益的消费逻辑取代。社会文化的整体发展,虽可借力文化企业的营业收入,仍然必须仰仗政府和文化事业公共资金投入。确保服务质量和政策资源的公平享有,坚持以文化普惠为主,支持文化企业参与公共文化服务的建设与发展,形成多层次、多渠道的公共文化服务供给。

二是文化产业与文化事业共建共享的活力仍然不足。举例而言,喜马拉雅FM立足自身数据库和版权资源优势,在建设公共文化服务平台方面也取得了诸多进展,逐步与国家和地方以及各大高等院校图书馆、出版社建立起合作共建关系,共享音频资源数据库。但在具体操作的过程中,文化企业和文化事业单位共同构建更加高效、平等的资源共享或协同机制仍存在较大的提升空间。由政府部门牵头组织,或能够为类似喜马拉雅FM等视听文化企业和文化事业单位共建共享公共文化服务平台的统筹增添更多活力,势必能够更好地促进公共文化服务的市场化和社会化。

四、未来促进文化产业与公共文化
服务深度融合的对策建议

文化产业与公共文化服务的深度融合,实现公共文化服务供给创新,对当前公共文化治理体系和能力提出了新的挑战。贯彻以人民为中心的发展思想,充分发挥和配置政府部门、事业单位、文化企业、社会组织、公民等多方力量和资源,不仅需要健全理论内涵,降低可能存在的风险,而且需要对照现实逻辑,寻求科学有效的实践路径,切实形成可持续的、高效能的公共文化服务供给机制,以期产出更高质量、更高层次、更高品位、更高能级的服务产品,适应文化消费结构的整体升级,落实普惠民生要求。

一是完善文化企业参与公共文化服务供给的市场机制。当前,文化企业参与公共文化服务供给处于初级阶段,政府行政推动作用仍然相当明显。由于文化产业和公共文化服务融合的机制尚不健全,在政府对市场发挥引导作用的前提下,政府需要简政放权,理顺关系,建立充分开放的、要素自由流动的公共文化服务交易平台,形成文化企业适度集中,鼓励市场主体的有序竞争,促成参与主体多元化的市场格局。推动调整公共文化服务决策模式、绩效评价和利益关系,构建公平、规范的市场竞争秩序。建设公共文化服务创新体系,加快新兴文化产业成果的市场化应用,疏通产业知识溢出渠道,提升平台型文化企业参与公共文化服务供给的程度和专业化程度,实现公共文化服务和内容的迭代升级,使得公共文化服务更有活力、更接地气。

二是建立文化产业和公共文化服务深度融合的标准和规范,防范潜在风险。近年来,我国文化立法步伐有所加快。2016年12月,《公共文化服务保障法》正式出台实施,明确鼓励和支持公民、法人和其他组织参与公共文化服务,同时也鼓励和支持发挥科技在公共文化服务中的作用,推动运用现代信息技术和传播技术,提高公众的科学素养和公共文化服务水平。2018 年 3 月,《文化产业促进法》被建议列入全国人大常委会的五年立法规划,旨在厘清文化领域行政主体涉及的各类法律关系,明确政府在促进文化产业中的权利和义务,从而激发文化产业的创造活力,建立文化产业市场竞争秩序。① 文化产业的概念属性既待明晰,文化产业和公共文化服务融合发展仍然有待成文法规或规范标准的出台,使法治成为这一机制背后的重要保障。

三是加强文化企业供给公共文化服务的发展导向监管和评估。公共文化服务的根本公益属性要求确保民生优先,切实增进人民群众的获得感。为形成政府部门统筹领导、文化事业分工负责和全社会共同参与的工作格局,需要加快制定文化企业参与公共文化服务供给的准入条件和管理规范。强化监督管理,提供对文化企业的业务指导和政策支持,牢固树立民生理念,引导文化企业始终把履行社会责任作为企业的核心理念和价值导向,避免监管缺位和规则不当等负面因素,实现有效市场和有为政府的融合互补。

四是鼓励和提高文化企业参与公共文化服务供给的积极性和长效性。进一步释放政策红利,出台优惠政策,对积极参与公共文化服务且获得正向反馈的文化企业给予相应的奖励措施,形成有效的激励约束机制;在确保合理的市场主体结构的基础上,深化公共文化服务要素配置,赋予产业主体更多的主动权;文化企业遭遇侵权问题严重,通过参与公共文化服务供给,完善文化产业知识产权保护运营机制,优化文化企业营商环境,预防与消除不理性、不诚信的市场失灵现象;做好文化产业人才培训工作,培育一批市场覆盖面广的名优品牌,激发企业加强技术创新和质量管理。

---

① 魏晓阳,《〈文化产业促进法〉未来可期》[EB/OL]. http://ex. cssn. cn/fx/201805/t20180504_4222981. shtml.

上海民营美术馆儿童教育实践分析

——以龙美术馆为例

孙韵涵*

摘 要 发展美术馆儿童教育有助于满足日益增长的美育需求,提高美育水平,推进文教结合,完善公共文化服务体系。上海民营美术馆儿童教育起步早且创新力度大,但受成本、体制、人才等因素制约,面临发展不平衡不充分的问题。2012年至今,龙美术馆文化教育部门有效整合和充分利用内外资源,积极开展儿童教育创新实践,举办了一系列以差异化、多样化和国际化为特点,兼具专业性、公益性和创新性的活动,形成了多个优秀的品牌项目,提供了可复制的成功经验和可借鉴的发展模式。为进一步提升能级水平,龙美术馆儿童教育在拓展活动类型、丰富教学资料、规避商业化倾向及增进业界馆间交流合作等方面还需要更多的努力。上海民营美术馆应借鉴国外知名美术馆儿童教育的成熟体系和国内博物馆美术馆公共教育实践的在地化经验,明确定位,拓宽思路,积极探索,群策群力,不断优化项目和服务,逐步完善自身公共教育体系建设,加快资源共享平台构建,共同推进美术馆儿童教育事业繁荣发展。

关键词 民营美术馆 美术馆教育 儿童教育 美育

随着美育热潮和"美术馆时代"到来,公众对美术馆儿童教育的关注和需求快速增加。美术馆儿童教育是指以3—14岁儿童为主要对象,由美术馆教

---

* 孙韵涵,上海社科院文学所2017级研究生。

育部门独立或参与组织和提供的,以艺术教育为目的的各类活动和服务。按服务对象和合作机构,可分为亲子/家庭项目、学校项目、社区项目;按教学时间可分为日常项目、节假日项目和长期项目;按活动类型可分为参观导览、讲座论坛、影像放映、读书会、工作坊、课程培训等。

一、美术馆儿童教育的重要性

对参与者来说,优质的美术馆教育活动不仅丰富着孩子们的精神世界,也为家长和老师普及美育理念和艺术知识。对美术馆来说,举办儿童教育活动能够吸引更多观众,对形象塑造和品牌推广起着积极作用,有助于提高美术馆的核心竞争力。对城市来说,美术馆公共教育不仅传播优秀艺术、传承城市文脉,也是公共文化服务体系的有机组成部分。

(一)满足美育需求,提升美育水平

随着物质生活水平不断提高,人民期盼更丰富的文化生活,也越来越注重艺术修养和审美境界的提升。美育,尤其是儿童艺术教育,受到广泛重视和普遍欢迎。习近平在给中央美术学院老教授的重要回信中提出,要全面加强美育工作:"坚持立德树人,扎根时代生活,遵循美育特点,弘扬中华美育精神,让祖国青年一代身心都健康成长"[①]。美育,即美的教育、审美教育,旨在培养感受美、认识美、探索美、欣赏美、爱好美和创造美的能力,进而培育美的素养、美的理想、美的品格、美的心灵,从而培养健全的人格。艺术教育是实施美育的重要途径和主要方式,包括以美术、音乐、文学等各类艺术形式为内容的教育活动。2015 年 5 月教育部出台《中小学生艺术素质测评办法》等一系列政策,将艺术素质纳入学生综合素质档案。作为基础教育改革的重点,艺术教育不再只是为应试让路的"副课",而是儿童成长过程中不可或缺的部分。作为儿

---

① 习近平:《习近平给中央美术学院老教授的回信》,载新华网 http://www. xinhuanet. com/ 2018 - 08/30/C_129943642. htm 2018 年 8 月 30 日。

童艺术教育的重要方式,美术馆儿童教育不仅传递艺术知识和技巧,还以潜移默化的方式增加艺术兴趣、激发创作潜能、提高鉴赏能力、提升文化素养。

（二）发挥资源优势,助推文教结合

美术馆独有的美育资源能够弥补学校和家庭在艺术教育方面的不足。学校和艺术培训机构的艺术教育无法完全摆脱应试的束缚,学习内容抽象,学习方式和考察指标单一;家庭中的艺术教育取决于家长的美育意识和艺术素养,通常缺乏专业性和系统性。现代美术馆本身就是一个综合性的学习空间,具备环境、藏品、人才、展览、出版物等有形和无形的教育资源能够提供符合儿童认知方式,满足儿童心理发展需要的艺术教育活动。在美术馆中,儿童可以近距离接触艺术品,在实物环境中享受多重感官体验,获得更为具体鲜活的印象。除此之外,美术馆也提供了与艺术家、教育家、艺术从业者现场交流互动的机会。近年来,馆校结合在美育工作中发挥着越来越重要的作用。不仅学校互动组织学生参观美术馆,美术馆工作人员也进入学校开展艺教课程和职业教育,带来差异化的教学方法和宝贵的从业经验。上海市于 2013 年和 2015 年连续推出了《上海文教结合工作三年行动计划》,坚持"以文化人、以艺育人"的核心理念,优化文艺活动与教育实践对接机制,推进文教事业融合,使青少年在接受艺术熏陶、传习艺术技能过程中,以润物无声的方式启迪思想、温润心灵、陶冶人生。

（三）完善公共服务,弘扬优秀文化

作为综合性公共文化服务平台,美术馆不仅收藏、展示和研究各类美术作品,也承担着以普及推广视觉艺术为主的公共教育功能。2018 年 6 月 1 日,《上海市美术馆管理办法（试行）》开始实行,其中,第三十九条规定:美术馆"应当制定公共教育工作方案和针对不同观众群体的公共教育计划"并"对学校开展各类相关教育教学活动提供支持和帮助",正式将公共教育纳入美术馆工作要求中。

通过兼具趣味性和专业性的教育活动,美术馆一方面增加城市文化艺术

供给,满足市民日益增长的精神文化需求;另一方面,潜移默化地传播优秀艺术文化,有利于城市文脉的传承和发展。近几年,我国美术馆数量和参观人数持续增长,各类展览和教育活动受到普遍欢迎。2015年中国的美术馆参观人数已逾3 000万,其中未成年人超过1/5。2012年至今,上海市美术馆数量从34家上升到82家,参观人数超过2 000万。2017年,上海市美术馆共举办公共教育活动3 357场,与上年度相比增加了约3倍;参观人数为617万人次,较上年度增加20%。2018年9月,上海市文化广播影视管理局发布《关于运用重要时间节点进一步做好本市美术馆市民美育工作的通知》,要求各级美术馆聚焦时代主题,在改革开放40周年、上海解放70周年、建党100周年等重要时间节点,开展具有主题性、专业性、标识度、数字化、影响力的展览和公共教育活动,积极弘扬中国传统文化、革命红色文化、海派文化、江南文化。

总之,上海应大力发展美术馆儿童教育,鼓励各美术馆积极开展儿童教育实践,提供优质教育产品和服务。这既是现代美术馆发展的必由之路,也是建设"卓越的全球城市"的应有之义。

二、上海美术馆儿童教育现状

十八大以来,在政策支持和鼓励下,上海地区美术馆相继推出家庭开放日、美育讲座、亲子工作坊、艺术课程等活动,其中不乏优秀的品牌项目。

上海公立美术馆在儿童教育方面起着良好的模范带头作用。中华艺术宫最早开展以文教结合为中心的儿童教育活动,"走进艺术宫"、"儿童美术馆"、"快乐330"、"艺术宫教育长廊"等项目大获成功。徐汇艺术馆"美育卡"、上海当代艺术博物馆"小蜜蜂导览"、刘海粟美术馆"艺粟工坊"等活动也受到孩子和家长的普遍欢迎。但公立美术馆数量和资源有限,无法覆盖所有需求。占全市美术馆数量20%的公立美术馆,承担着60%的人流量,其中观众数量位列第一的中华艺术宫承担了40%。据第六次全国人口普查,上海市0—14岁人口数量为198.56万人。截至2017年底,全市共有18家公立美术馆,平均11万名儿童共用一个公立美术馆。上海最大的公立美术馆中华艺术宫每周末举办一至两场儿童教育活动,每次人数根据活动类型限制在 30—100 组家庭或 25—200 人之间。参与活动需要提前通过官方网站或微信公众号预约报名,往往活动信息一经发布,名额就被立刻抢光。公立美术馆教育活动也存在重展示轻体验、重宣教轻培养的问题。具体表现为:活动类型单一,以馆校结合为主;教学内容单一,以中国传统美术书法和中国近现代美术为主;教学方法单一,以导览和宣讲为主;以及活动人数较多导致教育效果减弱等等。

上海民营美术馆积极开展教育实践,一定程度上缓解了儿童美育的供求矛盾。2010 年起,上海最早的一批民营美术馆就已开始举办儿童教育活动。例如上海证大喜马拉雅美术馆的亲子家庭日、上海外滩美术馆的"院校合作及儿童计划"等。如今,大型民营美术馆在活动内容和形式上都进行了更多探索创新,也形成了一批独具特色的长期项目。例如民生现代美术馆的"自然野趣"和"我的艺术游戏",艺仓美术馆的"职业体验营",余德耀美术馆的"yuzkids 亲子工作坊",喜马拉雅美术馆的"流动美术馆"等。

上海民营美术馆儿童教育活动以工作坊和艺术课程两类为主。工作坊单次参与人数限制在 15—20 组家庭(30—50 人)之间,活动流程大致为:破冰—导览—制作—分享。艺术课程在寒暑假举办,周期为五至七天。教学内容为导览、策展等美术馆职业培训和实战体验,或者学习某一艺术门类或流派。这些活动强调寓教于乐,以引导为主,注重互动和个性化教学。例如,民生现代美术馆于 2016 年启动"长廊涂鸦计划",旨在为孩子们提供自由创作的场所和表达感受的机会,在释放艺术天性的同时激发想象力。

上海民营美术馆自觉地承担社会责任,不断完善美术馆教育功能,丰富城市文化艺术供给,在公共文化服务中发挥着越来越重要的作用。根据《2017 年度上海市美术馆事业发展报告》,截至 2017 年底,上海市民营美术馆数量已达 64 家,约占全市美术馆的 80%,参观人数共 221 万;参观人数排名前十的美术馆中,民营美术馆①占六家。2016 年,上海市共有 12 个美术馆入围全国美

---

① 分别为:龙美术馆、艺仓美术馆、民生现代美术馆、余德耀美术馆、上海当代艺术馆和喜马拉雅美术馆。

术馆优秀项目,民营美术馆占50%。文化部公布的2016年度全国美术馆优秀项目中,上海共有12个项目入围,包括6个民营美术馆项目。其中,龙美术馆(浦东馆)的"体验红色经典艺术"爱国主义教育项目是上海市唯一一个优秀公共教育获奖项目。2017年,上海市中华艺术宫、上海民生现代美术馆(民营)和上海美尔尼克夫美术馆(民营)共三家美术馆获得全国美术馆优秀公共教育项目。

整体上,上海美术馆儿童教育才刚刚起步,存在发展不平衡不充分的问题。公立美术馆覆盖面有限,创新力不足;大型民营美术馆的活动数量相对较少;大量新建的民营美术馆和中小型美术馆的教育资源尚待开发。为加快美术馆儿童教育能级提升,亟需分析典型案例,总结实践经验,提供可借鉴的发展模式。

三、龙美术馆儿童教育实践及特点

龙美术馆(西岸馆)2017年参观人数达到60万,仅次于上海最大的公立美术馆中华艺术宫,成为上海最受欢迎的私立美术馆之一。龙美术馆由中国收藏家刘益谦、王薇夫妇创办,在上海共有浦东馆和西岸馆两个场馆,分别于2012年和2014年开馆。开馆以来,龙美术馆文化教育部负责开展讲座论坛、Workshops(工作坊)、Performances(演出)、Screenings(电影放映)、Special Events(特别活动)、艺术课程等六类活动。其中,为儿童开设的"儿童与家庭项目"包括"儿童/家庭艺术工作坊"、"少儿艺术实习生"、"环球艺术大师"等子项目。2017年,龙美术馆(西岸馆)共举办23场儿童教育活动和4期寒暑假艺术课程。工作坊活动平均每月一至两场,逢儿童节、父/母亲节、端午、中秋、国庆等节假日有展览优惠和特别活动。"少儿艺术实习生"项目自2014年启动,旨在培养"小小导览员",包含导览示范、技能培训和考核、实习等环节。"环球艺术大师"项目邀请外国艺术家教授艺术鉴赏与创作,聘请专业培训老师教授策展与布展、进餐礼仪、导览讲解等内容,并举办由参与者自己策划一个展览,以展出活动期间创作的作品。同时,这些教育项目之间形成了良好的互动关系——"少儿艺术实习生"培养了优秀的中学生导览志愿者，亲子艺术工作坊的活动经验可以移植到社区项目之中。

（一）充分利用馆藏和展览资源，实现差异化发展

民营美术馆馆藏和展览内容取决于创建者的喜好和艺术眼光，不同场馆藏品数量和种类差异较大。蓬勃的当代艺术和先锋艺术一般更受欢迎。龙美术馆馆藏数量和种类丰富，涵盖现当代艺术、红色经典艺术、中国古代艺术等；开馆至今共举办百余场展览，既有馆藏精选作品展，也有国内外知名艺术家和青年艺术家个展和特展，还与国外收藏机构合作引入经典名作，主题涉及海派绘画、民间艺术、民族特色、红色革命、公共艺术等。儿童教育活动根据正在展出的展览主题、艺术门类、经典展品和藏品进行设计，包含专业导览环节，以突出的艺术特点吸引参与者。例如，围绕"南加州光与空间运动"的先驱与代表、艺术家詹姆斯·特瑞尔的回顾展，西岸馆举办了"光影实验室"、"光影何为"、"我心中住了个月亮"等多个活动，帮助儿童理解抽象艺术和立体装置。

（二）跨界融合创新，内容形式多样化

龙美术馆教育活动的教学内容不局限于绘画书法等传统美术，而是融合音乐、朗诵、戏剧、舞蹈、手工等多种艺术形式，综合烹饪、文学、建筑、科学等不同领域。文学类有"孩童诗词创新工作坊"、手工类有"创于无形：非遗文创系列工作坊"、戏剧类有"《谁是第一名》亲子剧场"等。除了龙美术馆，上海其他民营美术馆在跨界融合方面也取得了多样化的创新成果。余德耀美术馆举办"小创客工作坊"让孩子们了解互动装置原理并制作带有光敏传感器的艺术品。民生现代美术馆在愚人节举办"科学狂想曲"特别活动，包括"趣味实验"、"人工智能街舞潮服制作"和"SmartNode——放屁的椅子"等。艺仓美术馆则配合"土木展"举办三期儿童搭建工作坊，分别体验轨道交通、桥和未来城市建造。此类"艺术+科学"教育活动或通过有趣的视觉现象进行科普宣传，或展示当代艺术如何运用现代科技，为美育与科普的有机结合提供了新的思路和范例。

（三）不断增强专业性，着力提升美育效果

随着社会教育水平提高，对儿童美育活动的专业性也有了更高的要求。美术馆教育面临的问题，是如何将自上而下的"教谕"和自下而上的"学习"功能结合起来，实现与艺术真正的交流和沉思，从而将美术馆嵌入更广义的城市"文脉"之中。[1] 上海民营美术馆儿童教育吸收西方美术馆博物馆教育理论，不断完善教学目标和方法，以提升美育效果，弥补当前艺术教育的不足。在教育理念上，回归本质，以儿童为中心，注重个性体验、兴趣培养和自主探索。教育重心由艺术鉴赏向艺术创作转移。工作坊均设有创作环节，鼓励儿童动手实践，制作雕塑、装置、工艺品等。在师资力量上，除了配备专门的工作人员，龙美术馆还与国内外艺术家、教育经验丰富的艺术从业者和艺术教育机构合作，为不同主题的教育活动配备具有专业资质的指导老师。龙美术馆与童绘Artpire、精中教育集团旗下番茄田艺术学校和touchBOX小创客、英然·礼仪与修养等机构进行长期合作。在教学内容上，每期工作坊都有核心知识点，艺术课程则注重更全面性和系统性。"环球艺术大师——从波普出发"双语艺术课夏令营将理解20世纪重要艺术流派作为学习目标之一；"少儿艺术实习生"实习生项目教授与导览相关的艺术知识、基础发声技巧和礼仪规范等。在教学方法上，细分受众，量身定制。活动介绍中注明适宜参加的年龄段，并根据儿童学习特点设计。例如用讲故事、情境设置、做游戏的方式激发好奇心。"浸润自我——安东尼·格姆雷《静止中移动》"亲子工作坊的导览过程中，老师引导孩子们摆出与人体雕塑展品一样的造型，探索身体与建筑空间、自然环境的关系，帮助儿童认识和理解公共艺术作品的内涵。

（四）具备国际视野，促进跨文化交流

上海民营美术馆儿童教育国际化程度普遍较高，中英双语的宣传推广、展览介绍和教育课程不仅展示了不同的文化背景和艺术风格，也吸引着潜在的

---

[1] 唐克扬：《美术馆十讲》，商务印书馆2016年版，第208页。

全球观众。龙美术馆的展览和展品涵盖日韩、英美、荷兰、丹麦、墨西哥等国家，并邀请世界知名当代艺术家、策展人、艺术从业者和外籍教师参与教育项目，开设讲座、论坛、课程、交流分享会等，尽可能还原展品的文化语境，培养广阔的艺术视野。

（五）联结社会力量，开展公益行动

除了每月免费开放日、节日优惠和公益讲座，龙美术馆还开展馆校合作、馆社合作项目，为学生和居民举办免费的参观导览、艺术课程、工作坊等活动。在馆社合作方面，龙美术馆与斜土社区、花木社区进行长期合作。2015年寒假期间，龙美术馆与徐汇区斜土街道居委会合作，首次将"龙小美美育计划"推进社区，为孩子们开设版画公益体验课。2017年3月，龙美术馆举办"3·5学雷锋志愿服务大型活动"，作为花木街道"昂首做公益，健康文化行"大型活动的一部分，鼓励参与者以雷锋形象为主题绘画创作。来自竹园小学的学生和老师共同创作了雷锋肖像画。在馆校合作方面，龙美术馆与上海市复旦实验中学、世界外国语小学、华师大二附中国际部（紫竹校区）等学校合作开展"爱国主义基地"艺术体验课堂、"鱼传尺素书法活动"、"中学生志愿者成长计划"等活动。

除此之外，上海民营美术馆十分关注自闭症儿童和精神智力障碍儿童等特殊群体积极与相关慈善机构和社会组织合作，开展多种形式的公益教育活动。包括参观美术馆、体验艺术创作、进行艺术疗愈；举办艺术画展，展示特殊人群的艺术才能；发起公益捐款、慈善义卖，唤起公众的关注和关心等。例如余德耀美术馆与WABC无障碍艺途共同举办的"儿童游戏手册×公益行动"；艺仓美术馆和致康园、同心圆志愿者共同举办的"和孩子们的'寓言生活'"；上海民生现代美术馆与宋庆龄基金会、上海青聪泉儿童智能训练中心、青年华德福教育组织MotherGround共同举办的"关爱自闭症儿童特别活动"等等。

（六）激活内外空间，塑造文化生态

在美术馆内，展厅、活动室、图书馆、咖啡馆、音乐厅等不同功能的场所相

互连通,都可以作为教育活动的地点。龙美术馆的两个场馆均为教育活动开辟了专用空间:浦东馆建筑地下一层为公共教育区域,设有图书阅览室、学术报告厅;西岸馆地下一层设有儿童展厅和图书馆,地上两层还有公共景观庭院、音乐厅、影像室等开放性空间。教育活动常常在展厅、专用空间和开放性空间等多处展开。美术馆建筑设计也越来越注重空间的开放性,强调美术馆与环境的紧密联系。龙美术馆(西岸馆)旁的"斗廊"由原北票码头构筑物"煤漏斗"改造而成,与主体建筑形成呼应关系。在"少儿艺术实习生"和部分工作坊活动中,老师带领儿童参观和了解龙美术馆建筑历史和特色,认识作为文化地标的美术馆之于城市的文化意义。

另一方面,美术馆儿童教育活动的地点不再局限于室内,而在充分利用美术馆内部空间流动性的基础上,带着孩子们走出美术馆,用环境激发艺术灵感,用艺术激活周围环境。龙美术馆(西岸馆)拥有徐汇滨江优美的自然环境和文化走廊独特的区位优势,周围有观景平台、滨江绿地、滨江滑板公园、余德耀美术馆、西岸艺术中心、西岸营地、徐汇滨江文化规划展示中心等教育、休闲、娱乐、文化场所。而龙美术馆本身也是西岸文化走廊的重点项目和徐汇滨江的文化地标之一。2014年10月,龙美术馆与徐汇区文化局合作,开展"1199个人"展览特设教育活动,带领孩子们到美术馆外的黄浦江边观察人物风景并进行户外写生。美术馆外时刻变化的自然环境给儿童带来新鲜感,为艺术教育和自由创作提供更多鲜活的现实生活素材,与美术馆内的专业知识和艺术经典学习形成互补。

在儿童教育实践中,龙美术馆最大程度调用美术馆现有的馆藏、展览、人力、空间和环境等资源,联合教育机构、非营利组织、基金会等社会力量,加强与家庭、学校、社区的紧密联系;丰富主题内容,创新教学方法,突出公益性质,传播现代美育理念,充分发挥美术馆教育对儿童成长和城市文化发展的积极作用。

四、龙美术馆儿童教育能级提升建议

虽然在上海民营美术馆中表现突出,但与世界知名美术馆相比,龙美术馆儿童教育还有较大的提升空间。在受到成本高昂、体制局限、人才缺乏等因素制约的情况下,美术馆要实现儿童教育能级提升,不仅需要对标国内外优秀美术馆博物馆,借鉴其具体项目、体系架构和服务细节,还需要结合自身实际探索有效路径。

(一)持续拓展活动类型

2012 年至今,龙美术馆教育活动仍以讲座、工作坊和艺术课程培训为主。虽然活动数量增加,主题内容也更为丰富,但是活动流程和模式固化,活动类型有待进一步拓展。

第一,在节假日延长开放时间,提高专业导览、绘本阅读、影片观看等小型活动频率。美国大都会博物馆每年向几千个家庭发放招待票,除了免费参观外,还有画廊猎奇、家庭电影、艺术写作、绘画和艺术企划等体验项目。博物馆中的诺伦图书馆儿童阅读中心每日举办 Story Time 活动,每次三十分钟,带一岁半到六岁孩子读绘本故事。

第二,增设定期儿童展演和艺术制作参观。80 年代,为提升居民社会教育水平,日本地方美术馆数量倍增,除了讲座、解说之外,还举办"公演会"和"公开制作"等公教活动,"公演会"指与美术有关的音乐、舞蹈、戏剧公开演出,"公开制作"则由参观者观看艺术品制作过程并提出疑问。[①] 如今,艺术节目和展演已经成为博物馆美术馆吸引观众的常用方法。作为 2018 年"5·18 国际博物馆日"的系列活动,龙美术馆(西岸馆)在展厅内举办公益音乐会,邀请上海大学音乐学院的教师和学生共同演奏经典曲目。民营美术馆可以进一步将展演会日常化、长期化,并邀请儿童作为表演者,为其提供展现自我的平台;将创作过程作为展览的一部分,开设专门的艺术工作室,展示中国民间艺术、技艺性非物质文化遗产、传统手工艺品等的制作过程。

第三,将幼儿纳入美术馆教育对象,开展美术馆幼儿教育活动。幼儿艺术启蒙是儿童美育的基础。目前上海美术馆内没有适合 0—3 岁幼儿的艺术教

---

① 钱初熹、朱桦:《日本的美术馆教育》,《世界教育信息》1997 年第 3 期。

育活动。龙美术馆教育活动的适宜年龄最小为3岁,多数活动要求5或6岁以上,有一定动手能力的孩子在家长陪同下参加。在美国国家自然历史博物馆,2岁儿童就已经开始接触展品。波士顿儿童博物馆内麻省理工幼儿认知实验室——玩乐实验室为幼儿提供充满视觉刺激的安全舒适的探索环境。作为试验性的多功能艺术空间,巴黎104当代艺术中心不仅为儿童提供免费艺术培训,还配有幼儿馆,免费接待0—5岁幼儿。美术馆应为幼儿开设学习游戏空间、配备专业老师,并为家长提供美育知识普及和相关便利服务。

第四,继续深化"美术馆+""艺术+"跨界合作。例如,作为城市重要的文化地标,美术馆可以开设城市行走、主题游学等户外项目。上海博物馆开展SmartMuseum品牌建设,在针对4—14岁未成年人及其家庭的亲子教育(SmartMuse Kids)项目中,文化与节俗主题课程、博物馆营、"行走上海"馆外拓展课程受到广泛欢迎。这类文旅结合的教育活动通过实地考察美术馆及其相关的建筑、景观设计和公共艺术,增进美术馆和城市的互动,充分发挥美术馆在文化传播和文脉传承中的积极作用。

第五,鼓励开展实验性活动,为创新型美术馆教育项目孵化和落地提供土壤和平台。例如,美术馆可以邀请儿童参与到活动和项目的设计策划中。大都会艺术博物馆儿童网站metkids由纽约乃至世界的孩子们参与制作。在"视频浏览"部分,他们分别担任调研记者、动画师或独立制作者,创作了几十个短视频,包括博物馆问答、创意作品、手工制作、庆祝仪式等四个主题。在这一过程中,美术馆能够进一步了解儿童的内在需求,引导儿童充分发挥艺术创造力,并将其转化为创新的动力。

(二)不断丰富教学资料

配套教学资料指为配合美术馆儿童教育项目开展而专门开发的纸质印刷品和数字资源,是提高美育效果的重要辅助手段。这些资料有的由美术馆独立编印、制作和保存,有的则是美术馆与学校、教育部门、图书馆、研究中心、企业等机构合作,由教师、研究者、艺术家、软件设计师等专业人士共同开发。

包括龙美术馆在内的大部分上海民营美术馆并未提供相应的配套教学资料，有待加快制作和宣发。一方面，展览宣传单和图书馆的艺术类书籍等纸质材料以成人为预设读者，其中的大量文字对儿童来说枯燥而艰深，难以接受。另一方面，上海民营美术馆数字化程度普遍较低。龙美术馆仅将官方网站和微信微博作为主要的线上宣传渠道，在社交平台活跃程度不足；官方网站没有儿童版本，虚拟美术馆、线上展览等数字功能也尚待开发。

第一，针对来自学校和家庭的观众发布儿童读物和教育手册。儿童读物指专门为儿童编写和设计的、适合儿童阅读的地图攻略、导览手册、故事绘本、游戏手册等印刷品。颜色鲜艳、情节有趣的小册子能够吸引和辅助儿童进行美术馆空间探索和展品欣赏，将参观美术馆本身变成一项游戏。教育手册指供父母和教师使用的辅助手册和教学资料，例如海报、宣传单、课程资源袋和亲子观展指南等，帮助父母和老师关注和开展儿童艺术教育。艺术启蒙类畅销书籍《你不能带黄气球进大都会博物馆》系列无字绘本，用讲故事的方式分别介绍了大都会博物馆、美国国家美术馆和波士顿美术馆的主要馆藏作品并附有卡通版地图，适合儿童提前了解博物馆和参观需知。余德耀美术馆自2017年6月开始定期推出儿童游戏手册，包含展览介绍和动手制作素材，通过提出问题、设置任务的方式引导儿童参观当前展览。游戏手册放置在展厅门口，付任意金额（2元起）自取，所得资金捐赠给慈善机构或用于馆内公教项目。此种成本较低的教育服务为上海民营美术馆提供了可复制的成功经验。

第二，加快数字化建设和数字产品开发。数字资源不仅包括博物馆在各类社交平台上发布的信息，还包括儿童版本的语音导览、影视音像类资料、美术馆APP、线上课程、游戏软件等数字教学产品和平台。数字资源使教育活动得以突破时空限制，也使知识展示形式更加多样和具体。2015年9月16日，大都会艺术博物馆针对7—12岁儿童推出metkids网站。该网站分为大都会地图、时空机器和视频浏览三个部分，有多个版本以支持在台式、笔记本、平板和移动设备上使用，并向国际观众开放访问。在"互联网+文化"背景下，北京故宫博物院、中国美术馆、上海博物馆、中华艺术宫相继推出官方APP、艺教游戏、课程资料包,湖南省博物馆、天津博物馆推出在线教育平台和慕课视频,为远程学习提供便利。

同时,美术馆需要保证参观者能够提前知晓并便捷地获取各类资料。在大都会博物馆,咨询台可以领取儿童专用地图、租借 6—12 岁孩子专用 Audio Guide 语音讲解器。古根海姆博物馆、惠特妮美洲艺术博物馆为参观展览的儿童提供本子和画笔,让孩子们可以随手作画和临摹。

(三)始终规避过度商业化

上海民营美术馆儿童教育活动中收费活动占多数,部分活动费用较高。以龙美术馆为例,亲子工作坊的价格按每个家庭参与人数多少在 100—500 元/次不等,包含材料工本费和门票费。作为工作坊活动的一部分,儿童可以免费观展,陪同家长需要按市场价格支付相应的门票费,价格在每张几十元到数百元之间,通常为百元以上。寒暑期艺术课程的价格则在千元以上,有的高达万元。而美术馆艺术课程在实质上与其他艺术教育机构的培训有何区别,是公益性质还是创收方式,仍待商榷。

当然,由于运营费用高昂和资金来源有限,民营美术馆或多或少面临生存压力。举办活动所需的人力、物资、场地等成本也不低,收取一定费用无可厚非。但作为非营利性的文化艺术机构,民营美术馆需要坚持公益性原则,不断规避商业化倾向。一方面尽量降低门票和活动费用,让更多儿童有机会接受艺术熏陶;另一方面,每年公开发布年报,接受政府和社会的监督。

资金是阻碍国内民营美术馆儿童教育发展的主要原因之一。上海民营美术馆主要由大型金融机构、地产集团、基金会和个人收藏家创办,按经营性质区分为民办非企、民办企业、公助民办三类。其中民办非企数量最多,共有 53 家,其中包括龙美术馆、上海民生现代美术馆、余德耀美术馆、上海当代艺术馆、喜马拉雅美术馆等大型美术馆。与国外美术馆依靠各种基金会支持不同,这些民营美术馆运营资金主要来源于创办者,部分来源于政府补贴和项目资助、基金会赞助、门票销售以及艺术商店、咖啡厅、餐厅等副业的收入。

为解决活动资金不足的问题,美术馆可以加快文创开发,拓宽创收渠道;

开发优秀公教项目，积极申报各类政府资助项目；与企业、基金会和社会各界开展合作，增加资金来源；招募志愿者团队或与志愿者协会合作，降低人力成本等。2015年全年龙美术馆的学术讲座和龙小美美育计划项目资金由兴业全球基金赞助。同时，政府也应对优秀公共教育项目予以更多资金和制度上的支持，鼓励美术馆发展公共教育。做好已有扶持计划和艺术基金的申报和评选，并设立更多资助项目；加快完善民营美术馆管理机制和基金会制度，让更多社会力量参与到美术馆公共教育建设中来。

（四）全面推进业界馆间交流合作

目前，上海大多数美术馆着力于打造各自的教育品牌项目，各个民营美术馆之间、民营美术馆与公立美术馆之间的业界交流与合作有待进一步加强。

第一，开展馆间项目合作，实现优势互补。上海民营美术馆数量多且各具特色，更注重打造集展览、餐饮、休闲娱乐、文化体验等功能为一体的综合性公共空间，有利于增强教育活动的多样性和趣味性；公立美术馆在藏品、师资、人力等方面更有优势，具备更多项目策划和落地执行的经验。上海的公立博物馆和民营博物馆已经尝试合办活动。2018年6月，上海玻璃博物馆与上海自然博物馆共同推出"探秘植物国度系列之植物的印记"工作坊活动，由自然博物馆的老师带领小朋友在玻璃博物馆内外辨认植物，完成手绘涂色卡，体验植物敲拓染。

第二，建立长期的馆间交流机制。通过分享项目情况、成功案例、落地经验和学术研究成果，相互借鉴，少走弯路，集思广益，切实提高美术馆儿童教育的实践能力和理论水平。中国美术馆自2015年起每年主办全国美术馆公共教育年会，汇集来自全国各地美术馆的业界同行和专家学者，共同探讨中外美术馆公共教育发展现状和热点问题。在浦东新区文广局的支持下，中国民营美术馆发展论坛多次在上海民营美术馆举办。2013年首届和2014年第二届论坛由龙美术馆（浦东馆）主办，2016年第四届论坛由上海现代民生美术馆主办。论坛邀请国内外重要美术馆馆长和艺术精英进行主题演讲和圆桌讨论，在聚焦自身发展路径、品牌战略和运营模式的同时，也越来越关注如何加强公共教育这一重要的社会责任。2018年2月9日,龙美术馆举办了"教育者之夜"论坛,向来自学校、培训机构、文化场馆、基金会等教育者和艺术从业者介绍馆内公共教育项目情况,并探讨如何共享博物馆美术馆的公教资源。尽管国内美术馆已经开始通过各类会议进行交流,但规模普遍不大,参加人数有限,参加人群局限于业内同行和专家学者。因此不仅需要定期举办大型会议、论坛和博览会,集思广益,促进跨领域交流,也可以灵活开展小型分享会和研讨会,将信息分享常态化,不断细化领域、深挖问题、协同解决。

第三,成立上海民营美术馆协会和教育联盟。上海正在积极构建博物馆美术馆资源共享平台。2017年5月18日上海市博物馆教育联盟于第41个国际博物馆日成立,成员有上海博物馆、各区博物馆、上海科技馆、上海鲁迅纪念馆、华师大博物馆等36个博物馆。2018年,上海市大力推进"1+16"美术馆联盟机制,并在此基础上建立上海美术馆行业协会,实现市和市级与16个区的区级美术馆、民营美术馆共89家美术馆的资源联动。统一的线上和线下平台加快信息和资源的开放流动,不仅促进行业规范化,也有利于建立长效的合作机制,缓解发展不平衡的问题,形成充满活力的业态环境,推动美术馆更好地承担公共文化服务和社会教育的职能。

五、结　语

龙美术馆通过资源的有效整合和充分利用,开展了一系列以差异化、多样化和国际化为特点,兼具专业性、公益性、创新性的活动,形成了多个优秀的品牌项目,为美术馆儿童教育提供了可复制的成功经验和可借鉴的发展模式,但在拓展活动类型、丰富教学资料、规避商业化倾向及增进业界馆间交流合作等方面还需要更多的努力。上海民营美术馆需要发挥主观能动性,借鉴国外优秀美术馆儿童教育的成熟体系和国内博物馆美术馆公共教育实践的在地化经验,明确定位,拓宽思路,积极探索,群策群力,不断优化项目和服务,逐步完善自身公共教育体系建设,加快资源共享平台构建,共同推进美术馆儿童教育事业繁荣发展。

主要参考资料

[1] 郭姿莹、林宣君、庄钰如:《从传递观念到促进互动:博物馆的学习空间——2011 年第六届美术馆教育国际研讨会》,(中国台湾)北市美术馆 2012 年版。

[2] Larry's List Ltd.、雅昌市场监测中心:《全球私立美术馆调查报告》,MODERN ARTS PUBLISHING,2016 年版。

[3] 陶洁:《上海当代民营美术馆公共教育项目研究——以上海民生现代美术馆为例》,山东艺术学院硕士论文 2017 年。

[4] 周婧景:《博物馆儿童教育研究——儿童展览与教育项目的视角》,复旦大学博士论文 2013 年。

[5] 曹默:《博物馆儿童教育活动执行过程的分析——以上海地区博物馆为例》,复旦大学硕士论文 2010 年。

[6] 王慧泉:《协调与合作——"2015 年全国美术馆公共教育年会"简述》,《美术观察》2016 年第 2 期。

[7] 刘鹏,陈娅:《大都会艺术博物馆志愿者运作模式对国内美术馆的借鉴》[J].《美育学刊》2016 年第 4 期.

附录

2017年—2018年龙美术馆儿童教育活动(部分)

类型	主题	时间	当前展览	适用年龄	人数	合作机构	指导老师	费用
艺术课程	龙小美美育计划之少儿艺术实习生(第六期)	2018.8.22—8.25	十年1979—1989龙美术馆藏中国当代艺术展	7—12岁		培英教育迪声文化	黄丹，ACI注册礼仪培训师 李欣晓,上海东方财经节目主持人	2 680元/人 2 380元/人(会员价)
	环球艺术家大师——克里姆特特别计划	2017.1.14—1.15		6—12岁		英然·礼仪与修养 童绘Artspire	波兰艺术家 Marta Liszka	6 800/13 000/18 000元 5 800元(会员价)
	环球艺术家大师双语艺术课——从波普出发	2017.7.3—7.14	展望·镜像	6—12岁	20人	童绘 Artspire	外籍教师,艺术家 James Ronner	5 288元/人/期 4 988元/人/期(会员)
工作坊	《谁是第一名》亲子艺术剧场	2018.6.1 周五	杨福东个展:明日早朝,美术馆新电影计划2018	4岁以上		玩剧岛,台湾儿童互动戏剧		
	六一儿童节魔法"如意"派对	2018.6.1 周五	人间处处有如意——龙美术馆藏如意与瓷器特展	4—12岁	20组家庭		touchBOX 小创客	398元/组(1大1小,含门票1张)
	中学生志愿者成长计划	2018.3.8/3.15/3.22/3.29 周四	人间处处有如意——龙美术馆藏如意与瓷器特展			华师大二附中国际部(紫竹校区)	姜又铭,龙美术馆文化教育部主任 叶文秀,策展研究部研究员	
	"浸润自我"——亲子工作坊	2017.10.14 周六	安东尼·格姆雷:静止中移动	5—12岁	16组家庭			348元(含门票1张) 428元(含门票2张) 508元(含门票3张)

续表

类型	主题	时间	当前展览	适用年龄	人数	合作机构	指导老师	费用
	创于无形：非遗文创系列工作坊之转印工作坊	2017.6.25 周日		成人亲子	30人			188元(不含门票)
	儿童工作坊：光影实验室——另一种颜色看世界	2017.5.7 周日	詹姆斯·特瑞尔回顾展	7—14岁	15组家庭		陈琦,华师大第二附中当代艺术与绘画讲师	368元(含门票1张) 548元(含门票2张) 728元(含门票3张)
	鱼传尺素——世界外国语小学书法活动	2017.3.28 周二	敏行与迪哲——宋元书画私藏特展			世界外国语小学		
工作坊	穿越诗空画今天——孩童诗词创新工作坊	2017.3.26 周日 2017.4.2 周日	敏行与迪哲——宋元书画私藏特展	8—18岁	15人	少年创造派	余佩珊 余光中之女,东海大学教授	680元(两场活动,含门票2张) 380元(一场活动,含门票2张)
	光影何为——亲子工作坊	2017.3.19 周日	詹姆斯·特瑞尔回顾展	7—14岁			大仁(Darren) 设计思维创新教练	660元(含门票2张) 840元(含门票3张) 480元(增加1位儿童)
	儿童工作坊：我心中住了个月亮	2017.3.11 周六	詹姆斯·特瑞尔回顾展				贝拉(台湾) 儿童教育艺术导师	548元(含门票2张) 698元组(含门票2张) 368元(增加1位儿童)
	3·5学雷锋志愿服务大型活动	2017.3.3 周五				花木街道 竹园小学		

* 根据官网公开资料整理

浦东新区公共文化服务
产品采购大会个案分析

薛木子*

摘　要　既往的公共文化服务产品采购,大多通过政府主导的招投标机制,实行"点单式"逐级配送,难免会流于封闭性和体制内循环。为了克服这些局限性,许多地区开始不断探索公共文化服务供给侧改革的新方式。2017 年 2 月,在市委宣传部、市文广局等部门的支持指导下,上海市浦东新区开创性地举办了首届公共文化服务产品采购大会,在全国首次搭建了公共文化服务供需对接的开放平台,对以往的公共文化服务配置方式有了颠覆式的改变,并将浦东文采会打造成一年一度的文化活动品牌。本文具体分析了浦东文采会的创新措施和相较于以往的公共文化服务资源配置的显著优点,探讨了浦东文采会在采购机制、现场组织、线上平台建设等方面存在的可提升空间,最后结合深圳、北京两地产业类文博会的经验,从探索政府职能转变方式、明确分类标准等角度提出了建议。期望浦东文采会更加完善,也期望"浦东经验"对全国各地公共文化服务供给侧改革探索能够起到一定的借鉴作用。

关键词　文化采购　公共文化服务　供需对接平台

一、浦东文采会情况简介

(一)背景与起源

党的十九大报告指出,要"完善公共文化服务体系,深入实施文化惠民工

---

* 薛木子,上海社科院文学所研究生,本文写作获得了上海浦东新区文化艺术指导中心王玺昌主任,浦东新区文广局文化事业处潘昕副处长的支持和帮助。

程,丰富群众性文化活动",对公共文化服务供给侧进行结构性改革。近年来,我国公共文化服务水平已有较显著提升,公共文化服务供给侧改革要将重点从公共文化服务产品的"数量"转移到"质量"上,真正把"以人为中心"作为原则,以公众的需求为导向,将公众由单一的公共文化服务的对象扩展为公共文化服务的主体力量。

既往的公共文化服务产品采购,长期通过政府主导的招投标方式,配送通过"点单式"的逐级配送,具有封闭性、局限性,主要流于体制内循环,难以完全满足公众日益增长的多样化文化需求。2016 年,浦东新区成功创建国家公共文化服务体系示范区。从此,浦东以更高标准,努力探索创新公共文化服务模式和供需对接机制,把最有效满足群众精神文化需求作为着眼点和驱动力。为贯彻习近平总书记讲话精神,探索文化产品供给侧改革方式,落实国家《中华人民共和国公共文化服务保障法》要求,在中共上海市委宣传部、上海市文广局等文化主管部门的支持指导下,浦东创新地改变了以往的招投标模式,首次将公共文化产品服务的供需双方汇聚一堂,举办了更加开放、面向全国的"公共文化产品服务采购大会"(以下简称"文采会")。

（二）文采会的发展沿革

浦东文采会迄今为止已经举办了三届。据悉,在不久前举办的浦东新区文化推进会上,浦东已经将"浦东文采会"纳入了一年一度的浦东十大文化活动品牌,与"ChinaJoy 展会"、"天猫双十一狂欢夜晚会"同列。

这个文化品牌的诞生还要从 2017 年开始追溯。2017 年 2 月 24、25 日,浦东以"文化惠民的博览会,永不落幕的大观园"为主题,在浦东展览馆举办首届文采会。首届文采会将供给方定位为浦东新区及兄弟省市各类文化院团、艺术院校、兄弟区县文创企业、各地宣传文化系统各直属事业单位及各类民非组织和民间文化团队等。需求方定位为浦东新区各委办局、各开发区、直属公司、各街镇社区、浦东新区宣传文化系统各直属事业单位、浦东新区各类文化企业、浦东新区民非组织和文化团队,以及兄弟省市相关政府部门、各类企业和社会组织。首届文采会共有 310 余家单位参展,搭建了 280 余个实体展位,现场参观人数达到 11 776 人次。供需双方签署合作意向书 171 份,意向书总签署额达到 5 372 万元。①

首届文采会取得圆满成功后,浦东又在当年 11 月 17、18 日紧锣密鼓地举办了面向 2018 年公共文化服务产品采购的第二届文采会。与首届文采会以公共文化资源“服务浦东为主、兄弟省市为辅”的定位不同,第二届文采会提出了打造辐射长三角及全国的线上线下互动交易平台的目标,进一步扩大供需方范围和文采会影响力。第二届文采会集中了 300 多家各类机构作为供应方单位,摆出了 200 余个实体展位,吸引了逾 8 000 人次观众参观。供需双方现场签约金额达 3 336.8 万元,意向签约金额达 1 975.2 万元,预计签约总额 5 312 万元。② 据上海市浦东新区文化艺术指导中心王玺昌主任介绍,通过文采会签约的供需双方履约情况达到 95%以上。

不久前,于 2018 年 10 月 27 日在民生艺术码头落下帷幕的第三届文采会,以“文化联动长三角,服务送到家门口”为主题。本届文采会以“长三角”和“家门口”作为两个抓手。文采会期间,来自浙江、江苏、安徽的剧团和公司在主会场以省份为单位,特设了三个联合展位。同时,由长三角各市、区、县文化馆共同发起的长三角文化馆联盟宣告成立。此外,本次文采会推出了“家门口”千元以下文化服务活动。三天内,供需双方的现场成交额约 1 105 万元,预计签约总额有望达到 5 091 万元,其中,“家门口”文化产品的预计成交额达2 568 万元,占到了总额的一半左右。③

二、浦东文采会的创新优势

相较于以往的公共文化服务资源配置,浦东文采会具有以下创新和优势:

① 司春杰:浦东“文采会”:公共文化供给侧改革创新样本,载浦东开发网 http://www. pudong. gov. cn/shpd/news/20170518/006005072007_240040fd − 6b69 − 4b2f − adf9 − de8cff71a859. htm.
② 2018 浦东文采会落幕 全国首创公共文化配送产品价格竞拍机制,载上海浦东门户网站 http://www. pudong. gov. cn/shpd/news/20171120/006001_1c7226d6 − 7290 − 48ca − 94f0 − 1ae9b10392d5. htm.
③ 2019 浦东文采会预计签约总额逾五千万元,载上海浦东网 http://xinchang. pudong. gov. cn/shpd/news/20181029/006001_c1493740 − b14b − 4d59 − 9f4f − aebf9b723fc4. htm.

(一)公共文化服务产品供应升级

以往基层的公共文化服务产品采购是按下发的采购目录下单,产品可选择范围往往有限,采购方按图索骥,对产品的内容和品质无法进行全面地了解。因此,采购方往往倾向于采购已经购买过的、经过检验的产品,这样又容易造成群众的审美疲劳,陷入公共文化服务产品陈旧老套的怪圈。浦东文采会从源头上了解决了这一问题。

1. 品类更丰富

浦东文采会首先确保供方主体产品门类齐全、构成多样。前来参展的供应方可涵盖 12 个大类,具体包括文艺演出、展览展示、培训讲座、电影放映、图书阅览、文化活动策划、文化艺术衍生品、数字公共文化服务、公共文化服务设备、公共文化设施运营管理、公共文化资讯研究和第三方评估等。在参与主体的机构构成上,涵盖文艺院团、专业艺术院校、文化创意企业、社会文化组织和基层文化院团等各类代表性机构。品类的丰富性及构成的多元性,为需方提供了充足的可选择余地。

2. 打破地域壁垒

以往的公共文化服务产品往往是自我服务,本市的文化资源配送到本市的各级文化活动中心,供应方范围较小、可选择面窄。浦东文采会作为一个开放性、大规模的供需对接平台,天然具有打破地域壁垒,吸引关注的优势。首届文采会就有来自北京、江苏、浙江、江西的 17 家其它省市机构参与,甚至吸引到海峡对岸的台湾新世纪文化艺术团参展。第二届文采会凸显出了立足长三角、放眼全国的雄心,主办方提前联系拜访各省市院团、面向全国招募参展方,打破区、市的壁垒,扩大了公共文化服务产品的可选择范围。第三届文采会直接由"长三角区域合作办公室"进行指导。在文采会上,长三角文化馆联盟正式宣告成立,该联盟汇集了长三角地区各市、区、县的文化馆资源,对长三角文化资源的整合起到了不可忽视的作用。另外,来自安徽、浙江、江苏的剧院团、公司等也以联合展位的形式出现在文采会的主会场上,提供丰富的文化产品以待选择。

3. 质量更优

为保证文采会参展方品质达标,文采会全程邀请业界专家参与评估,"文化采购专家组"在事前服务、事中监督中均发挥着重要的作用。具体来说,文采会前期招商过程中,组织专家提前审核各家组织机构的资质和水平,审核确定优质文化产品;文采会过程中,邀请专家团为参展商现场路演打分,提供采购分类分级依据。

为进一步提升文采会供应方质量,打造公共文化服务精品,第二届文采会还分别与中国东方歌舞团、国家京剧院、中国儿童艺术剧院等国家级文艺院团、上海市戏剧家协会、上海戏曲艺术中心等专业艺术机构、上海师范大学、上海音乐学院之类的专业艺术院校等达成了合作,献上京剧《梅尚程荀张》、沪剧《雷雨》、昆剧《牡丹亭》等一批精品剧目。不仅如此,这些文艺院团、专业机构和院校还加入"公共文化服务采购联盟",持续为文采会输送优秀剧目和产品。

在参展方式上,除了基础的展位展示外,浦东文采会搭建舞台,提供展演场地,为有条件的供应方提供现场展演的平台。参展方可以将剧目片段进行路演,更直观、更全面地展示产品,有效地避免了供需双方信息不对等、采购方对供应方产品内容和质量不了解等问题。

(二)"互联网+"的文化采购模式

1. 透明公开的采购过程

不同于以往招投标方式的封闭性,浦东文采会整个过程都依托互联网,充分体现了透明公开的特点。参展商提前通过互联网进行报名,通过线上资格审核后有资格进行线上展示,再通过进一步遴选,可进入现场开设展台。除了各级政府的采购人员外,普通市民通过"浦东文化"、"文化浦东云"等微信公众号填写报名表报名,也可免费全程参与。采购会全程由"东方财经·浦东频道"进行媒体支持,人民网、中新网、央广网、《中国文化报》、《解放日报》、《文汇报》等中央、市级媒体都对文采会进行了跟踪报道。

2. 互联网思维下的采购机制创新

浦东文采会上,采购公共文化服务产品不只点对点一种方式,针对少数国家级、市级专业剧团的精品剧目，文采会还有一些创新"玩法"。

"拍卖"——即是对少数的精品剧目采取竞价机制采购的手段。第二届文采会上，参与拍卖的精品剧目有京剧《曹操与杨修》传承版、昆剧《牡丹亭》、沪剧《雷雨》、东方歌舞团舞剧、儿童剧《泰坦尼克号》等。由于这些优秀大型剧目成本较高，单独采购价格较贵，对基层而言经济压力较大，所以长期以来，这些优秀剧目都面临难以走进基层的困境。但通过文采会，各区镇文化活动中心可以通过"拍卖"这一方式量力而行。具体来说，文采会先通过文化部推荐确定一批精品剧目，再就精品剧目与剧团商定成本价，接下来各开发区及街镇等单位的相关负责人采取比价竞拍的方式采购，公平竞争，价高者得，如果成交价低于成本价，浦东新区政府还会出资补贴差价，用这一举措缓解基层财政压力，保证优秀大型剧目能够走进基层。有购买意愿却没有购买条件的街镇，也可以按照最终竞拍的价格进行签约。这样，基层群众以较低的价格享受到精品剧目的可能性就大大提高了。从另一方面来看，精品剧目越精彩，竞拍价格越高，这一举措也可以提高剧团积极性，有效促进剧团不断改善创新，推出真正受到观众喜爱的精品剧目。浦东新区文广局局长黄玮表示："此次浦东文采会是全国首次导入公共文化配送产品价格竞拍机制，通过这样的形式，把对文化服务的选择权交给百姓，让精品文艺节目送到最需要的地方。公共文化配送导入市场化运作机制，将明确定价流程标准，也将倒逼专业院团推出更加接地气的剧目，制定更加亲民的价格；还将倒逼场馆设施的改善，打造更多适合专业演出的剧场，满足市民多样化的文化需求。"

"拼购"——则是针对部分基层需方单位资金有限、场地有限的情况，各需方单位可以选择组团采购的方式，由两个或多个单位对优秀剧目进行共同采购、共同享有，浦东新区政府也将在财政上给予支持。例如：周浦镇单独采购大型剧目资金不足，与周浦镇邻近的康桥、张江又都没有可供容纳大型演出的剧场。这三家单位可以选择拼购方式，联合出资购买优秀剧目，在周浦镇剧场进行演出，三家单位共同组织居民观看。这样，场地或者资金的暂时短缺就不会成为基层居民观看优秀剧目的阻碍因素了。

"团购"——鉴于现场演出有其特殊性，演出前期需要大量投入排练、道具等固定成本,而现场演出只会增加少量额外成本,因此多场演出可以分摊固定成本,演出场次越多,单场演出平均成本越低。文采会抓住了现场演出的这一特殊性,与剧团等供方提前协商"团购价",采购单位越多,采购单价也随之越低。这种"量大价优"的模式,让各需方以最优价格采购到优质剧目的同时,也使更多公众有机会观看到优质剧目。

针对浦东"家门口"千元以下文化产品的推介,第三届文采会着力推进公共文化服务产品的"优质低价"化。今年,浦东新区的"家门口"服务体系建设已完成全覆盖,文采会配合"家门口"服务站3.0轻量化、便捷化的特点,推出了千元以下文化产品服务活动。文采会主办方提前与符合条件的供给方商量较低的定价,制成报价单,以供各家门口服务站挑选。从现场提供的采购清单上来看,至少有297项千元以下的公共文化服务或产品可供各社区服务站选择。

3. "永不落幕"的文化"大观园"

短短几天的文采会对交易的带动作用是有限的,浦东文采会从一开始便提出了"永不落幕的大观园"的口号,计划依托"文化浦东云"APP的文采会模块和同名微信公众平台,长期提供互联网线上供需联动平台。供方可随时推出最新文化产品,需方也随时可以进行采购和补购,需方的采购行为从以往的每年定期采购下一年公共文化服务产品转变为一年多次、随时采购,这一举措将大大增强公共文化服务产品采购的灵活性。今年十月,浦东新区公共文化产品配送数字平台正式在"文化浦东"微信公众平台内上线,只需简单的注册,需求方就可以通过"配送点单"这一栏目进入公共文化服务产品的点单界面,浏览、点选、下单内置三大类、近千个文化项目。浦东文采会真正开始发挥打破时空界限的供需平台作用。

(三)文化采购的政府职能创新

1. 由主导到指导

以往公共文化服务资源的配送由政府一手主导,政府在保障公众享受基本公共文化服务上发挥着强大的支撑性作用,但随之也带来了一些诸如服务主体单一、活力不足等局限性。有鉴于此,浦东新区主动谋求职能创新。资料显示,第二届浦东文采会由中共上海市委宣传部、上海市文化广播影视管理局、上海市浦东新区人民政府所指导,由中共浦东新区委员会宣传部(文广局)主办,由浦东文化传媒有限公司、上海浦东新区文化艺术指导中心、上海浦东新区文创联合会、东方财经·浦东频道所承办。各主体各司其职,由"政府主导"转向"政府指导"、"政府主办",更多地利用市场机制配置公共文化服务资源,更好地发挥社会和市场主体的力量,更充分地激发公共文化服务产品供方活力。

2. 以需求为导向,以人为中心

以往公共文化服务产品配送未能完全满足公众的需求,其原因之一在于没有将公众作为公共文化服务的主体和内生力量,没有确立明确的公众评价与反馈机制。浦东文采会将公众评价反馈制度纳入到公共文化服务的全过程中,实现了真正以需求为导向,以人为中心。首届文采会采用了"文化观察团"的模式,来自各村、居委、各所中小学校,各类企业的市民文化代表受到邀请,从浦东30多个街镇分别来到文采会现场,仔细观看参展项目,填写需求调研问卷。问卷涵盖"感兴趣的文化项目"、"预期该项目村居民参与人数"、"需求紧迫程度"等内容,最后主办方一共收到了1 300份问卷用于数据统计与分析。第二届文采会则采取更易于操作的代表制,精心挑选代表各行各业的100名"市民观察员",更加便于需求的反馈与统计。重视基层群众的意见,确立明确的公众评价与反馈机制,才能更好地服务群众,提供更加符合群众口味的优秀文化产品和服务。

（四）打造公共文化多元平台

除了提供精准对接的供需平台之外,浦东文采会也意在扩大其影响力,着力打造多元化的公共文化平台。

1. "烹制"市民文化盛宴

第二届文采会期间,主办方充分利用参展方资源,不仅在主会场源深体育馆内举行了新区百场文艺巡演节目展示,而且在各个分会场内上演多场好戏,为观众提供额外的文化福利。老干部活动中心剧场进行的江浙沪"群星奖"获奖作品展演如火如荼。外高桥艺术中心森兰剧场、浦东新舞台、浦东新区文化艺术指导中心惠南分中心、张江戏剧谷等剧场内,中国东方歌舞团舞乐作品《中国故事·十二生肖》、上海戏剧学院原创舞剧《红》,以及一批优秀沪剧和话剧轮番登场。市民们在这两天内大饱眼福,文采会不仅成为了采购、交易的狂欢,也成为了市民的文化艺术节。

2. 创建公共文化服务协作平台

首届文采会期间,主办方牵头成立了浦东新区"公共文化服务协作联盟",首批成员单位就有 40 多家,包括上海市沪剧院、上海江东书院、江西省上饶市歌舞话剧团等等,甚至还有来自台湾的新世纪文化艺术团。第二届文采会把重心放在了吸纳精品院团上,国家级院团中国东方歌舞团、国家京剧院、中国儿童艺术剧院受邀在浦东设立"国家院团浦东采风创作基地"。此外,中国东方歌舞团、国家京剧院、中国儿童艺术剧院、上海市戏剧家协会、上海戏曲艺术中心等专业艺术机构,上海师范大学、上海音乐学院等专业艺术院校,都加入"公共文化服务采购联盟"。联盟的成立旨在加强各院团间协作交流,提升公共文化服务水平。

第三届文采会由浦东新区群众文化艺术馆牵头,成立了长三角文化馆联盟。长三角文化馆联盟凝聚了江浙皖沪三省一市的力量,成员包括长三角各市、区、县文化馆,建立了联盟协商机制、资源共享机制、并决议开展重大活动合作和交流,整合了地区间公共文化资源,发挥了文化馆在公共文化服务体系中的重要作用。

3. 创设业界学术交流论坛

首届文采会期间,主办方举办了"转方式、调结构、提效能——文化供给侧改革的探索与实践"主题研讨论坛。与会专家围绕"公共文化服务供需如何有效对接、文化供给侧改革如何操作"等问题,进行深入探讨交流。

第二届文采会将主题研讨会扩充为论坛沙龙的形式,在源深体育馆的新闻报告厅里举办了三场各具特色的高峰论坛。"梦与行·多元文化新需求"汇聚供应方大咖,探讨如何创新公共文化服务和产品;"美好文化生活新期待"由各文化机构代表发声,探讨如何让公共文化服务真正惠利于民,"梨园共话·

用'新'谱写不朽篇章"以戏曲作为抓手,各个剧团一线人员共同讨论如何让戏曲这门传统艺术更好地被公众接受、满足人民不断提高的新需求。各种观点交汇、碰撞,为探索新型公共文化服务产品的供需模式提供了宝贵的建议。

文采会不仅是创新公共文化服务新方式的践行者,也创造了汇聚各种观点的平台,广纳谏言,从理论上不断探索着创新公共文化服务方式新的可能性。

(五)谋求文采会不断自我完善

文采会虽然只举办了三届,但无论在理念还是具体机制方面都取得了较大的创新和突破,所体现出的不断自我改进、自我创新的能力不容小觑。

1. 供需范围不断扩大、品牌持续升级

第一届文采会主要是立足于满足浦东新区自身的公共文化服务产品的需要。需求方针对浦东各委办局、街镇、开发区、事业单位、民非企业、社会组织及个人。而供应方范围略微扩大,包括浦东新区及外省市各类文化院团、艺术院校、新区及兄弟区文创企业、新区宣传文化系统各直属事业单位及各类民非组织和文化团队等。

第二届文采会在供需上进一步扩容,进一步面向上海、面向长三角、面向全国,扩大采购平台的辐射力和影响力。供方扩容主要体现在引进了一批国家级优秀剧目上,在需方上,主要还是面向浦东,但上海各区以及邻近的江浙部分市县也有了少量参与。

第三届文采会在范围扩大、品牌升级有了质的突破。首先,文采会定名为"魅力长三角·2019上海浦东新区公共文化服务产品采购大会",彰显了第三届文采会进一步贯彻习总书记关于推动长三角更高质量一体化发展的重要指示精神,在上一届基础上,进一步搭建上海、浙江、江苏、安徽等"长三角"省份"品牌公共文化联动发展"格局。王玺昌主任介绍道,第三届文采会将公共文化产品服务供需邀请范围从省级院团延伸至地市院团,动员相关省市文化厅(局),对优秀院团、出版单位、演出机构、传媒公司、文化采购单位等组团参展

和采购,进一步提升文采会在整合长三角地区公共文化资源联动方面的平台作用。其次,在打造文采会品牌方面,本次文采会首次设计了文采会的"文"字形 logo、"浦东文采会"的图标,以及注册域名、推出了文采会的官网:http://www.pdwch.com/,这些都是打造展会品牌的必要步骤。

图一　浦东文采会图标

图二　"文"字形 logo

2. 形式内容不断丰富

第一届文采会成功搭建了连接供需的新型服务平台,在展示形式上采取传统展会的展台+路演形式,在学术交流上采取了主题研讨会的形式。第二届文采会在第一届文采会的基础上添加了优质剧目展演内容,并推出分会场以提供更多展示空间。学术交流上采取了辐射面更广的论坛沙龙形式。第三届文采会主要包括展览、服务、培训、策划等内容,在展示形式上又有了更进一步的创新,主要包括固定展示、APP 推广、年度推进大会等综合型陈展方式。固定展示:有条件参展的供应方可以设置标准位置的展台;没有条件搭建现场展位的供应方也可以通过展板展位的形式展示出介绍和联系方式。APP 推广:文采会举办之前,主办方已经将收集来的供应方进行数字化,进行线上线下同步展出。另外,年度推进大会取代了以往的学术沙龙,通过"文化品牌擦亮新名片"、"文化平台集聚新能量"、"文化惠民取得新实效"三个主题板块,展示了浦东文化专项调研形成的系列成果。

3. 机制不断改进

文采会的历届具体采购机制也在不断地更新、自我完善。例如,精品剧目"拍卖"模式虽然在第二届文采会上广受欢迎,26 个项目(节目)被采购一空,东方歌舞团的歌舞晚会剧目更是拍出 25 万元的高价。但是过度市场化的拍卖形式也有其弊端,那就是购买方参与拍卖热情高涨,容易拍出高价。这一结果虽然会起到对剧团的鼓励,但另一方面也可能会加重基层采购方的经济负担。为了进一步优化这种竞价采购机制,王玺昌主任提到,今年将"拍卖"模式转换为"组团采购",由以往的"价高者得"向"优质平价"转变。文采会提前与剧团等供给单位协商打包价格,并采取阶梯式降价,参与者数量上一个阶梯,剧目单价就下一个阶梯。鼓励基层单位组团、大量采购,由此拉低优质剧目平均单价,让有限的公共文化资金得到最大化利用。

三、浦东文采会的提升空间

浦东文采会仅历经了短短两年三届,在采购制度、现场运营、线上运作等各个方面还有一定的提升空间,这也正是主办方正在谋划考虑的事情。

(一)既有采购制度有待进一步匹配完善

文采会在机制上遇到的最大困难在于,既有的采购财务制度与现今公共文化服务发展水平相比,还存在着需要进一步匹配完善的落差。据潘昕处长介绍,根据现有的公共文化服务产品采购制度规定,采购金额达到 50 万以上的文化项目必须组织多个供方集中招投标,涉及金额 20 万以上的文化项目也需要多家供方议价采购。随着社会经济不断发展,对文化的重视程度不断提升,精品剧目的投入成本大大增加了,一台国家级精品剧目的价格往往远超 50 万,但既有的财务制度限制导致精品剧目的供方必须通过政府采购网站,作为候选者与几家供方进行竞价才可竞标,不仅步骤繁琐,还可能出现无标可对、采购失败的情况。这样就给需方点对点采购大型精品剧目造成了极大的阻碍。通过文采会对接的供需双方也暂时无法绕过这一步骤,这就不能满足文采会所倡导的供需方无缝对接的初衷。也正因此,主办方也正在着手考虑突破这些瓶颈障碍。

(二)多样化展出方式还有较大的探索空间

前两届文采会签约数据反映,文艺演出、展览展示、培训讲座方面的签约需求最为旺盛。一方面反映了这些艺术形式确实深受基层群众喜闻乐见,另一方面,也反映了目前的文采会所提供的展板展台、现场演出的展示形式,最便于文艺演出、展览展示这几类参展方全面展示。通过对第三届文采会的现场展商采访我们也发现,文采会上一些展商"门庭若市",而另一些展商"门可罗雀",几乎无人问津。文采会上,大多数参展商还是通过展板展台的方式进行展示,具有一定局限性,产品优势不能充分的展现,因此,采购方采购自己熟悉的或知名度高的产品的偏好依旧存在。文采会所涵盖的供方类型共计 12 大类,想要打造更加"百花齐放"、各种类型参展商都能充分展示活力的供需平台,还需要进一步地探索更加灵活多样的参展方式。

(三)现场组织及细节安排还可继续优化

就笔者亲历的第三届文采会来看,文采会现场布置井井有条,主会场中设置了 5 个特装展位、150 家标准展位、40 家展板展位,另有服务台、签约处、小舞台,甚至有一间透明的休息室以供休息或供需双方深入洽谈。每个采购方入场后都会得到一本厚厚的采购手册,内容包括场地的展位平面图和190家展位简介,帮助采购方了解现场布置。

比起井井有条的会场布置,现场安排上却存在着一些细节把控压力。首先,三天活动的详细日程安排不够明确,只有小舞台旁边的易拉宝上显示了小舞台三天里的展演信息,完整信息的获取稍显困难。其次,人员上缺乏必要的导引,现场志愿者众多,数量上完全能够满足参展商和参观者的需求,但是志愿者对展会的情况了解程度不够,不能很好地解答参观者的问题,专业程度略显不足。文采会开放了两天的普通观众参观日,因此,为了方便普通观众深度了解文采会、不至于走马看花,针对普通观众的相关导引有待增强。

(四) 线上平台建设尚需作拓展完善

前两届文采会的线上部分依托于手机端 APP "浦东文化云"的"文采会"板块来完成,作为部分参展商报名的入口。今年,官网、官方微信公众平台开始逐步投入运营,特别是微信公众平台,"配送点单"一栏中已经内置了近千个由各供应方提供的文化项目,需求方可以通过这一栏目进入公共文化服务的点单界面,浏览、点选、下单。不过,官网: http://www. pdwch. com 除了2019年参展商报名通道这一栏目已经开通外(文采会结束后该功能关闭),其余功能全部显示"此功能待建设中,敬请期待"。据了解,受政府采购机制所限,目前微信公众平台上的"点单"行为也只限于需方在中意的产品下提交需求信息,双方还需线下进一步接洽。由此看来,到目前为止,线上平台做到了为线下展会进行服务的辅助作用,但距离成为一个365天全天候运营的"文化淘宝",成为打通屏障,实现供需对接的平台还需要时间和努力。

四、浦东文采会的提升与展望

浦东文采会作为公共文化服务性质的采购大会当属首创,由于相关的实践尚处于探索阶段,运作过程中难免存在一些需要不断改进提升的地方。但总体而言,文采会瑕不掩瑜,具有先行先试的重要意义,并且有望成为公共文化服务产品供给方式改革的重大创新。如果用"以会展为主要形式的文化产品采购活动"为坐标,进行横向比较,浦东文采会并不是没有可以借鉴的对象。已经历经了十四届的深圳国际文化产业博览交易会(以下简称深圳文博会)和举办到第十三届的北京国际文化创意产业博览会(以下简称北京文博会)的经验都很有价值。笔者将结合亲身体会和深圳、北京两地文博会的有效经验,对浦东文采会今后的发展提出一些提升建议。

(一)探索政府职能转变方式、完善配套采购机制

《上海市基本公共服务体系暨2013—2015年建设规划》在创新服务供给机制方面提出,在坚持政府负责的前提下,充分发挥市场机制作用,推动基本公共服务提供主体和提供方式多元化,提高服务的质量和效率。文采会的推出和运营,是通过搭建平台,对接供需,充分发挥了市场机制在公共文化服务资源配置中的作用。接下来要更进一步探索政府职能转变的方式方法,更大程度上调动社会资本在公共文化服务资源配置中的积极性,发挥公众在公共文化服务资源配置中的主体性作用,政府最终实现"管办分离",形成公共文化服务产品市场配置,政府监督的运作机制,促进公共文化服务资源更高效的配置。

文采会所面临的现有采购制度与公共文化服务发展水平不匹配的困境,也同样是当下公共文化服务供需对接机制所面临的重要问题。随着经济不断发展,人民生活质量不断提高,整个社会的物价标准也随之提高了,在既有的采购价格标准已经跟不上文化产品价格成本增长水平的情况下,采购活动也应当与时俱进,及时调整定价策略。公共文化服务供需对接机制的创新绝不能是文化部门的孤军作战,必须做好采购、财务等机制的配套工作,发挥协同作用,才能实现真正交易便捷、过程透明的供需对接。

(二)明确分类采购标准、着力提高采购效率

深圳文博会在时间上,将五天的展会分为了两天的专业观众日和三天的公众开放日。内容上,无论是线上线下都同步分为了九个展区。虽然浦东文

采会的规模相比于深圳文博会较小，但明确分类仍然有其必要性。

首先是时段的划分，第三届浦东文采会共举办三天，后两天对公众开放。但由于第一天采购方基本都会参加文化工作推进会，主要的采购行为还是发生在后两天内，两天内的人流量呈现不均等、无明显规律的态势，往往是有时非常繁忙、有时又十分空闲。对于参展商来说，繁忙时段人群一拥而上，采购人员与观众没有明显的区分，参展商分身乏力，可能会错失洽谈机会。需求方的采购人员也难以获得高质量的洽谈时间，对产品有进一步的了解。

其次，在目前的展出中，不同品类、行业的参展商在采购指南中参展区域上并没有划分，据笔者了解，本次文采会存在很多参展内容、范围都非常接近的展商。例如，仅仅是无人图书馆这一项文化产品，就有皖新共享读书会、书享、嘉图软件、五峰书院等数家前来参展，这些参展商的产品总体一致、又各有长短，他们分散在会场的各处。这对计划采购无人图书馆服务，但又希望多家同步比较、采购到最合适的产品的采购方来说，采购过程稍显繁琐，效率不够高。因此，区域的明确划分对有明确需求的采购方来说十分必要。另外，划分区域还有另一个优点，领域相近的展商相邻，也可以促进达成展商与展商之间的交流和合作，达到展商和采购方双赢的效果。当然，展商的分类方式可以进行进一步的探索，例如按行业来分、按项目体量来分、按年龄层次来分等，都值得进一步讨论。

（三）加强长期平台建设、发挥线上平台优势

文采会想要发挥资源整合平台的作用，打造"永不落幕的大观园"，必须更加重视长期平台的建设。其中最为重要的就是推动"互联网+"模式的发展，促进公共文化服务供给方式升级。必须加大资金投入和开发人员投入，加快三大网络平台，特别是文采会官网的建设。在官网的建设上，向目前更为成熟的北京文博会取经，建立分类明确的网上项目库，提高信息流通速度，将线上平台切实打造成一个供方发布资源，线上资质审核，需方发布需求，供需主体线上议价，无缝对接的公益性文化项目交易平台。

另外，文采会线上平台也要加强与线下活动的联动性。展商建议，为了更

加精准对接,提高效率,线上平台完全有必要承担线下文采会"事前预选"功能。也就是说,线上平台需要提前发布各家供应方及供应产品的具体信息,各采购方浏览后标记有"合作意向"或者"想进一步了解"的供应方,主办方邀请获得标记的供应方线下参展,采购方在线下对供应方进行更加深入的了解、正式签约。网上预选过程使采购方对供应方的了解最大化、也避免了一些供应方的"陪跑",能够最大程度上提高采购双方的效率。

（四）关注公共文化多样性、优化参与者体验

文采会是浦东新区聚焦文化精准惠民的重要实现方式,"精准"惠民就是要关注公共文化服务需求群体的多样性,切实满足不同市民群体的不同文化需求。在《关于加快构建现代公共文化服务体系的意见》的第二大部分"统筹推进公共文化服务均衡发展"中提到,要保障特殊群体基本文化权益,将老年人、未成年人、残疾人、农民工、农村留守妇女儿童、生活困难群众作为公共文化服务的重点对象。因此,文采会运作时可以适当考虑市民群体的差异性和多样性,聚焦特殊群体公共文化需求。

举例来说,老年人群体是对公共文化服务需求最强的群体之一。年轻人更多会去自主选择文化消费,而老年人更倾向于享受"家门口"的公共文化服务。就本次文采会观展体验来看,前来的观众多为附近的老年人,但受到老年人理解、喜爱的文化项目并不多。改善这一情况至少可以从以下几个方面努力:首先,做好导览工作,确保老人、残疾人无障碍参观。其次,抛开刻板印象,做好调研工作。抛开老年人喜欢的项目就是戏曲、沪剧等的成见,深入调研了解老年人内心的需求。最后,资源适当倾斜,项目惠及老人。在充分了解需求的基础上可以在供方资源上有一定的倾斜,主动联系老年人感兴趣的项目,使老年人群体真正感受到文采会的魅力。

（五）扩大"文采会"品牌的辐射面

三届文采会所产生的影响力,已经远远超出浦东。为更好地惠及上海以及长三角地区,进一步扩大"文采会"品牌的辐射面,贯彻习总书记《关于推动

长三角一体化发展有关情况的报告》中重要指示,一方面要依托地缘优势,整合长三角地区的公共文化资源和文化单位,从政府层面实现公共文化服务产品采购联动机制,以"文采会"为抓手,推动长三角公共文化服务一体化进程。另一方面依托线上平台,面向全国甚至国外院团、文化相关企业等供需方发出注册邀请,不断扩大公共文化资源库容量。

浦东文采会的模式虽然还存在一定的改进和提升空间,但可以预料的是,未来几年,文采会配套建设将会趋于完善、"浦东文采会"的品牌辐射面也会越来越广。作为公共文化服务供给侧改革创新的成功实践,浦东文采会对全国其他省市的公共文化服务创新是一个很好的借鉴。

主要参考资料:

[1] 周晓丽、毛寿龙:《论我国公共文化服务及其模式选择》,《江苏社会科学》2008 年第 1 期。

[2] 刘敏《深入推进公共文化服务供给侧结构性改革》,《中国国情国力》2018 年第 1 期。

[3] 司春杰:浦东"文采会":公共文化供给侧改革创新样本,载浦东开发网 http://www.pudong.gov.cn/shpd/news/20170518/006005072007_240040fd-6b69-4b2f-adf9-de8cff71a859.htm。

[4] 2018 浦东文采会今天开幕,载上海浦东门户网站 http://www.pudong.gov.cn/shpd/news/20171117/006001_1c1f56dc-2d14-4a1b-accb-d99e5fb5c5a4.htm。

[5] 浦东文采会: http://www.pdwch.com/。

[6] 2018 浦东文采会落幕 全国首创公共文化配送产品价格竞拍机制,载上海浦东门户网站 http://www.pudong.gov.cn/shpd/news/20171120/006001_1c7226d6-7290-48ca-94f0-1ae9b10392d5.htm。

[7] 2019 浦东文采会预计签约总额逾五千万元,载上海浦东网 http://xinchang.pudong.gov.cn/shpd/news/20181029/006001_c1493740-b14b-4d59-9f4f-aebf9b723fc4.htm。

四、横向借鉴

细论文化政策的工具性
——一项德国的实证研究

周睿睿*

摘　要　本研究以德国文化政策作为实例,追踪文化的工具性混合体如何沿革,又是如何影响文化政策工具性混合体的建构的。此项研究进而主张,社会模式理论不足以解释文化政策。

关键词　工具性　工具化　文化政策　德国

本研究致力于以实证的方式,厘清文化政策工具性混合体和文化工具性混合体间的关系。在这些研究中,文化政策被理解为一项以调整和建构公民的文化,审美,智识和精神生活为手段以达到某种公共作用的公共政策。它是一项现代国家的发明,意在通过管理制度和系统世界的方式更好地管理生活

---

* 周睿睿,德国汉堡大学社会与经济学院讲师,全球化管理中心研究员。主要课题方向为文化政策、文化发展、全球化、欧盟和福利政策。

世界。然而现实的矛盾在于,一方面,在"通识"中,文化和文化活动应该是自由的,另一方面,它们又注定会被衡量其"转换力量"的价值,只要它们受到政治偏好,公共财政支出,市场选择等的制约。一直以来,国际文化政策研究者常以类似于研究社会政策的方式来研究文化政策,主张这是因为文化政策需要公共财政支出,而他们的关注点主要在市场和公共之间一直在拉锯战的张力范围。本研究在此基础之上,进一步主张文化政策工具性的多样性来自于所谓文化的"转换力量"的多样性。所谓的转换性,在此是指它们是用来支持那些非文化政策目标的。因而,文化政策是注定会含有混合型工具性的。

一、理 论 框 架

（一）现代文化政策的社会重构

文化政策研究久久未能取得突破性进展的原因有很多,其中之一是因为它呈现出多层面复杂性,尤其在两个层面上:

第一个层面是关于政治和政策的终极讨论。为了规避这一点,很多研究跳过这一步,直接从政策内容开始分析。但本项研究决定直面这个难点,从社会学的角度,将政策理解为一个以实现公共福祉为目的的集体行为。这意味着:1）这项行为本身是工具性的,并且是以公共利益为导向的集体决策的结果,2）它诉诸的对象是大众,而不是精英。

具体到文化政策上,这个理解首先意味着国家态度的从无意识到有意识的转折:转折之前,是以忽略的态度默认文化虽然渗透于社会,却与社会机制互不相干。转折之后,是有意识地在政治与社会的网络中强调文化的工具性并将其付诸实施。

这个理解还重在强调现代政治的沟通层面。我们今天是在现代和公共这两大框架内讨论文化政策,这意味着:文化政策不是某位专制君主一时兴起的产物,因此公共沟通是政治决策的重要组成部分。这几乎是所有经典理论学家都不能避开的一点。比如,卢梭就曾指出,公共机构的权威性正来源于它们以"公共人"的身份,以追求公共功用为目标行事,而这是通过以公共利益为导向的沟通和协商来实现的。文化政策的每一项决定,无论是积极还是消极的,都既不只是由文化部门的主管人员,也不只是由专业人士来定夺,而是在公民的有效输入和同意的前提下,产生于公共话语讨论中。

第二个层面的问题主要是围绕文化是自发性还是工具性的讨论上。文化和艺术被有意识地作为工具来使用的论调通常会让人们情感或道德上感到不舒服。比如,霍尔顿在其对博物馆参观所做研究的基础上,提出一个"文化价值"的框架,声称博物馆试图对人们进行教育即是文化的一种工具性效果。与之相对的是斯科特提出了"不可辨认的""自发性效果",同样以博物馆为例,后者包括博物馆能"连接过去",而这"使我们的社区更多地了解关于自身的历史,在吸取我们错误的教训和向别人成就学习的经验的基础上向前发展"。从霍尔顿和斯科特的讨论中,我们可以看出,即使是在关于文化的工具性还是自发性价值的讨论中,争论焦点依然关注在文化的潜在能力这个核心问题上,而这些潜在能力实际上都是为了实现非文化目标,这就是所谓的文化的"转换力量"。很明显,在这些讨论中,人们实际上始终更关注的是文化的社会和政治效应,而非其艺术或审美效应。

此外,总体来说,我们可以从现有研究中看到,整个文化政策研究领域也即将经历一场方法论的转型:从单纯模仿"社会学的文化转向"或"文化研究的政治工程"转向将二者在多层面上进行优化。也就是说,研究对象既不再是"强纲领文化"或作为阐释社会生活意义的工具文化,也不再是对象征世界对政治解释或权力分析,而是两者的综合。举其他欧美社会政策研究为例,"经济模型"下可分"自由型资本主义"和"协作型资本主义","社会模型"下可分"新自由主义福利国家","保守主义福利国家"和"社会民主主义福利国家",而区分标准则分别主要围绕着作为政策客体的"经济"和"福利"的价值取向以及相应的运作方式来制定。同理,研究文化政策也可以从一个简单的问题开始:"文化是为了什么"。

(二)文化的工具性和文化政策的工具性

正如前文所述,文化的世俗化一方面使文化不再"纯洁",但另一方面也使文化成为了社会的一个独立领域。文化政策的被发明则标志着国家开始有意识地工具化文化。文化的工具性和文化政策的工具性的区分在于：文化的工具性可以是无意识的，而文化政策的工具性一定是有意识的。文化工具性的作用对象可以是个人，而文化政策工具性的作用对象则必是抽象的集体人，并在实践时，假设这些抽象的集体人的诉求都是相同的。举例来说，当古希腊哲学家用"Cathasis"一词来形容悲剧对人对灵魂有净化作用时，他们是在讨论文化的工具性。而古希腊城邦在此认识之上兴建剧院，重视戏剧，则某种程度上可以说是一项文化政策行为。通过这项行为，希求达到提高公民素质以及为公民的社交活动提供场所的努力，则是文化政策工具性的体现。对于文化政策功能性的探讨，确认和执行是权力机关通过控制和规训精神世界以更好地控制和规训生活世界的一种尝试。于是下一个问题是：工具化的具体目的是什么？

答案有很多种。关于文化政策在现代社会的工具性，多项研究均有论述：促进经济增长，加强社会团结，促进公民的个人发展，强化身份认同，发展艺术，等等。由此可见，文化和文化政策也并不是只有单一的一种工具性，而是作为整体的多元的工具性。

但是，任何一种政策在政策客体多元的工具性中又会重点追求实现一种或者几种工具性。研究者可做的事情就是观察哪一种或者几种工具性比整体中的其他工具性更重要，更有意义以及为什么它"更值得被追求"。同样以经济政策举例：任何一种经济政策都并不会仅仅是为了促进经济增长，增进社会共同财富，发展生产力，消除贫富不均等目的中任何一个，而是同时追求许多目的。但是，不同的经济政策所追求的重点不一样，因此也会导致客观上它们的操作方式不一样。如果文化政策同样被理解为公共政策中的一项独立政策领域的话，它也需要满足不止一种功能期待。哪种功能更加被重视，则受到当下政治文化和公共讨论的影响。

本研究认为，文化政策的工具性研究应该追问两方面问题：公共机构是出于什么目的工具化文化的？功能的焦点是什么？这两者和政治决策有何联系？这一切又是被何种公共讨论催生出来的？本研究希望围绕着这几个问题,以德国文化政策发展为实例,探究文化功能在不同环境下的变化,分析文化功能和文化政策功能间的逻辑联系。

二、方 法 论

围绕着上文的理论框架,本文选取德国作为研究案例,这是因为:1)国际视野中,关于德国文化政策的研究为数不多。2)德国的宪法里清楚地写明了艺术与文化的自由受到保护。也就是说,德国可作为一个研究艺术与文化的自由怎样以及多大程度上受到政治调控的限制的经典案例。3)与国际学术领域里常见的英美不一样,德国还是一个文化国际化程度不高的国家。比如,直到 2016 年难民危机爆发以前,德国还基本算不上一个移民国家。因此,德国更能代表那些以非英美式的方式经历全球化的国家——实际上也是世界上的大多数国家(包括中国)。

本研究取材于联邦德国诞生至今这一段时间。需要事先说明的是:截取这一段时间并不意味着笔者认为之前的历史是不重要的。正相反,笔者充分了解由历史中产生并还在延续的路径依赖广泛地存在于如政治机关运作方式和文化心理等多个方方面面,并构成了德国文化政策的文化。本研究正是以这样的认识为背景来探究现当代德国文化政策的沿革的。

同样需要说明的是:根据统一合约,两德是以东德并入西德的形式统一的。因此,西德的整个政治体制,包括其下所属的所有政策分支,都被照搬到东德。基于这个理由,东德统一前的发展没有被纳入本研究。由两德统一带来的一系列问题,诸如东西德矛盾,维护东德已有的文化机构和在东德历史中发展出来的一些文化特征,将和其他发展轨迹一起,在统一后的部分集中阐述。

以前文提到的理论框架为基础,本研究主要采用文献分析的方法。

三、研 究 结 果

在实证开始前,需要首先说明:在日常语境下,文化的"工具性"一词在德国是具有贬义倾向的。这是首先因为,在有关纳粹历史的集体记忆的作用下,"文化工具化"这个表述在日常语境里基本上就相当于用文化操控人民。这个心理对德国文化政策的影响很大,例如,战后时期,德国文化政策首先通过"回归纯粹的文化管理"作出改变,具体内容是将政治对文化的影响和控制降到最低。但是,在专业领域,文化作为"为了达到目的的手段"的思路和讲法并不受到反感,相反是中立的。故,本研究依然采取工具性这个讲法来形容社会和主要活动者对文化活动产生的效果的期待。基于这些期待,文化的工具性在人们有意识地利用文化来达到某种效果时产生,而文化政策的工具性则体现在其政策目的上。

根据文化政策实践的不同焦点和特征,本研究将自联邦德国 1945 年成立以来的发展历程划分为四个阶段:第一个,1945 年到 1960 年代早期,重新定位阶段;第二个,1960 年代中期到 1970 年代末期,转型阶段;第三个,1970 年代末期到 1990 年代中期,商业化阶段;第四个,1990 年代末期至今,多元化阶段。

(一) 1945 年到早期 1960 年代的重新定位阶段

战后阶段,新的联邦政府必须非常小心地重新规划其文化政策责任,并将其表达为"回归纯粹的文化管理",这一半是出于对纳粹历史阴影的记忆,一半是出于盟军的干涉。在 70 年代成为一种指导路线的"文化政策是地方政策"此时已有了其组织方式上的表达:战后,被战火摧毁的纪念碑,剧院,博物馆和图书馆的重建工作首先是由市政府接手的。

与重建这一最重要的政策目的相比,一切有关文化政策的基础讨论,尤其是那些和新形式及新内容有关的议题,都只是以很微弱的方式进行。文化基础设施投资的重建是在忽略对艺术与文化作用的批判性研讨的背景下进行的。文化政策的主要目的是推崇传统文化和支持文化机构。

在这个阶段,文化主要被理解为高雅文化和文化遗产,着重强调对"真善美"的赞颂。通过该理解可以勾勒出该阶段文化政策实践的大致期待:帮助德国像凤凰一样"浴火重生"。1952 年的德国歌德年及其口号"歌德的德国欢

迎你"即是这些实践的很好例证：一方面,努力对外展现一个新德国的形象,
这个形象的主要内涵是德国由罪犯之国重回诗人与思想家之国。另一方面,
我们也可以很清楚地看到,对德国经典文化人物以及文化经典的诉诸在战后
德国的重新定位中起到了至关重要的作用,而后来为世人所熟知的德国社会
普遍对二战智识上的反思此时还并未发生。

该阶段的文化政策实践被后人总结为"文化维护",下面这段话很好地形
容了该阶段对"文化维护"工具性的定义："文化维护是城市的一项重要而且
急迫的任务。其重要性和急迫性既体现在需要被精心培育的文化价值以及通
过文化得到滋养的维护精神本身上,又体现在维护这个行为对社区的重要性
上"(德国城市议会 1971：104ff)。尽管这个来源于纪念碑维护的态度被稍后
那些以改革为己任的文化政策学家们批评,并以一个更积极主动的基础文化
政策概念取而代之,但它的确以"铅笔是最具希望性的物件"为口号,对以重新
定位和重建为主要任务的战后德国整体政治纲领作出了巨大贡献。

（二）60 年代中期到 70 年代末期的社会化转型阶段

这个阶段的社会整体背景有鲜明的民众运动特征。某种程度上,这些运
动把自己理解为"选择性社会运动"。所谓的选择性在于,它们对现行的现代
化范式提出了质疑并指出了另一些范式的可能性,因此它们也是知识界对现
代性批判的一种结果。这些运动中最著名的就是 1968 青年运动,不仅深刻影
响了此后学生运动的心理特征,也将自己的一些诉求成功地写入了主流政治
纲领。

另一方面,重建阶段的努力在此阶段终于转换成举世闻名的德国经济奇
迹。由此,德国社会全面解决了所谓的温饱问题,社会福利的覆盖面也大大
增加。

出于以上两点原因,公众的焦点从生活标准转向了生活质量。

触及社会生活各个领域的转型步伐也触及了文化政策。在整体社会继续
现代化的影响下,文化政策的理论框架和实践领域都被大大拓宽。这两者的
拓宽都是以文化概念的延伸作为前期条件的。新的文化概念在社会功效的语

境下重新估量文化。而"社会文化"这个概念就很好地代表了这张延伸：其主要特征是诉诸于思想解放而成熟的公民，以通过"教育手段确保所有公民都能参与理性讨论"为手段，不断民主化为目的的沟通行为。并且，新的文化概念从理论上同德国古典主义大师席勒的"论人的审美教育"一脉相承，意在对工业社会对人的物化起到某种反作用力。

因此，文化政策的主要任务就变成了反对拜物主义，被期待着通过艺术的诠释光环，理解艺术与公众间的沟通过程。在整体社会信息超负荷的环境下，它并不再意在于以单纯歌颂"真善美"的方式为社会生活锦上添花，而是成为一项社会责任，其核心就是反对"赞成性文化"。具体到实践上，这个思路是通过推进以下几方面的工具性得以实现的：

首先教育成为有意义接近真实世界的最重要的渠道，同时也是"意义"本身在政治参与上的延续。在这个方法论框架下，教育的作用相较以往受到更多重视。因此，教育的核心也就不再是传授知识，而是培养能力，焦点从"授人以鱼"向"授人以渔"迁移。这种教育的重要性被表述为"文化政策就是教育政策"。

其次，城市的作用在前一阶段的基础上再次被加强。这主要体现在城市在文化政策执行中的作用上：以重建城市生活质量和生产"舒适的文化景观"为主要目的，调动公民积极参与并给予扶持。1973年，一群政治活动家发布了一份名为"迈向人性城市"的宣言。在这份宣言里，"文化工作"取代了"文化维护"，成为文化政策的出发点，而前者是为了服务于"所有公民的社会，交往和审美潜质的解放和发展"。在实际操作层面上，"文化为所有人"的实施是社区的任务，个体公民才是民主国家文化政策的落脚点，应该从理论上使每一个公民都具有"能接收不同分类，不同专业性"的文化产品的能力。

（三）70年代末到90年代中期的商业化阶段

1982年，新的联邦德国总理甫一上任就面临着解决经济衰退。基督教民主联盟的赫尔穆特·科尔因此宣布了"更多市场，更少国家"的主张，标志着经济政策的转向。这一转向激化了关于社会价值观的讨论。各种子政策由此不得不更加激烈地争夺日益稀有的政治资源,文化政策也受到很大冲击。因为其自 70 年代以来信奉以改革为目标的"文化为所有人",文化政策被视为某种"自愿性"的工作,所以很容易受到削减公共开支的影响。文化开支面临着经济压力。

国家对所有公共机构对预算展开整顿,使得所有公共领域都在节约支出。这意味着除了公民参与之外,更强的市场导向也成为了文化政策实践的重要课题。这一导向延续至今。

这意味着:一方面,一向作为文化政策实践承担者的城市越来越多地被逼在文化领域实行节约,从而导致文化政策实践的优先点也发生了位移。优先点之一就是"作为软区位因素的文化"。其焦点有二:一是城市景观开始受到文化活动的影响,二是文化活动被有意识地用来吸引公司和商业活动进驻当地,其重要性受到了重视。文化政策实践优先点的变化也反映到了宏观层面:1983 年的德国城市议会将文化形容为"对生活环境和城市吸引力至关重要的重要因素"。

另一方面,文化政策活动家和执行者也开始更多地尝试使投入更有效率的方式。在该阶段的语境下,"更有效率"实际上就意味着更有经济效益。人们把目光转向了"作为经济因素的文化"。在对文化活动的经济潜力的期待的热潮中,Info 学院关于所谓的"弯路回归收益"的统计对关于文化的经济效益的公共讨论是一记助力。根据 Info 学院的定义,"弯路回归收益"指的是"国家通过文化方面的服务取得的收益(包括税收)减去国家和公共机构此前的投入所得的盈利额"。根据这种算法,Info 学院得出结论:萨尔茨堡音乐节的经济收益是显著的,因为政府的投入是 87.7 亿马克,而由音乐节产生的税收,消费等等的经济收益是 191.3 亿马克,因此,政府通过萨尔茨堡音乐节所得的"弯路回归收益"是 103.5 亿马克。尽管这种统计算法本身的可靠性后来被证明是有问题的,但"弯路回归收益"这个概念从此也就留在了公共讨论中,并在一再被使用。

为了减轻公共财政支出的压力,除了文化活动的总体市场化转向外,宏观政治层面也对城市对文化的支持提出了更多要求。但市政当局在接受更多要求的同时也获得了内容决策和组织设计上的自主权,这些自主权通过各州的州宪法和市政管理条例得到支持。由此,市政管理也面临着改革:市政府必须寻求与私营机构和社会组织的合作,它们可以是私营企业或者工会。通过合作,既可以更广泛地纳入公民社会的参与,又可以获得更多经济上的赞助。在宏观政治层面,德国城市议会大力推崇这种市政,贸易同盟和公司间的合作,认为它是一种在保证文化覆盖和维持当地经济间取得平衡的良好模式。

(四)90 年代后以来的联邦化和多元化阶段

这个阶段的德国社会面临的主要问题是多重身份危机和各方面对改革的迫切需求。问题的多样化导致解决之道的多样化。文化也在不同的背景下被期待成为不同问题的解决之道。因此,受这种"实用主义"的影响,自这一阶段以来,文化政策也就不再有一个压倒性的主要政策目标,或曰,压倒性的主要政策目标就是在不同环境下成为各种问题的解决方法。也就是说,在后工业化社会,全球化,改革和公共财政压力的多重作用下,社会和生活呈现出多样化和碎片化的趋势,文化政策相应地也开始真正呈现出多样化的工具性,其所需要帮助解决的问题也变得更为复杂。为了能够更好地操作这种多样化的工具性,联邦政府需要整合其管理能力。因此,自这一阶段开始,文化政策呈现出了与自联邦德国建国以来一直遵循的去中心化和去政治化相反的倾向,暂且称之为联邦化。

一个经典的情况就是文化机构所需的费用和所获的盈余之间的差额越来越大。以剧院为例,不能获得盈利占投入的比值从 50 年代的百分之 60 升至90 年代的百分之 87,而为每一位剧院访客所需支付的经营补助金却从 50 年代的 12.7 马克涨至 90 年代的 185.8 马克。与此同时,对文化机构应履行道德教化和教育功能的德国传统依然在延续。"肩负通过以感性打开思想空间的方式达到愉快启蒙重任的剧院——如果它仍然是一个具有道德意义的机构的话——必须要重新夺回其领地。"于是问题就成了:如何在不完全放任文化机构参与市场竞争的前提下扭转亏空呢?

公共机关在文化领域的行为条件和环境变了。因此,关于联邦,州和市政乃至社区间的制度结构和具体责任内容的重新调整的讨论越演越烈,讨论的结果是联邦政府应该在文化政策事物中获得真正的独立决策权。而这一结果也逐渐被付诸实施:1994 年,若干政治家向国会提交了关于联邦政府未来权责的系列建议,主要涉及文化遗产保护,艺术与文化发展,国家对必要项目的支持措施,对艺术与文化环境的改善(包括在两德统一后维护新联邦州的历史文化)等等。对联邦政府职权重新回归的呼唤自此在多个宏观政治层面获得了表达:1998 年的总理竞选中出台了一份关于文化政策实践和文化基础设施投资的详细清单,其中对联邦,州和市政三个层面的具体分工做了详细划分。90 年代末,总理府下设了文化与媒体事务部。2002 年,联邦文化基金会成立,旨在于常规公共开支之外,为需要的项目提供"救火队"。自 2000 年开始,联邦政府每年都会出台一份文化经济年度报告。

另外,身份危机也是联邦政府必须扩大其权责的重要原因。对德国来说,身份危机主要涉及两个方面:一是继两德在政治和管理上统一后的文化和心理统一,二是以"多元中的统一"为旗号的欧盟叙事。这两者所带来的挑战既早已超过传统的联邦州所能应对的范围,又不可能单靠公民活动得以应对,因而政治组织形式必须作出改变。除此之外,德国在国际和跨地区事务上也于二战结束以来重新开始追求更多主导权。这一切都使其宏观文化政策在组织和内容上做出调整。比如内容上:尽管对文化的定义各州尚且不能达成统一,但联邦文化经济年度报告也依然很主动地采用了联合国的文化概念。或组织上:出台了一整套文化政策实践及权责在欧洲,联邦政府,州政府,市政和私营组织这五个层面上的详细分工。

从理念上来说,身份危机也意味着传统的身份认同构建方式需要改革。因此,改革者们提出了一种以文化认同叠加政治认同的方式来实现身份认同构建改革。德国国会专家委员会在第 16 届政府期间提交了一份以"文化在德国"为题的调研报告,即是这种改革构想的尝试。在这份报告中,专家们建议把文化作为国家目标写进宪法,并以"文化不是锦上添花,而是基石"作为提议的理论支撑。上升到欧盟层面,德国文化政策"以多元追求统一"的逻辑也体现在了欧洲城市文化宏观设计的追求上。"欧洲城市的理念,应从西方文化传统和多元化城市文化景观间了张力中得到进一步发展"(Hippe/Sievers 2008：19)。因此，提交调研报告的专家认为，德国作为"文化国家"，有义务保证文化的"普遍利益"及文化服务的普遍性。

四、结 论

本研究以德国文化政策发展轨迹为实证基础，确认了文化的工具性和文化政策的工具性间的联系。很显然，作为文化政策客体的文化以及文化政策本身都被工具化了：如上文所见，文化政策发展文化为的其实主要是非文化的目的。文化政策变成了一个类独立的政策领域，因为其一方面必须在实践中接受工具化理性逻辑，另一方面又时不时地作为达到其他社会政策目的的辅助性手段出现。另外，文化政策的主要政策目标不仅受到社会文化变迁的影响，而且尤其会被人们对文化的"转换力量"的期待所左右。

这个结论可以得到多方支持。在研究中，笔者发现，文化政策的每一次主要政策目标的变迁都伴随着人们对于文化的工具性"潜力"的期待的变迁：战后重建时期，政治，社会和文化上的整体重新定位诉诸德国经典文化。因此这个阶段文化政策的主要政策目标是对内对外塑造出新的德国形象以及重建被战争毁坏的地标性建筑。接下来的时期发生了对于现代化工程的系统性反思，因此重心就是文化民主化和通过文化实现民主化。文化政策的主要政策目标就变成了扩大现有文化机构的准入和现有文化形式的内涵，以及文化教育从教授知识到教授能力的转变。在商业化阶段，人们对文化的期待有强烈的实用主义色彩，因此在文化政策实践中，以文化活动的盈利和作为区域优势的潜能受到重视。在社会生活多元化，碎片化和全球化的时代，文化政策重点强调的是社会凝聚力和保持文化活动的稳定常态。

因此，笔者建议，在文化政策实践和研究中，是时抛弃"文化为了文化"这种理想化的想法，而改用现代公共政策的逻辑以及工具理性来看待和处理文化政策。

苏州文庙德善书院国学阅读推广与画信活动
——"梅子时间"回顾与展望

顾　梅　刘逢秋　赵　润*

摘　要　"梅子时间——国学阅读推广与画信"活动始于 2015 年 4 月 30 日，是由苏州文庙碑刻博物馆和苏州市儒学研究会联合主办，苏州职业大学副教授、苏州市儒学研究会副会长顾梅（梅子）老师主讲，每周四固定时间在苏州碑刻博物馆崇圣祠内如期进行的公益读书活动，至今已连续举办三年以上，共计 177 期。"梅子时间"以研读《论语》，传承儒家文化为己任，以笔墨画信为修身养性和情感交流方式，以博物馆公共教育为运作平台，以公益精神和师道传统为推进此项阅读活动的动力与理想。"梅子时间，习学有常。抄读《论语》，画寄心灵。勉力行知，丰厚时光"是"梅子时间"作为公益性阅读推广活动的自我期许，也是梅子本人在儒学教育中的追求。行知思想，情意教育，社会担当，为己之学，"梅子时间"在实践中得到丰满。

关键词　《论语》　画信　经典阅读　博物馆公共教育

* 顾梅（梅子），苏州市职业大学教育与人文学院副教授，博士，从事"中国文化与儿童教育"实践研究，2015 年 4 月开始主持苏州文庙"梅子时间"公益性阅读推广活动，一直坚持至今。2017年出版《钱穆先生的儒学观述评》。
　刘逢秋，苏州碑刻博物馆宣教部主任，硕士，从事"公共文化服务机构的社会教育"实践与研究，曾发表论文《浅谈专业性博物馆的儿童教育》等文章。2015 年 4 月参与"'梅子时间'——国学阅读推广与画信活动"至今。
　赵润，毕业于河北大学新闻传播学专业，致力于中国传统文化与家庭早期教育融合研究，现为自由撰稿人。

一、前　言

苏州的学友们每周四从城市的四面八方赶来,是因为"梅子时间"有吸引他们的特质:

真诚而纯粹　"梅子时间"举办三年以来,存在的唯一目的就是期望推动公众亲近中华优秀传统文化。这份真诚给了学友们最大的尊重,使他们能非常清晰地感受到,"梅子时间"是一个值得用"心"学习和思考的时间。

宽容而开放　"梅子时间"没有门槛,接受每一个愿意亲近中华优秀传统文化的人。三年来,"梅子时间"接待过 80 多岁的老人,也接待过牙牙学语的幼儿,接待过来自世界各地的国际友人,也接待过旅居海外,希望回国寻找自己文化之根的侨胞。不时有老学友离开,也时时有新学员融入。"不愤不启不悱不发","梅子时间"是一个学友们主动学习的时间。

绵长而坚定　三年间,每一个周四,"梅子时间"遇到过除夕,也遇到过端午;遇到过立春,也遇到过冬至,风雨无阻,从未间断。这份坚定应该是学习本来的样子,甚至是生活本来的样子。"学而时习之,不亦说乎?""中华优秀传统文化"不仅仅是几部经典,更是一种世界观、价值观、方法论和生活方式。"梅子时间"以一种绵长而坚定的方式提供了学习中华优秀传统文化的示范。

在博物馆教育界,衡量博物馆社会教育项目优秀与否的标准,包括是否具备远大的目标和对根本价值的追求;能否能够帮助参与者确立符合社会进步方向的世界观和价值判断准则;能否可以培育人们对于文化多样性的理解和尊重意识。作为一个博物馆公共教育项目,"梅子时间"给出了肯定的答案。

二、"梅子时间"诞生的背景

(一)儒风渐盛与德善书院的建立

苏州城内,生活过很多大儒。宋代范仲淹、胡瑗缔造了文庙府学,开创了祭祀孔子和书院教学之风。文庙府学第二任山长朱长文的《苏州学记》,记录了吴地兴学的历史沿革。在苏州文庙对面的沧浪亭内,供奉着五百名贤。苏州市儒学研究会成立于 1985 年 7 月 3 日,常年设有"国学讲堂"。建会 30 多年间,默默坚持,在社会浪潮中坚守一份对传统文化的信心。2004 年以后,苏州市职业大学校内选修《论语》课的年轻大学生,与苏州市儒学研究会的老人们开展对话交流,并成为苏州文庙的首批志愿者,共同支持复兴苏州文庙。

2006 年开始,苏州文庙碑刻博物馆每年在 9 月 28 日举行"祭孔仪式",到 2018 年,已举办 11 次(中间因文庙大成殿修缮暂停一次)。此活动经不断的扩展充实,成为综合展示、传播儒家文化,社区、学校充分参与的"孔子文化节"。2006 年恢复祭孔典礼的第一年,梅子即受邀率《论语》选修课上的大学生到祭祀活动中诵读《论语》。受"读《论语》,学做人"的学风熏染,2015 年"梅子时间"创办,在公共平台上传播《论语》所寓的做人精神。2016 年、2017 年"梅子时间"参与孔子诞辰日纪念活动,祭祀仪式结束后公众可以到"梅子时间"抄读《论语》。将孔子纪念活动与劝读《论语》结合起来,一直是梅子的心愿与坚持。

国学大家钱穆先生曾在苏州中学任教,徜徉于南园,盘桓于书肆。钱穆先生认为"中国的传统教育制度,最好的莫过于书院制度",他晚年在香港创办新亚书院,仍以传播中华传统文化,复兴书院精神为己任。苏州倡为"德善之城"。2013 年,苏州市德善书院在苏州碑刻博物馆(苏州文庙)崇圣祠内正式成立,这是苏州首家公办书院。从前的文庙府学,今天的德善书院,这一处宝地,理应成为中国师道传统与教育精神的某种象征。

(二)家学渊源和"梅子时间"的缘起

2015 年 3 月 28—29 日,苏州市儒学研究会在文庙碑刻博物馆举办了江苏省阅读节的配套活动——"画信、画心、话做人"《论语》阅读推介活动。在这次活动中,梅子第一次在文庙展示了她抄写的《论语》作品。

2015 年 4 月 23 日,江苏省阅读节期间,梅子用毛笔一笔一划写下长信《聊国学 学画信 谈人生——"梅子时间"这么过 》,表达了"读《论语》,学画信,谈人生,请善用这宝贵的时间,期待我们的聚谈,可以将书香、人文美和传统文化情撒播在心,在心田上自己耕作,带着自信走向未来",并与苏州文庙碑刻博物馆张劲雷副馆长、苏州市儒学研究会乔亚光秘书长共同商议,将一个亲近公众的公益读书活动正式定名为"梅子时间"。

2015 年 4 月 30 日,"梅子时间——国学阅读推广和画信活动"正式开讲,由梅子主讲,每周四固定时间在文庙崇圣祠德善书院内如期进行。活动主要形式为运用传统笔墨进行《论语》等儒家经典抄读,并进行画信的感悟分享。在第一期里,梅子写下长信《梅子时间 劝读论语》。"劝读"二字,源自钱穆先生《劝读论语与论语读法》,钱穆先生亦有《孔子诞辰劝人读论语并论语之读法》和《再劝读论语并论读法》。劝,劝勉之意,学习《论语》,首先须明了读《论语》的意义和必要性。钱穆先生说:"《论语》应该是一部中国人人必读的书";又言"任何人,倘能每天抽出几分钟时间,不论枕上、厕上、舟车上,任何处,可拿出《论语》,读其一章或二章……至少每年可读《论语》一遍……"所谓"劝读",即因力行可致,故努力加以劝勉。"梅子时间"承其意,劝勉今人读《论语》。

梅子,本名顾梅,苏州市职业大学副教授、苏州市儒学研究副会长,钱穆先生的外孙女。梅子因台湾外婆钱胡美琦女士(《中国教育史》的著者)而亲近外公钱穆,历时 8 年,于 2012 年完成博士论文《钱穆先生的儒学观述评》,继以"梅子时间",身体力行推动传统文化与教育。梅子早在 2003 年即开始抄读《论语》,同年在苏州教育学院(后合并入苏州市职业大学)开设"劝你读《论语》"(后更名为"教师读《论语》")公共选修课。《论语》公共选修课在校内开设十年,之后停顿了三年,"梅子时间"正是《论语》课在博物馆公共平台上的延续。梅子关注儿童心性的发育与美感的表达,有志于做父母支持下的中国传统经典阅读教育。而博物馆的公共教育平台,帮助她实践着自己的教育理想。

2017 底,"梅子时间"获评 2017 苏州市文化志愿服务二类引导扶持项目,梅子获得苏州市全民阅读领导小组颁发的"全民阅读先进个人"荣誉称号。

(三)博物馆公共教育和苏州碑刻博物馆的愿景

2013 年夏,梅子在英伦,看到英国儿童可以亲近博物馆,参与博物馆志愿者组织的各项活动。热爱画信的梅子受到英国博物馆公共艺术教育的启发，决定在家乡苏州以画信的方式参与博物馆公共教育。

博物馆如何承担社会责任？苏州碑刻博物馆建址于苏州文庙府学，后者由北宋名臣范仲淹于公元 1035 年创建，史上有"江南诸学之冠"的美誉。如今在苏州碑刻博物馆里，1 000 余方古碑无言诉说着历史，大成殿内环墙 143 方石刻，规整、庄严地镌刻着儒家经典《论语》、《孝经》、《孟子》、《中庸》。斯文在兹，苏州碑刻博物馆是苏州文脉之所在，集中承载着大量优秀传统文化信息。保护、传承和弘扬优秀传统文化，使其引导当代人精神、滋养当代人心灵，是苏州碑刻博物馆的使命担当。"梅子时间"从创立开始，就与劝读《论语》这部儒家经典结下不解之缘。"梅子时间——国学阅读推广和画信"项目的初衷，是整合社会资源，为公众提供一个公益性的平台，帮助公众接触优秀传统文化、共享文化的滋养。更好地服务于公众，是梅子与苏州碑刻博物馆之间的基本共识。优秀传统文化是古人留给后世的宝贵精神财富，是根植于每一个中国人心中的精神基因。从中华优秀传统文化中汲取成长的力量，确立中华文化的自信，是梅子作为文化志愿人士与公共文化服务机构共同的责任。

（四）画信助力文化遗产教育的意义

画信，简而言之，是一封有画有字的信。画信诞生于日本，根却在中国；画信正式诞生只有五十多年的历史，其笔墨传统却有千年。画信在 1998 年传播到中国苏州，至今已有二十年。受画信推广人岛田幸吉老师影响，苏州很多中小学语文老师、美术老师接受画信的培训成为了"画信老师"，并萌生画信教育的理想——以画信为载体的教育，本质是育心的。画信是富有魅力的"发明"，因画信须亲手制作，书写与描绘皆发自内心，简单、朴实，又独具个性，它无需严谨的语言文字、无需高深的绘画技巧，是一种大众化的交往方式，容易使普通人亲近笔墨，借助绘画和书写表达情感，加深彼此友谊，过上笔墨相伴的生活。画信诞生于教育的现场，相送于师生之间，温暖着师生关系，也关照着每个特殊的人格。正如苏州画信协会会长所言，画信体现着"人性之所需，随自然生活，和时代并进，传承与创新，人性之必然，众人之完善。"

在中国苏州、西安、北京等城市，画信曾参与过很多大型社会活动，比如2008 年北京的"百万画信迎奥运"；2010 年上海迎世博会画信展等。之所以在重大社会事件期间可以汇集那么多的画信，是因为画信代表每个普通人对社会的关怀和热情。比如，大型体育比赛现场，大家以画信的方式为运动员加油，画信成为直观、生动的赛场外的情感表达。又如，"非典"期间，众多群众创作画信，声援无私奉献的医护人员。画信因此而具有关怀社会变迁、建设社会人文的特征。

画信如何助力文化遗产教育？首先画信的第一大理念"画得不好没关系"，强调用心画，鼓励人们以真心对待笔墨，将真诚传递给收信者；第二，画信第七条理念"提倡用毛笔和墨"，尽管笔调稚拙却饱含笔墨趣味。笔墨文化是值得自豪的中华文化，毛笔通过细腻、富于变化的运笔方法，可描可画，可以随心所欲地表达自己的心情。创作画信，就是在身体力行地保护和传承中国传统的笔墨文化。在文庙的浓厚文化氛围中，基于画信的理念抄读《论语》，几十年没有拿毛笔的老人过上抄读生涯；美好的笔墨画信作品，成为促成"梅子时间"诞生的缘起，也是"梅子时间"建设公共文化的努力。苏州文庙碑刻博物馆张劲雷副馆长评论这项活动："'梅子时间'是通过画信这样一种独特的大众参与形式，引导人们抄写经典，阅读经典，学习经典，感悟人生，见贤思齐。"

三、"梅子时间"的活动方式与特色

"梅子时间"创立之初的宗旨是"梅子时间，习学有常。抄读《论语》，画寄心灵。勉力行知，丰厚时光。"三年过去了，当初的宗旨正在成为"梅子时间"的特色。

（一）习学有常

"梅子时间"每周四 9：00—11：00 准时在德善书院进行。参与者可以事先预约报名，也可以随时加入，亦允许随时退出。学友们通常会选择每期固定参加，保持学习的延续性。梅子老师会给予抄写的引导和建议，并主持《论语》抄写分享的话题和节奏。时间固定、形式自愿自主,不仅促进了参与者和组织者进行感情交流,更使得学习优秀传统文化的过程成为一个有温度有感情的成长过程。

最初受到文庙的邀约,在读书节期间开设讲座,梅子认为,读书节也要戒浮躁之风,劝读不是一朝一夕,阅读推动须天长日久,埋头来做。于是,"梅子时间"采取讲座的形式,将"阅读日"变成了"阅读周"、"阅读年"——逢周四入学,常年坚持,持续做着阅读推广,持之以恒,让公众可以循序渐进地亲近经典。

"梅子时间"所需场地、材料和工具等均由碑刻博物馆免费提供。活动结束后,参与者还可以免费获得自己抄写和完成的画信作品。梅子以志愿者的身份义务主持活动,苏州碑刻博物馆"学雷锋青年志愿服务小组"配合梅子进行分发活动用品、布置场地、协调引导等志愿服务。志愿服务机制确保了活动的纯公益性。

(二)抄读《论语》

2003年,梅子本人也是以抄读的方式亲近《论语》的。梅子认为,抄读是学习经典的有效方式。首先,抄读可以使阅读慢下来,并将敬与诚的态度渗透到对经典的态度中。第二,抄读可以使人静定。提笔写字需要注意力投入,同时也培养了修习者的专注。第三,抄读可以使人直观地感受到"成绩"。片段式的阅读在持之以恒的抄读工夫后,使人对自己更有信心,对继续下功夫更有动力。第四,抄读提供相观而善的机会。形诸笔端,见诸纸面,有画有话,具有笔墨趣味的抄读笔记,提升了学习者对于生活美的认识,还能促进对美好生活产生内心的认同。最后,抄读培育了读书人气象。在暑期期间,参加"梅子时间"的孩子们中间,有一两位静心抄读者,他们身上散发的静气对周围环境、对孩子的心灵都具有感染的力量。

古建筑和笔墨纸砚是物质化的传统文化。在古色古香的德善书院崇圣祠内进行经典抄读活动并分享心得,营造了一个亲近传统的氛围;磨墨、使用毛笔一笔一划抄写的过程是一个沉淀心灵、拉近现代生活与传统经典距离的过程。

梅子曾经将钱穆先生的《劝读论语与论语读法》一书,作为劝读《论语》的纲领,在"梅子时间"向学友介绍。暑假期间,梅子给孩子们讲述《论语》十条和孔子小故事,今年9月开学,梅子以《论语新解》为蓝本,开始对《学而篇》进行句意问答。随着阅读推广和画信活动的不断深入,梅子越来越感到,大学生因欠缺对《论语》的阅读,在做人的教育和德性养成方面存在缺失。《论语》在句意上并不是那么难读,但是,能在《论语》阅读中产生心悦诚服之感,能在自己的生活中真修实践,学有收获,就必须有一种研读的氛围,而博物馆公共教育中良好的教育环境,正在对参与者的学思习行产生潜移默化的影响。

(三)画寄心灵

画信发明人小池邦夫先生有感于儿童身上无邪的力量,而"发明"了体现性灵,可自由书写的画信。画信运用于"梅子时间",源于它亲近笔墨的气质。画信启发画兴,开启美的生活,启发抄读事业,在苏州博物馆公共教育领域发挥了很大的成效。钱穆先生认为,情意教育,亦称德性教育、人生教育,是中国传统教育的特征与实质。小小画信,寄托着美好的情谊,成为沟通参与者情感的桥梁。

每一期"梅子时间",梅子都会为参加活动的学友准备的一封"长信"。所谓长信,是一封笔墨画信,其内容,是梅子近期的读书、生活感悟;其形式,是自由的,带有私人情感的书信口吻。长信忠实记录了"梅子时间"走过的历程,在对生活的诗意书写中,构成一幅幅带有丰富情感色彩的社会人文画卷。"梅子时间"100期时,百封长信在苏州文庙展出。如今"梅子时间"在继续,长信的书写也在继续,长信不仅见证了"梅子时间"发展的轨迹,也见证了梅子个人成长的心迹。

(四)勉力行知

"梅子时间"为纯公益项目,不收取任何费用,活动对参与者不设门槛,自由度大,所以参与者广泛。截至2018年10月25日,梅子时间共举办177期,志愿服务 354 小时,约服务 5 340 人次。

"梅子时间"关注学业与升学压力下的儿童,关切儿童的学习与发展,关心儿童父母自身的成长,乃至家庭、社会与心灵和谐。为此,每个暑期,"梅子时间"接纳了大批孩子。虽然文庙碑刻博物馆仅限报名 15—20 人,但实际到场的孩子和他们的看护人,常常挤满德善书院 60 人左右的容纳空间。

今天,在养育孩子的过程中,年轻父母会遇到多方面的挑战:孩子成才的标准,孩子面临的学业压力,跨文化教育观念的甄别,身为父母自身的学习、工作和成长期待,走向中年的身心变化和对家庭未来蓝图的设想与拼搏,文化认同上存在的障碍……梅子希望通过"梅子时间",帮助孩子和他们的父母改善这些现实的压力。"梅子时间"以亲近笔墨、劝读《论语》、促进沟通、加深关怀为己任。不仅在德善书院内,在公交车上、地铁站里,在公园,在博物馆,在医院,画信表达着对身边人的真挚之情。阅读《论语》而有的认识,接触本地高僧大德所产生的情感,都可以行诸笔墨画信,传递到身边人手上,画信与定期书写的长信,成为推动"梅子时间"持续运转的内在动力。

(五)丰厚时光

如今除了在私塾机构和孔子祭祀仪式上,向孔子像行礼,在一般教育场所并不普遍。即使对孔子有敬意,没有鞠躬行礼的仪式,这种敬意也没有真切的表达方式。"梅子时间"坚持每一期活动都向孔子像行礼,通常是在"梅子时间"结束时,由文庙工作人员带领,全体学友退到德善书院门口,向孔子圣像行拱手礼,并伴随敲钟三声。每逢外宾来访,尊重有宗教信仰者,准予其免礼。向孔子像行礼之后,在场人员再互相行礼。常有学员在行礼时知足感恩,表达对活动充分交流互动的欣慰,表达对孔子所代表的传统文化的归属感。"梅子时间"是一段充实的时光,每次活动结束,大家都有心满意足的感觉。

冬去春来,寒来暑往,仿佛恒久不变的读书氛围,映照着苏州文庙四季美景;静静的抄读,将文庙府学深厚的人文蕴藏吸纳笔端。不得不感恩于时光的厚赠,这也是有心于经典阅读才有的报偿。

四、"梅子时间"实践中的不变与变

经过三年多的积累，"梅子时间"在阅读推广活动之余，也在努力探索，以何种方式，教导学友坚定执着地深入学问；以何种原则，培育持之以恒的劝学精神。

（一）抄读与讲解

"梅子时间"在教育方法上，重视抄读和讲解。抄读，讲究"默会凝神"，可以帮助研习者在最初接触《论语》时，排除各种环境的干扰和自身的杂念，迈进自修的门槛。讲解，以梅子与学友问答的方式进行。"梅子时间"开展三年后，由一位抄读《论语》至第四遍的学友带动，梅子对《论语》的讲解终于拉开序幕。讲解要面对不同年龄层、理解程度有差异的公众，要求讲解者内心更静定，对《论语》的语义的理解更通达。

（二）普及与提高

"梅子时间"面对公众，坚持"无门槛"，三年中，受益人数较众。然而，学员身份各异，有游客，有本地公职人员，有外来务工人员，有寒暑假方可以走进文庙的孩子，因学员流动性较大，能够有时间，有热情持续深入参与的人并不很多。

劝读《论语》，特别是在博物馆公共教育环境，如何使儒学经典阅读更加入心，如何使劝读的过程更加有味，三年多来，"梅子时间"通过不断修正，积累了宝贵的实践经验。保留"梅子时间"独特的"情意教育"气质，增加读解带来的儒家文学、历史和理学的知识内涵，将使"梅子时间"在持续的努力中获得提升。

（三）关怀与研究

质性研究，在教育学与心理学界越来越受到重视。质性研究是一种在社会科学及教育学领域常用的研究方法,研究者参与到自然情境中,充分地收集资料,对社会现象进行整体性的探究,采用归纳的方法来分析资料,通过与研究对象的实际互动来理解他们的行为。质性研究,更注重人与人之间的理解、相互影响、生活经历和现场情景,这种特点,与"梅子时间"独特的"情意教育"理念不谋而合。在"梅子时间"三年间积累的质性资料,更能反映参与者在年龄、阅历、社会阶层等方面的丰富多样性;在阅读兴趣、参与感受等上面的独特体验。通过对"梅子时间"的场内观察和对参与者的访谈,可以推进这项公益行动;而相关的研究报告,也可以体现博物馆公共教育实践的魅力,同时聚焦问题、跟踪其未来的发展。迈过三年走向成熟的"梅子时间",呼唤质性研究者对这一项博物馆公共教育事业的参与。

(四)内省与交流

今天,微信等交流手段方便快捷。个人的实践探索与心得感悟,很容易与外界分享。然而,以"国学阅读推广和画信活动"为主要内容的"梅子时间"的价值与传播,或许仍有赖于"人文共通心"的培植——即博物馆公共教育中的儿童、家庭、学校与社会的共同关怀。

钱穆先生对于中国儒学在人文科学的建设中所能发挥的作用充满信心。建设人文学科的两大支柱——"价值观与仁慈心",儒学都能提供。面向公众的博物馆公共教育,如何在价值观层面展开沟通对话,如何发挥善性的力量,这是劝读《论语》和发扬儒学价值观的前提,也是哲学层面的思考。在行知路上,我们做好了分享交流的准备。期待包括博物馆教育的今日教育界,也可以就此教育议题,发出珍贵之议。

五、一些仍需细致思考、持续关注的问题

(一)教师的参与

十余年来,从在孔子文化节上诵读经典,到坚持"梅子时间"阅读推广与画信交流,梅子已经带动了本地的一批大、中、小学生研习国学。如何鼓励更多

教师参与公益性文化服务？"梅子时间"中教师的参与，将对未来产生更大的影响。由 2018 年姑苏区孔子文化节期间，两位教师朋友专程到场支持，梅子深深感受到，根植于教师的观念中对至圣先师孔子的尊崇，将对砥砺教学精神、改善社会风气起到深远的作用。但是，目前这样的自发志愿行为还是太少。教师节与孔子诞辰日合一，也许将大大改善这一现象。真正的教师的参与，尤其是教师以教学带动学生，将使研习经典的国学阅读推广活动，更有力量，更有价值。

（二）对《论语》的深入阅读

如何才是读通《论语》？"梅子时间"提倡"读一句，得一句"，鼓励学友对《论语》所倡导的做人道理真修实践。抄读是读，诵读是读，解读更是读。解读包括对字词的正音，对句意的理解，对儒家做人道理切己的阐释，以及在今日时代背景下对儒学学术观点的认同，兼及历史、人文、教育、艺术、地域、科学等吾辈当下社会发展全方位的疏解。儒心对于社会历史的推动仍然重要，而我们的读解，还浅。

（三）对儒家文化的尊崇感

建立怎样的儒学观？今天，释家文化与大众的心生活联系颇紧密。而儒家思想，涉及政治、经济、社会、文化，深刻影响了中国社会的历史观、文化观、教育观，乃至学风以及学术变迁等等。梳理儒学发展史，建立儒学观，是今天学术研究的要务。对于社会大众来说，亲近孔子，读通《论语》，也是过好日子的前提，因为这是国人精神生命的源头，也是心理健康和人格健全的保障。所谓"读《论语》，学做人"……而这种认识的建立，还远远不够。

（四）博物馆公共教育对社会文化的影响力度

博物馆是征集、典藏、陈列和研究代表自然和人类文化遗产实物的场所，也是为公众提供知识、教育和欣赏的公共文化机构。现代意义上的博物馆，不再只是保管文物的仓库，也不再只是陈列文物的展厅，更是公共教育的殿堂。

21 世纪以来,博物馆越来越重视公众教育的职能,意在提高全民族的文化水平和综合素质。博物馆的公共教育,由物到人,是博物馆藏纳文物和艺术品对人的教育的延伸。而"公共性"体现了全人类、全体社会公民共有文化遗产的意味——不仅共同拥有,而且需要共同努力,发展博物馆公共事业,传承文化精神。博物馆公共教育中的自觉觉他、自育育人的精神,还待继续弘扬。